OLIVER AUGE

Schleswig-Holstein und die Welt

OLIVER AUGE

Schleswig-Holstein und die Welt

Globale Bezüge einer Regionalgeschichte

Wachholtz

für Sina

MIX
Papier aus verantwortungsvollen Quellen
FSC® C107574
FSC www.fsc.org

1. Auflage 2021

doi.org/10.5771/9783529092794

ISBN 978-3-529-05060-2 (print) | ISBN 978-3-529-09279-4 (ebook)

Gesamtherstellung: Wachholtz Verlag

Covergestaltung: www.b3k-design.de, Hamburg
Satz: Dörlemann Satz GmbH & Co. KG, Lemförde
Printed in Europe

Titelbild: »Kieler Sprotten«, Axel Bueckert / Alamy Stock Foto

Besuchen Sie uns im Internet unter:
www.wachholtz-verlag.de

Inhalt

1. Zu Beginn
Regional- trifft Globalgeschichte

Die moderne Regionalgeschichte als jüngere Schwester oder – je nach Sichtweise – Tochter der klassischen Landesgeschichte untersucht die Geschichte kleiner Räume. »Klein« ist in diesem Fall natürlich keineswegs mit »unbedeutend« oder »unwichtig« gleichzusetzen, was leider zuweilen verwechselt wird. Globalgeschichte als runderneuerte Weltgeschichte wiederum verfolgt verschiedene Fragestellungen in einer globalen Perspektive. Regional- und Globalgeschichte scheinen also auf den ersten Blick erst einmal ganz unterschiedliche Zugänge zur Geschichte zu umschreiben. Der Globalgeschichte geht es dezidiert um eine multiperspektivische Verflechtungsgeschichte, auch *Histoire croisée* genannt. Das meint in betonter Abgrenzung zu scheinbar einseitigen komparatistischen Ansätzen die möglichst anhand mehrerer Vergleichsobjekte durchgeführte Untersuchung von Entwicklungen oder Ereignissen in ihrer transnationalen Verbindung und gegenseitigen Wechselwirkung, auch um auf diese Weise eine eurozentrische Blickrichtung zu vermeiden. Tatsächlich stellt gerade der damit infrage stehende Vergleich als historische Methode unter dem Dach eines wie auch immer funktionalen Raumbegriffs einen wesentlichen Kern regionalhistorischer Arbeit dar. Schon die vorangehende Landesgeschichte war von Anfang an als vergleichende Disziplin angelegt. Auch auf den zweiten Blick könnte man also vorschnell urteilen: Regional- und Globalgeschichte liegen weit voneinander entfernt.

Beide, Regional- und Globalgeschichte, pflegen jedoch grundsätzlich einen raumübergreifenden Ansatz. Gleiches galt – weniger in der Programmatik als vielmehr in der forschenden

Praxis – bereits für die klassische Landesgeschichte. Für Schleswig-Holstein hat das einmal Alexander Scharff (1904–1985), von 1952 bis 1972 Professor für Schleswig-Holsteinische Geschichte an der Christian-Albrechts-Universität zu Kiel, in einem Aufsatz aus dem Jahr 1955 treffend und durchaus wegweisend, wie man sagen darf, auf den Punkt gebracht: »[D]as Wesentliche, geschichtlich Bedeutsame unserer Landesgeschichte kann gar nicht von einem ausschließlich landesgeschichtlichen Standpunkt erfaßt werden. Unsere Landesgeschichte ist mehr als Landesgeschichte; sie kann nur begriffen werden, wenn sie gesehen wird in ihrer Verknüpfung mit dem Geschehen im Süden und Norden des Landes, als Teilvorgang eines größeren Geschehens, insbesondere in ihrer Verflechtung mit der Geschichte des europäischen Nordens.« Das Zitat passt deswegen so gut zu unserem Thema, weil Scharff hier explizit den Begriff »Verflechtung« verwendete und mit seinen Ausführungen ebenso punktgenau für eine Verflechtungsgeschichte mit ihren wechselseitigen Transfers, ganz so wie es die moderne *Histoire croisée* propagieren möchte, weit jenseits einer perspektivisch eng begrenzten (real so wohl auch nirgendwo überhaupt existierenden) Landesgeschichte plädierte. Scharff steht im älteren schleswig-holsteinischen Forschungskontext indes nicht allein da. Grundsätzlich vollzogen die frühen Vertreter der Landesgeschichtsforschung in Deutschland, allen voran der »Vater« der modernen Landesgeschichte, Karl Lamprecht (1856–1915), erfolgreich den Brückenschlag zwischen Landesgeschichte einer- und Welt- oder Universalgeschichte andererseits. Bereits Scharffs Vorgänger, Otto Scheel (1876–1954), zugleich erster Inhaber des 1924 an der Kieler Universität geschaffenen landesgeschichtlichen Lehrstuhls überhaupt, hatte 1933 betont, dass jeder Versuch, der Landesgeschichte Grenzen im Raum vorzuschreiben, von vornherein zum Scheitern verurteilt sei. Im gleichen Text, der seiner zeitgemäßen Diktion wegen wie sein Verfasser selbst natürlich nicht unproblematisch ist, verlieh er seiner festen Überzeugung Ausdruck, dass »es keinen wissenschaftlich begründeten Unterschied zwischen allgemeiner Geschichte und Landesgeschichte« gebe. Mit allgemeiner Geschichte meinte Scheel nun aber Weltgeschichte, die für ihn in einem weiteren argumentativen Schritt ebenfalls Partikulargeschichte war. Partikulargeschichte fungiert bei ihm nur wieder als anderer Terminus für Landesgeschichte. »Es kann darum nur als Willkür angesprochen werden, wenn im 19. Jahrhundert der Landesgeschichte im Unterschiede von der allgemeinen oder der Nationalgeschichte partikulare Enge nachgesagt und ihr, wenn man denn sich herabließ, mit ihr in Verbindung zu treten, nur die Rolle eines Zubringers zuerkannt wurde«, lautete seine weitere Schlussfolgerung. Noch heute hat die Stoßrichtung seiner Kernaussage nicht ihre gewisse Berechtigung verloren. Denn auch jetzt begegnet zuweilen im wissenschaftlichen Disput die faktisch unhaltbare Unterstellung, Landes- oder Regionalgeschichte seien irgendwie provinziell. Kleiner Raum bedeutet aber mitnichten Provinz! Und umgekehrt firmieren viele moderne Publikationen unter dem gerade attraktiven Label einer Globalgeschichte, wiewohl sie recht eigentlich ihren forschenden Blick lediglich partikulär auf eine spezielle Region in der Welt werfen. Unter dem Strich handelt es sich in solchen Fällen also um regionalhistorische Arbeiten zu irgendeiner spannenden Ecke auf unserem Globus. Diese Charakterisierung ist alles andere als abwertend zu verstehen, was man mir als Regionalhistoriker gewiss abnehmen wird. Aber sie muss angesichts der derzeit boomenden Globalgeschichte der Richtigstellung wegen auch einmal offen ausgesprochen sein.

Je mehr Arbeiten nun aber regional-global angelegt sind, desto größer wird die arbeitsmäßige Nähe zur elaborierten Regionalgeschichte. Die europäische Dimension des regionalgeschichtlichen Arbeitens dürfte mittlerweile, nach einer ganzen Reihe wichtiger Publikationen, allseits unbestritten sein. Doch schon ein Altmeister wie Karl Bosl (1908–1993) machte in den 1970er Jahren auf den »globalen Sinn« der modernen Regionalgeschichte aufmerksam. Dies leuchtet jetzt aber angesichts der allgemeinen Verschiebung der Wahrnehmung globaler Realitäten noch weitaus mehr ein. Diese Verschiebung ist allein daran ersichtlich, dass nun auch global agierende und ausgerichtete Institutionen wie z. B. die UNESCO bei ihrer Arbeit die eigene Qualität der Regionalität für das Verständnis von Globalität betonen. Im wissenschaftlichen Bereich findet das neue Denken, das die globale Makro- mit der regionalen Mikroebene historischen Geschehens zusammenführen möchte, in der gar nicht mehr so neuen Wortschöpfung der Glokalisation oder Glokalisierung als Verbindung von Globalisierung und Lokalität ihren sinnfälligen Ausdruck. Aus einer globalen und einer lokalen Perspektive wird so die glokale, die überhaupt erst verdeutlicht, dass die Vorgänge der Globalisierung sich nicht allein abstrakt draußen in der weiten Welt abspielen, sondern sich konkret auf das Leben im Kleinen auswirken, und dass umgekehrt dieses Leben vor Ort Teil der Globalisierung in und auf der Welt ist.

Die Sinnhaftigkeit einer Verbindung zwischen Global- und Regionalgeschichte ergibt sich insbesondere bei der Betrachtung von Schwerpunktthemen, denen sich die Exponenten der Regional- und Globalgeschichte widmen. Beiden geht es z. B. schwerpunktmäßig um Kulturgeschichte, der sich im weitesten Sinne Alltags-, Gesellschafts- und Sozial- sowie Arbeitsgeschichte zuordnen lassen. Ein weiteres Feld stellt die Mobilitäts- und Migrationsgeschichte dar, die ebenfalls in beiden Disziplinen auf ihr berechtigtes Interesse trifft. Zu guter Letzt sei als Beispiel die Umweltgeschichte genannt, weil sich in ihr, wie Sebastian Conrad (*1966) schreibt, die Grenzen zwischen globaler und regionaler Geschichte sogar aufheben. Lokale Begebenheiten oder die Verteilung und Vernichtung regionaler Ressourcen haben so beispielsweise ihre globale Seite. Im Übrigen zeichnet sich Globalgeschichte generell durch einen »fröhlichen Methodeneklektizismus« (Gabriele Lingelbach) je nach konkreter Fragestellung aus: Ihre Protagonisten wählen genau die Vorgehensweise, die ihnen für ein bestimmtes Thema sinnvoll erscheint. Und die Globalgeschichte begreift sich von ihrem Grundverständnis her obendrein in geboten kollegialer Bescheidenheit als eine Subdisziplin unter vielen des Faches Geschichte, die sich mit den anderen synergetisch austauscht und ergänzt. Beides gilt selbstredend auch für die Regionalgeschichte.

Ist es also aufgrund dieser Beobachtungen im Grundsatz schon keinesfalls verkehrt, Regional- und Globalgeschichte einmal zusammenzudenken, so legen die speziellen schleswig-holsteinischen Verhältnisse einen solchen Schritt vielleicht noch stärker nahe. Schleswig-Holstein ist sprichwörtlich das »Land zwischen den Meeren«. Als solches kann es mit Fug und Recht auf eine Geschichte zurückblicken, die eigentlich von Anbeginn und durchweg durch überregionalen Austausch – mitnichten nur einseitigen Transfer – und raumübergreifende Verflechtungen gekennzeichnet ist. Die konkreten Distanzen konnten dabei Nahräume ebenso umfassen wie entlegenste Winkel irgendwo auf unserer Weltkugel. Sicher war die Lage an zwei Meeren dafür eine vorteilhafte Voraussetzung – faktisch bliebe einmal zu untersuchen, ob ein reines Binnenland wie z. B. Sachsen oder Württemberg nicht ebenso weit ausgreifende Verflechtungen aufweist. Jedenfalls half das nahe Meer den Bewohnerinnen und Bewohnern Schleswig-Holsteins auf vergleichsweise unkomplizierte Weise schon vor langer Zeit, mit entfernten Weltregionen Kontakt aufzunehmen und Verbindungen dorthin mehr oder minder lang aufrechtzuerhalten – lange jedenfalls bevor man überhaupt wusste, dass die Globalisierung als Phänomen existiert. Nicht von ungefähr wird in der aktuellen Hanseforschung diskutiert, ob man die Hanse, deren »Haupt« Lübeck bekanntlich seit 1937 zu Schleswig-Holstein gehört, nicht als Vorläuferin der Globalisierung, als Exponentin der Protoglobalisierung kennzeichnen könne. Noch globaler im direkten Wortsinn agierten die Seefahrer, die von Schleswig-Holstein, speziell von Nordfriesland und Hamburg aus auf die Weltmeere hinausfuhren, und globale Akteure waren z. B. auch die Tausenden Auswanderer, die aus Schleswig-Holstein kommend überall auf dem Globus ein neues, dauerhaftes

Zuhause suchten und vielfach auch fanden. Und wenn man dann aber wieder bedenkt, dass sich bereits die Angeln mit den Sachsen im vierten und fünften Jahrhundert nach Christus in Britannien niederließen, erkennt man, dass diese Auswanderung in die Welt nicht bloß ein Phänomen der Neuzeit oder gar nur des 19. und 20. Jahrhunderts war. Nachweisbare Beziehungen der Menschen, die während der sog. Bronzezeit (ca. 2200–800 v. Chr.) im Raum des heutigen Schleswig-Holsteins lebten, zur mediterranen Region verweisen noch weiter zurück in die Menschheitsgeschichte. Überhaupt hat man sich die Frühgeschichte menschlichen Lebens, also die Zeit ab ca. 125 000 v. Chr., hier wie anderswo als Ergebnis eines globalen Migrationsgeschehens vor Augen zu führen. Alle Vorfahren der frühen Hominiden in Europa und damit auch hierzulande stammten ursprünglich aus Afrika. Es ist also gar nicht übertrieben, wenn man behauptet, dass es zu jeder Zeit auch eine globale Geschichte Schleswig-Holsteins gab – mit der nicht ganz unwesentlichen Einschränkung natürlich, dass Schleswig-Holstein nicht schon immer existierte. Wohl aber der Raum, in dem das Land dann im Mittelalter entstand.

Eine Geschichte der globalen Beziehungen und Verflechtungen Schleswig-Holsteins oder auch eine Globalgeschichte der schleswig-holsteinischen Regionalgeschichte ist bisher nicht geschrieben worden, wiewohl eine Menge an spannenden Büchern und Aufsätzen von thematischer Relevanz publiziert vorliegen und einem solchen Buchprojekt als wertvolle Vorarbeiten dienen können. Es soll an dieser Stelle nun kein ausführlicher Forschungsabriss geliefert werden. Aber wenn etwa Dieter Lohmeier (*1940) über den kleinen Staat der Gottorfer schreibt und dabei auch auf die Gottorfer Gesandtschaft nach Russland und Persien (1635–1639) eingeht, wenn Dirk Meier (*1959) unter dem Titel ›Menschen in Bewegung‹ Schleswig-Holsteins Geschichte als Ein- und Auswanderungsland vorstellt oder Paul-Heinz Pauseback (*1961) die Auswanderungsgeschichte der Kreise Eiderstedt, Husum und Tondern als ›Aufbruch in eine Neue Welt‹ erforscht, dann enthalten die genannten Werke, hier als geradezu beliebige Auswahl präsentiert, stets auch wertvolle Informationen, die beim Schreiben einer Globalgeschichte Schleswig-Holsteins hilfreich, ja unabdingbar sind. Das Gleiche gilt, um noch ein paar weitere Beispiele anzuführen, wenn Doris Tillmann (*1958) und Timo Erlenbusch (*1975) einen Ausstellungsband zur Geschichte des von Schleswig-Holstein ausgehenden Walfangs veröffentlicht haben oder wenn Martin Krieger (*1967) zusammen mit Dietrich Duppel (*1961) ein Buch über die Geschichte des Nord-Ostsee-Kanals geschrieben hat, ja wenn selbst in einer neuen Publikation ein genuin landeshistorisches Thema wie der Wiener Frieden von 1864, der Schleswig, Holstein und Lauenburg vom Dänischen Gesamtstaat abtrennte, auch als globales Ereignis in den Blick genommen wird. Im Übrigen handelt es sich keineswegs nur um jüngere Publikationen, wie die lockere Reihe der eben genannten Titel vielleicht den Anschein erweckt. Erinnert sei nur an Scheels Beitrag ›Schleswig-Holstein in der europäischen und deutschen Geschichte‹ von 1933 oder an eine Veröffentlichung von Volquart Pauls (1884–1954) mit dem programmatischen Titel ›Schleswig-Holstein zwischen Nord und Süd‹ aus dem Jahr 1950. Die gesammelten Aufsätze Alexander Scharffs, die Manfred Jessen-Klingenberg (1933–2009) im Jahr 1969 herausgab, erschienen unter dem nicht minder aussagekräftigen Titel ›Schleswig-Holstein in der deutschen und nordeuropäischen Geschichte‹. Nun also eine Globalgeschichte Schleswig-Holsteins von den Anfängen bis heute zu schreiben, ist gleichwohl angesichts der denkbaren Fülle an Themen und der zugehörigen ganz unterschiedlichen Literatur bei gleichzeitigem Beschreiten konzeptionellen Neulands ein ambitioniertes Unterfangen. Ich hoffe, die Leserinnen und Leser empfinden es nach der Lektüre des Buches als sinnvoll und gelungen.

2. Der Blick in die Welt
Karten und Reiseberichte

Bevor man sich konkreten Themen wie der Seefahrt oder der Auswanderung zuwendet, die die Menschen im früheren Schleswig-Holstein mit der Welt in ganz verschiedenartiger Interaktion zeigen, ist es hilfreich, sich vorab einmal ins Bewusstsein zu rufen, welches Bild sich diese Menschen von der Welt denn überhaupt machten und seit wann sie das taten. In der Geschichtswissenschaft ist es üblich geworden, diesbezüglich vom *Mental Mapping* zu sprechen, was die mentale Repräsentation eines geographischen Raumes bedeutet. Der Begriff *Mental Mapping* ist von der Kognitionspsychologie entlehnt und meint, dass die Menschen kulturell und historisch bedingte Vorstellungen von der Welt und ihrer regionalen Einteilung entwickelten und nach wie vor entwickeln. Räume entstehen und konkretisieren sich seit jeher in den Köpfen der Menschen. Wie also sahen die Zeitgenossen die Welt ihrer jeweiligen Gegenwart? Vor allem alte Karten und Reiseberichte vermitteln uns davon einen authentischen und inhaltlich teilweise bestimmt überraschenden Eindruck.

Schon die ›Geschichte der Hamburger (Erz-)Bischöfe‹, die *Gesta Hammaburgensis ecclesiae pontificum*, die der Bremer Domscholaster Adam von Bremen (um 1040–nach 1081) in den 1070er Jahren verfasst hat und die für die Erforschung der Geschichte unseres Raumes eine enorm wichtige, wenn auch passagenweise sehr problematische Quelle darstellt, ist in ihrem vierten Teil, der *Descriptio insularum aquilonarium* (›Beschreibung der Inseln des Nordens‹) zugleich das in ihrer Ausführlichkeit älteste Werk zur Geographie des nördlichen Europas.

Als Gewährsmann für die zugrunde liegenden Informatio-

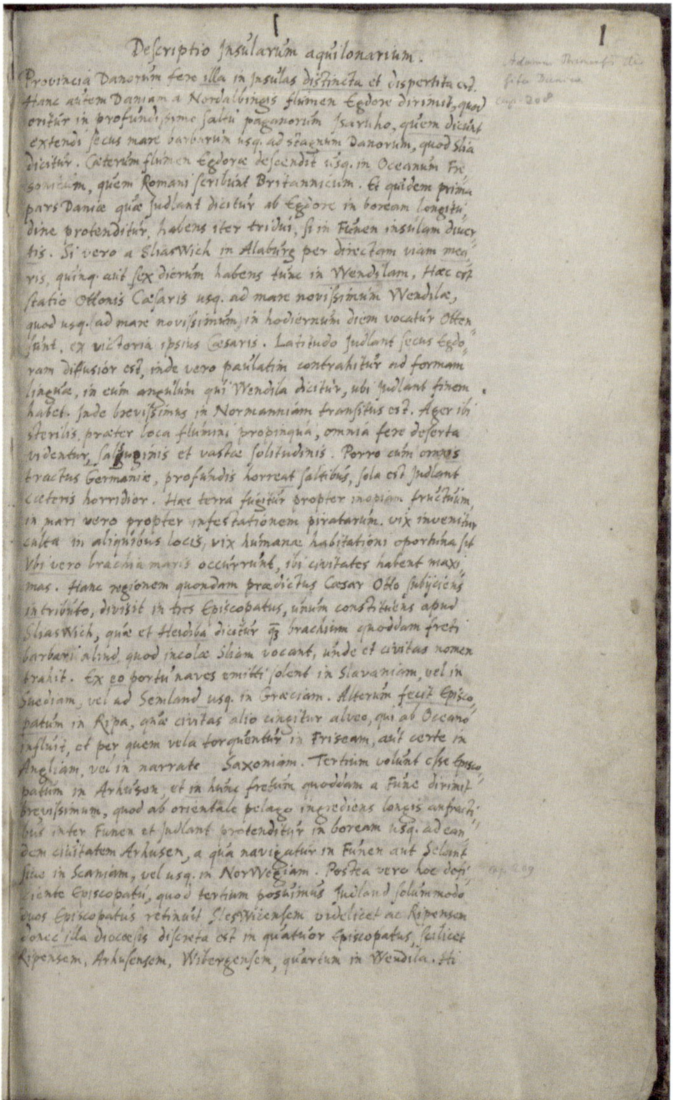

1

Descriptio Insularum aquilonarium.

Provincia Danorum fere illa in Insulas distincta et dispertita est. Hanc autem Daniam a Nordalbingis flumen Egdor dirimit, quod oritur in profundissimo saltu paganorum Isarnho, quem dicunt extendi secus mare barbarum usq. ad stagnum Danorum, quod Slia dicitur. Caeterum flumen Egdorae descendit usq. in Oceanum Fresonicum, quem Romani scribunt Britannicum. Et quidem prima pars Daniae quae Judlant dicitur ab Egdore in boream longitudine protenditur, habens iter tridui, si in Funen insulam divertis. Si vero a Sliaswich in Alaburg per directam viam metiaris, quinq. aut sex dierum habens iter in Wendilam, Haec est statio Ottonis Caesaris usq. ad mare novissimum Wendilae, quod usq. ad mare novissimum in hodiernum diem vocatur Otten sunt, ex victoria ipsius Caesaris. Latitudo Judlant secus Egdoram diffusior est, inde vero paulatim contrahitur ad formam linguae, in eum angulum qui Wendila dicitur, ubi Judlant finem habet. Inde brevissimus in Normanniam transitus est. Ager ibi sterilis, praeter loca fluminis propinqua, omnia fere deserta videntur, salsuginis et vastae solitudinis. Porro cum omnis tractus Germaniae, profundis horreat saltibus, sola est Judlant caeteris horridior. Haec terra fugitur propter inopiam fructuum, in mari vero propter infestationem piratarum. Vix invenitur culta in aliquibus locis, vix humanae habitationi oportuna sit. Ubi vero brachia maris occurrunt, ibi civitates habent maximas. Hanc regionem quondam praedictus Caesar Otto subjiciens in tributo, divisit in tres Episcopatus, unum constituens apud Sliaswich, quae et Heidiba dicitur quod brachium quoddam freti barbari alind quod incolae Sliam vocant, unde et civitas nomen trahit. Ex eo portu naves emitti solent in Slavaniam, vel in Suediam, vel ad Semland usq. in Graeciam. Alterum fecit Episcopatum in Ripa, quae civitas alio cingitur alveo, qui ab Oceano influit, et per quem vela torquentur in Friseam, aut certe in Angliam, vel in narrate Saxoniam. Tertium voluit esse Episcopatum in Arhusen, et in hunc fretum quoddam a Func dirimit brevissimum, quod ab orientale pelago ingrediens longis anfractibus inter Funen et Judlant protenditur in boream usq. ad eamdem civitatem Arhusen, a qua navigatur in Funen aut Seland sive in Scaniam, vel usq. in NorWegiam. Postea vero hoc deficiente Episcopatu, quod tertium posuimus Judland solummodo duos Episcopatus retinuit Slesvicensem videlicet ac Ripensem donec illa dioecesis discreta est in quatuor Episcopatus, scilicet Ripensem, Arhusensem, Wibergensem, quartum in Wendila. Hi

Erste Seite des vierten Teils der *Gesta Hammaburgensis ecclesiae pontificum* von Adam von Bremen (um 1040–nach 1081), übertitelt mit *Descriptio insularum aquilonarium* nen soll dem Kleriker-Autor der Dänenkönig Sven Estridsson (um 1020–1076) höchstpersönlich gedient haben, wie man darin erfährt. Adams Nachrichten tragen zum Teil äußerst märchenhafte Züge. Sie ähneln in ihrer Art aber den auch anderswo überlieferten sagenhaften Berichten von Wundern und Wunderwesen am Rand des Kulturkreises, was wiederum darauf hinweist, dass dem Autor solche schon in der Antike geläufigen Narrative als Vorlage vor Augen standen. In Schonen, das Adam als schönste Provinz Dänemarks preist, sei ein heidnisches Volk ansässig, das mit seinen Zaubersprüchen gewaltige Wale an seiner Küste stranden lasse. Auf der Insel (!) Estland würde man Drachen Menschen als Opfer darbringen. Hinter Schweden liege zwischen Finnland und Estland ein Land, in dem bärtige Amazonen mit hundsköpfigen Kindern lebten. Diese würden, statt zu sprechen, bellen, um sich zu verständigen. Das vom Meer dunkelgrüne Aussehen seiner Bewohner habe Grönland seinen Namen gegeben. Und Vinland sei eine Insel im Ozean, hinter der es nur noch Eis und Nacht und einen furchtbaren Strudel, aber keine bewohnte Erde mehr gebe. So wundersam unglaubwürdig diese Informationen klingen und in vielem an das Inventar unserer heutigen Fantasy- oder Science Fiction-Romane erinnern, so liefern sie neben dem authentischen Eindruck, wie furchterregend man sich seinerzeit in diesem literarischen Genre den Rand der Welt und ihr Ende vorstellte, ganz *en passant* die älteste schriftliche Nachricht von der Entdeckung Amerikas durch die Wikinger. Denn Vinland ist der Name, den der aus Island stammende Seefahrer Leif Eriksson (um 970–um 1020) Amerika gegeben haben soll.

Die für unseren Raum als Geschichtsquelle nicht minder wichtige, da nordelbisches Bewusstsein widerspiegelnde ›Slawenchronik‹ des Lübecker Abtes Arnold (um 1150–1211/14) von etwa 1210 enthält gleichfalls eine Reihe von Berichten über die Verhältnisse in fernen Ländern. Freilich geht es dabei schwerpunktmäßig um den mediterranen Raum und insbesondere um den Nahen Osten als Ziel der damaligen Kreuzzugsbewegung. Gleich

Darstellung Herzog Heinrichs (wohl 1129/30–1195) in dem Gedicht Michels Wyssenherre *Von dem edeln hern von Bruneczwigk als er über mer fure*, der mit seinem Löwen auf der Pilgerfahrt gegen Schnabelmenschen kämpft das erste Buch handelt von der Pilgerfahrt Heinrichs des Löwen (wohl 1129/30–1195) ins Heilige Land.

Unter anderem begegnete die Reisegesellschaft nach Arnolds Schilderung unterwegs Serben. »Sie sind Söhne des Belial, ohne Bindung an Gott, den Verlockungen des Fleisches und der Völlerei hingegeben, und gemäß ihrem Namen dienen sie allem Sündhaften und in ihrer der Beschaffenheit der Gegend angepassten wilden Lebensart sind sie sogar wilder als die wilden Tiere«, heißt es über sie im Text. Im fünften Buch seiner Chronik gibt der Abt wortwörtlich den ausführlichen Bericht des Mainzer Erzbischofs Konrad (von Wittelsbach, um 1130–1200) über dessen Reise nach Süditalien wieder, wobei dieser die Gegebenheiten vor Ort mit den Augen antiker Dichter, allen voran Vergils (70–19 v. Chr.) wahrnahm und viele Örtlichkeiten direkt mit dem Wirken des Magier-Dichters, ja sogar als seine genuine zauberhafte Schöpfung beschrieb. So kann man hier unter anderem lesen:

> »Auch sahen wir das aufwendige Werk Vergils, Neapel, hinsichtlich dessen uns die Parzen das Los zuteilten, die Mauern ebendieser Stadt, die ein so großer Philosoph anlegte und errichtete, auf kaiserlichen [also auf Heinrichs VI. (1165–1197)] Befehl zerstören zu müssen. Nichts nützte jenen Bürgern derselben Stadt das Abbild, das von jenem Vergil mit Zauberkunst in einem Glasfläschchen mit ganz enger Öffnung eingeschlossen worden war und in dessen Unversehrtheit sie so großes Vertrauen setzten, dass, solange ebendieses Fläschchen unversehrt bliebe, die Stadt keinen Schaden nehmen könne. Dieses Fläschchen sowie auch die Stadt haben wir nun in unserer Gewalt und haben die Mauern zerstört, obwohl das Fläschchen unversehrt blieb. Vielleicht aber schadete der Stadt, dass das Fläschchen einen kleinen Riss hat. In derselben Stadt gibt es ein ehernes Pferd, das von Vergil unter magischen Sprüchen so zusammengesetzt worden ist, dass, solange es selbst unversehrt bleibt, kein Pferd einen Rückenbruch erleiden kann […].

> Ebendort gibt es ein sehr wehrhaftes Tor, das wie eine Burg gebaut ist und eherne Türflügel besitzt, die jetzt von kaiserlichen Dienstmannen bewacht werden. An diesem hat Vergil eine eherne Fliege angebracht, und solange diese unversehrt bleibt, kann nicht eine Fliege in die Stadt gelangen.«

Ähnlich mystisch angereichert ist der Reisebericht des Straßburger Vizedoms Gerhard zum Zustand Babyloniens und Ägyptens im siebten Buch von Arnolds Chronik: So soll es auf Korsika einen Fluss gegeben haben, der so giftig war, dass Vögel starben, wenn sie ihn überflogen. Neben vielen Stätten, an denen sich biblisches Heilsgeschehen zugetragen haben soll und an denen der Berichterstatter vorbeikam, erfährt man auch von einem furchterregenden Herrn unter den Sarazenen:

> »Wisse, dass es im Gebiet von Damaskus, Antiochia und Alapia ein Sarazenenvolk in den Bergen gibt, das in seiner Sprache Heyssessinen und in romanischer Sprache *segnors de montana* genannt wird. Dieser Menschenschlag lebt ohne Gesetz, ernährt sich auch gegen das Gesetz der Sarazenen von Schweinefleisch, und jede Frau wird ohne Unterschied missbraucht, seien es Mutter und Schwester. […] Auch haben sie in ihrer Mitte einen Herrn, der allen Sarazenenfürsten weit und breit und auch den benachbarten Christen und den Vornehmen Furcht einflößt, da er sie auf wundersame Weise zu ermorden pflegt. […] Jener Fürst besitzt viele und sehr schöne Paläste in den Bergen, die von sehr hohen Mauern umschlossen sind, so dass sich außer einer kleinen und sorgfältigst bewachten Tür kein Eingang darbietet. Er sorgt dafür, dass in diesen Palästen sehr viele Söhne seiner Bauern von der Wiege an aufgezogen und in verschiedenen Sprachen unterrichtet werden, in Latein, Griechisch, Romanisch, Sarazenisch und in so vielen anderen. Diesen wird von ihren Lehrern von Kindesbeinen an bis zum Erreichen des Mannesalters eingetrichtert, dass sie jenem

> Landesherrn in allen Worten und Befehlen zu gehorchen haben. Werden sie dies tun, so wird er ihnen die Freuden des Paradieses schenken, da er Macht über lebendige Götter habe. Daher lehrt man sie, dass sie nicht gerettet werden könnten, wenn sie irgendeinem Wunsch des Landesfürsten zuwiderhandeln. Wisse, dass sie von Kindesbeinen an in den Palästen eingeschlossen sind, und außer den Gelehrten und ihren Lehrern keinen Menschen jemals sehen werden und nichts anderes lernen, bis sie vor das Angesicht des Fürsten gerufen werden, um irgendjemanden umzubringen. Dann, vor das Angesicht des Fürsten gebracht, fragt er sie, ob sie seinen Befehlen gehorchen wollen, damit er ihnen das Paradies bringe. Diese […] antworten mit brennendem Herzen, dass sie allem, was er befiehlt, nachkommen werden. Darauf gibt der Fürst jedem einen goldenen Dolch und schickt ihn nach Wunsch zu jedem beliebigen Fürsten, der umgebracht werden soll.«

Diese Episode zum ausgehenden zwölften Jahrhundert ruft unwillkürlich Bilder von Kindersoldaten unserer eigenen Gegenwart wach, die von klein auf im Namen irgendeines Herrn oder einer Ideologie zum Töten gedrillt werden.

In die Ferne schweift auch der Blick Heinrich Rantzaus (1526–1598), wenn er im dritten Buch seiner berühmten ›Neuen Beschreibung der Kimbrischen Halbinsel‹ von 1597 eingehend Ursprung, Namen, Wohnsitze, Eigenart, Tapferkeit, Kriege und Großtaten der Kimbern in der Schnittmenge zwischen Mythos und humanistischer Wissenschaftlichkeit berührt.

Die Kimbern, für deren unmittelbare Abkömmlinge er die zu seiner Zeit lebenden Holsteiner und Dithmarscher hält, stammten ihm zufolge von Gomer, einem Enkel Noahs und Sohn Japheths, ab und hätten, bevor sie sich auf Wanderschaft zur Kimbrischen Halbinsel begaben, ihre Wohnsitze nahe der Straße von Kertsch im Norden des Schwarzen Meeres dicht beim Mäotischen Sumpf gehabt, die nach ihnen *Bosporus Cimmerius* genannt worden sei.

Heinrich Rantzau (1526–1598)

Für diese Behauptung führt der Autor eigens den biblischen Propheten Ezechiel als Zeugen an. Von dieser Region seien die Kimbern über Russland, Litauen, Livland, Preußen und das Land der Wenden, das jetzt Pommern und Mecklenburger bewohnten, zur Kimbrischen Halbinsel gezogen. Die bald zu ihrer Heimat gewordene Halbinsel hätten sie dann später wieder verlassen, um nach Italien zu ziehen.

Genau 50 Jahre später veröffentlichte der Gottorfer Hofgelehrte Adam Olearius (1603–1671) die erste Auflage der berühmten Beschreibung seiner beiden Reisen nach Moskau und Isfahan, die in den Jahren 1633 bis 1639 stattfanden. Damit begründete er überhaupt das Genre der modernen wissenschaftlichen Reisebeschreibung im deutschsprachigen Raum. Zahlreiche historische, geographische und naturgeschichtliche Informationen ersten Ranges sind darin enthalten. Unter anderem korrigierte Olearius die seit dem griechischen Geographen Ptolemäus (um 100–nach 160 n. Chr.) vorherrschende Ansicht, das Kaspische Meer habe seine größte Ausdehnung in Ost-West-Richtung. Bis heute stellt Olearius› Reisebericht aufgrund seiner vielen Nachrichten eine ganz zentrale Quelle zu den Verhältnissen in Altrussland vor der Epoche Peters des Großen (1672–1725) dar. Die literarische Bedeutung der ‹Moscowitischen und Persianischen Reisebeschreibung› kann man allein schon daran ersehen, dass sie rasch auch in die englische, französische und niederländische Sprache übersetzt wurde. Olearius veröffentlichte hernach noch zwei weitere Werke desselben Genres: einmal die ‹Morgenländische Reise› von Johann Albrecht von Mandelslo (1616–1644), der mit Olearius nach Isfahan gelangt und dann nach Indien weitergezogen war, und zum zweiten die ‹Orientalischen Reisebeschreibungen› Jürgen Andersens (um 1620–1679) aus Tondern und Volquart Iversens (um 1630–nach 1669) aus Husum, die im Dienst der Niederländischen Ostindien-Kompagnie nach Südostasien und China gekommen waren und von ihren Beobachtungen in der für sie exotischen Welt berichteten. Überdies war Olearius der geistige Urheber des weltberühmten Gottorfer Riesenglobus, den er gemeinsam mit dem Limburger Büchsenmacher Andreas Bösch (1620–1657) und weiteren sieben bis neun Handwerkern in den Jahren zwischen 1654 und 1664 anfertigte. Die Außenseite des Globus zeigte die Weltkugel mit den damals bekannten Kontinenten – die Antarktis fehlte darauf. Sein Inneres diente als Planetarium, in dem – wie von der Erde aus – das Firmament betrachtet und der Sonnenlauf nachverfolgt werden konnten. Man konnte sich hineinsetzen und, ohne sich selbst zu drehen, alle Abläufe am Himmel in Echtzeit nachverfolgen. Der Globus wird nochmals eingehend im Kapitel zur fürstlichen Hofkultur gewürdigt werden. Aber bereits an dieser Stelle sei darauf verwiesen, dass er natürlich ein wahres schleswig-holsteinisches Prunkstück ist, wenn es darum geht, die Sicht der Zeitgenossen auf und ihren interessierten Blick für die Welt nachzuverfolgen.

Nach Ägypten und Arabien führte eine Expedition Carsten Niebuhrs (1733–1815) in den Jahren 1761 bis 1767, über die an anderer Stelle ebenfalls noch ausführlicher zu berichten sein wird. Nach seiner Rückkehr veröffentlichte Niebuhr 1772 in Kopenhagen seine ›Beschreibung von Arabien‹, gefolgt von zwei Bänden seiner ›Reisebeschreibung nach Arabien und anderen umliegenden Ländern‹ (1774 bzw. 1778). Der zugehörige dritte Band wurde dann erst 1837 nach Niebuhrs Tod publiziert. Während die ›Beschreibung‹ systematisch aufgebaut ist und Geographie, Gesellschaft, Zeitrechnung, Sprache sowie Geistesleben des Raumes vorstellt, ist die ›Reisebeschreibung‹ chronologisch nach dem Ablauf der eigenen Reise angelegt. Insgesamt herrscht in den Werken ein nüchtern-kritischer, auf Details schauender und um exakte Sorgfalt bemühter Erzählstil vor. Von Märchen und Schauergeschichten früherer Autoren ist gar keine Spur mehr zu finden. Der Anschaulichkeit dienen zahlreiche möglichst genaue Karten und Zeichnungen, unter anderem die erste zuverlässige Karte vom Roten Meer und vom Jemen. Wir verdanken seinem Text die erste sichere Erwähnung von Jesiden, Drusen oder Wahabiten, die ersten Kopien altarabischer Inschriften und reichhaltiges Material zu Hieroglypheninschriften. Und altpersische Keilinschriften konnten nicht zuletzt deswegen entziffert werden, weil sie von Niebuhr so genau wie eben möglich wiedergegeben wurden.

Von Niebuhrs herausragenden Kartenzeichnungen war gerade die Rede. Karten dienen seit langem der geographischen Imagination. Wenn es sich um Weltkarten handelte, verhalfen sie den Menschen zu einer zeitgemäßen Vorstellung von der Entfernung und Größe der Kontinente und ihrer Länder, den Ausmaßen der Weltmeere, von der Größe der Erde überhaupt. Den Weltkarten traten Länder- und Regionalkarten zur Seite, die den Menschen kleinere Raumeinheiten mit jeweils aufschlussreichen Details vor Augen führten. Die älteste Regionalkarte zu Holstein stammt aus dem zweiten Viertel des 16. Jahrhunderts. Sie zeigt – vermutlich in Anlehnung an mittelalterliche Weltkarten – einen kreisrunden Kartenausschnitt im Durchmesser von 28 cm. Die Karte ist »orientiert«, d.h. Osten befindet sich am oberen Rand der Karte, Westen entsprechend unten; Süden ist auf der rechten, Norden auf der linken Seite. Hamburg, Lauenburg, Lübeck, Mölln, Neumünster, Oldesloe, Ratzeburg, Segeberg, Sülfeld und Trittau sind darauf mit idealisierten Ortsansichten zu sehen. Die Darstellung des Segeberger Kalkfelsens, der Borsteler Wassermühle an der Beste, der Sülfelder Brücke, der Brücke von Mölln sowie von der Flößerei und Schifffahrt auf Elbe und Stecknitz-Kanal gelten in der Landesgeschichtsforschung als ganz bemerkenswert. Die Karte, die ihre Entstehung der Auseinandersetzung Herzog Magnus' I. von Sachsen-Lauenburg (1470–1543) mit den Städten Hamburg und Lübeck wegen des von 1525 bis 1529 realisierten Baus des Alster-Beste-Trave-Kanals verdankt und der Veranschaulichung seiner Klage vor dem Reichskammergericht dienen sollte, lenkt den Blick natürlich nicht weit in die Welt hinaus, sondern bleibt ganz im regionalen Raum verhaftet.

Weitaus phantastischer ist eine mittelalterliche Weltkarte angelegt, die ihrem Namen gerecht wird und diesmal nicht einen

Kleinraum aus der Nähe präsentiert, sondern die ganze Welt. Die Karte befindet sich in einer Weltgeschichte mit dem Titel *Rudimentum Noviciorum*, die 1475 in Lübeck vom Drucker Lucas Brandis (wohl vor 1450–nach 1500) hergestellt wurde. Sie hat einen Durchmesser von 36 cm. Es handelt sich um die älteste in Deutschland gedruckte Karte überhaupt. Zu Lübeck mag dieser Superlativ passen, handelte es sich doch seit Entstehung der Stadt um ein im Prinzip weltoffenes, da auf den Fernhandel ausgerichtetes Gemeinwesen. Natürlich lag der Druck der Karte aber erst einmal an der differenzierten Infrastruktur der wohlhabenden Hansestadt. In Lübeck konnte ein Buchdrucker wie Brandis mit einem so aufwendigen Druckwerk seinen Lebensunterhalt verdienen.

Auch diese mittelalterliche Weltkarte ist wie selbstverständlich »orientiert«, d.h. der als heilig betrachtete Osten (*Oriens*) ist an der Oberseite befindlich. Die Erde wird dem mittelalterlichen Weltbild entsprechend als runde Scheibe dargestellt, um die der große Ozean fließt. Die gesamte obere Hälfte der Scheibe umfasst Asien, während die untere Hälfte sowohl von Europa als auch von Afrika eingenommen wird. Die übrigen Erdteile waren damals noch nicht bekannt. Ein hoher Berg ist ganz im Osten, d.h. oben, zu erkennen, aus dem die vier Paradiesflüsse strömen und auf dem ein Jude und ein Christ miteinander anscheinend über das Alte und das Neue Testament sprechen. Das Heilige Land mit Judäa und Palästina befindet sich im Zentrum des Kartenbilds. Das christliche Heilsgeschehen ist also auf der Welt unmittelbar präsent, und umgekehrt ist die Welt immanenter Teil desselben. Auch hier gehören Fabelwesen und Wunderländer am Rand der Welt zum festen Inventar. So ist ganz im Norden – also links – ein Teufel zu sehen, der einem Mann den rechten Arm ausreißt. Im rechts angelegten Süden wiederum taucht ein Phoenix aus dem Feuer auf. Neben Persien ist der Sonne-Mond-Baum erkennbar, zu dem wiederum der Goldberg benachbart liegt. Ganz im Westen stehen die Säulen des Herkules. Das im Nordwesten der Karte eingezeichnete Vinland meint nach dem Hinweis von Christian Degn (1909–2004)

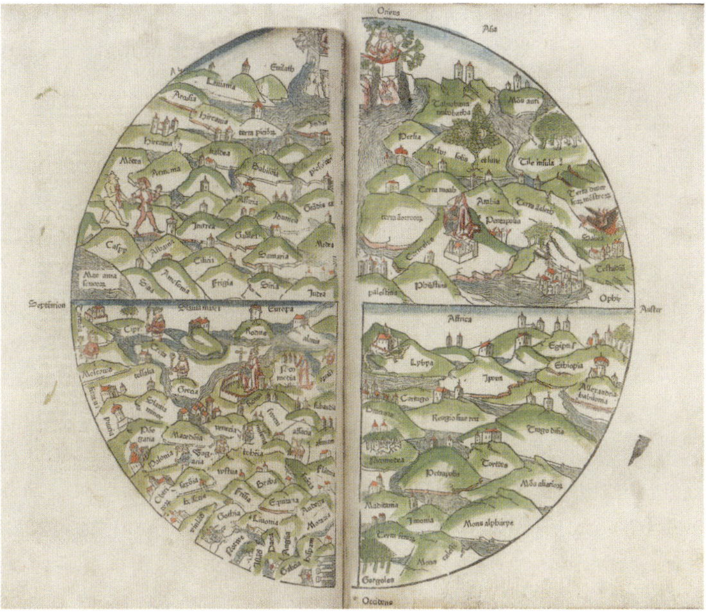

Die älteste in Deutschland gedruckte Weltkarte aus der Weltgeschichte *Rudimentum Noviciorum*, die 1475 in Lübeck vom Drucker Lucas Brandis (wohl vor 1450–nach 1500) hergestellt wurde

nicht das Vinland Leif Erikssons. Es handelt sich vielmehr nur um eine Schreibvariante für Finnland. Sagenhaft liest sich freilich die Information, die im *Rudimentum Noviciorum* zu Finnland mitgeteilt wird: Seine heidnischen Bewohner würden einen Ball aus einem Faden machen, der mit vielen Knoten versehen sei. Gegen Bezahlung würden sie dann Seeleuten, die an ihre Küsten verschlagen wurden, durch Herausziehen eines oder mehrerer Knoten aus dem Knäuel günstige Winde herbeizaubern. Man fühlt sich in das Weltbild Adams von Bremen zurückversetzt, das ganz ähnliche phantastische Geschichten bot.

84 Jahre jünger ist eine Karte Schleswig-Holsteins, die Marcus Jordanus (1531–1595) aus Krempe als Autor verantwortete und die

1559 von Joachim Louwe (†um 1569) in Hamburg in den Maßen 73 × 62 cm gedruckt worden ist. Jordanus war nach seinem Studium 1550 zum Professor für Mathematik an der Universität Kopenhagen ernannt worden. Er verstand also sein Handwerk. Der Antwerpener Kartograph Abraham Ortelius (1527–1598) übernahm die Vorlage in seinen berühmten, mit *Theatrum Orbis Terrarum* betitelten Weltatlas aus dem Jahr 1579. Die Karte ist auf den ersten Blick wesentlich realitätsgetreuer als die gerade besprochene Weltkarte von 1475 – Sagengestalten und Wundergegenden kommen keine mehr vor. Doch im Detail geben sich einige »Fehler« in der Darstellung zu erkennen. Die Nordfriesischen Inseln sind weggelassen oder der übergroß gezeichneten Insel Strand zugeschlagen. Das Danewerk ist zum Fluss umgestaltet, der Schlei und Treene zu einer durchgehenden Wasserstraße quer durch Schleswig-Holstein macht. Ebenso sind Levensau und Eider zu einem das ganze Land zwischen Nord- und Ostsee durchziehenden Wasserweg zusammengefasst. Vielleicht, so mutmaßt Degn, wurde in letzterem Fall Herzog Adolfs I. (1526–1586) Idee eines schiffbaren Kanals »auß der Ostsehe in die Westsehe« vom Kartographen übernommen und in die Karte eingebaut, ohne dass es dann seinerzeit zum Bau einer solchen Wasserstraße gekommen ist. Im Vergleich zu dieser Karte ist dann die bekannte Schleswig-Holstein-Karte des gebürtigen Husumers Johannes Mejer (1606–1674) aus dem Jahr 1650 nochmals einen ganz wesentlichen kartographischen Schritt weiter. Die 42 × 44 cm messende Karte beruhte wie die anderen 40 in der Caspar Danckwerth'schen (1605–1672) Landesbeschreibung von 1652 abgedruckten Kartenbilder auf einer intensiven Vermessungsarbeit. Sie ist in ihrer beeindruckenden Exaktheit »geradezu ›modern‹«, um nochmals Degn zu zitieren – und das bedeutet im Gegensatz zu den anderen vorgestellten Karten frei von Produkten der menschlichen Phantasie. Mejers Karten widmen sich themenbedingt dem Nahraum, also Schleswig-Holstein selbst. Wilde Phantasie und ernsthaftes wissenschaftliches Bemühen um eine Rekonstruktion früherer Verhältnisse geben sich nur bei seiner Karte der Nordseeküste von 1240 nochmals ganz einträchtig die Hand. Drei Karten in der Danckwerth'schen Landesbeschreibung stammen indes nicht von Mejer, und eine davon, die der Kupferstecher Christian Rothgießer (†1659) aus Husum besorgt hat, zeigt eine Weltkarte, deren obere Hälfte Europa, Asien und Afrika und deren untere neben dem sog. Äthiopischen und dem Indischen Ozean die seinerzeit weitgehend unbekannte und daher überdimensionierte *Terra Australis*, Australien also, einnehmen. Über die eurasisch-afrikanische Landmasse sind die Namen von Noahs Söhnen und Enkeln geschrieben, um zu illustrieren, wie diese die Welt unter sich aufgeteilt haben sollen. Die Karte zeigt in ihrer gewissen Detailtreue, wie sich um die Mitte des 17. Jahrhunderts wissenschaftliche Empirie und moderne Kartografie mit Bibelwissen und christlichem Glauben nahtlos verbinden konnten.

Abgeschlossen werden soll unser Schnelldurchgang durch die schleswig-holsteinische Kartographiegeschichte des Mittelalters und der Frühen Neuzeit mit einem kurzen Blick auf den *Atlas Major* und die sog. Jordt'sche Kartensammlung, die auf ihre Weise näherbringen, dass und wie die Zeitgenossen des 18. Jahrhunderts die Welt sahen oder zumindest sehen konnten. Der *Atlas Major* wird heute unter der Signatur Eb 68 in der Bibliothek des Alten Gymnasiums Flensburg aufbewahrt. Es handelt sich dabei um einen wohl zu Anfang des 18. Jahrhunderts angelegten Sammelatlas zum Großen Nordischen Krieg (1700–1721) und zu den Türkenkriegen, der seiner künstlerisch hochwertig gestalteten Karten wegen seinesgleichen in Schleswig-Holstein und darüber hinaus sucht. Detlev Kraack (*1967) hat ihn vor mehr als 20 Jahren schon einmal eingehend beschrieben:

> »Nach einer Planisphärendarstellung der Welt und Karten der vier damals bekannten Kontinente beginnt der thematisch an den Kriegshandlungen orientierte Teil des ›Atlas Major‹ mit der Darstellung der Herzogtümer Holstein und Schleswig, die

> in den skandinavischen Rahmen eingebunden sind und einen ersten Schwerpunkt bilden. Dem schließen sich Karten an, die die Länder Skandinaviens sowie Ost- und Südosteuropas bis in den Süden der Balkanhalbinsel und den Bereich des damaligen Osmanischen Reiches mit den Inseln der Ägäis und Kreta zeigen.«

Ursprünglich umfasste die Sammlung einmal 176 nummerierte Kartenblätter; heute fehlen fünf davon. Die Karten sind im Schnitt zwischen 50 und 60 cm lang und 40 bis 50 cm breit und in einem Band zusammengefügt, der ein Großfolioquerformat von 65 × 54 cm hat. Zuweilen messen die Karten in Länge und Breite aber auch über 1 m, wie z.B. im Fall einer großen Skandinavien-Karte, die ursprünglich aus sechs Einzelblättern bestand. Sie hat ein Format von ca. 123 × 107 cm. Wie die anderen Karten ist sie realistisch gehalten. In den Landstrichen nördlich des Polarkreises sind Miniaturdarstellungen von wilden Tieren und Alltagsszenen der dort lebenden Menschen zu sehen – aber keine Wundertiere mehr wie noch auf den Karten früherer Zeiten. In den angrenzenden Gewässern schwimmen Wale und großes Seegetier. Rentier- und Bärenjagdszenen finden sich wiederum auf der Halbinsel Kola wieder, die in einer 57 × 49 cm großen Seekarte zu den Küstengewässern des Nordmeeres an der norwegischen und russischen Küste erscheint.

Die sog. Jordt'sche Sammlung wurde in ihrer Masse bis 1795 angelegt und umfasst insgesamt sieben Atlasbände, die die Flensburger Bibliothekssignaturen G 3176 bis 3182 tragen. Es handelt sich um 754 Karten, davon 717 in den besagten Bänden im Großfolioformat zusammengefasst, 37 hingegen als lose Einzelkarten in einer gesonderten Mappe aufbewahrt. Der überwiegende Teil der Karten entstammt dem 18. Jahrhundert; ein geringer Teil wurde allerdings schon im 17. Jahrhundert gedruckt. Schwerpunktmäßig behandeln die Karten Gebiete des Heiligen Römischen Reiches und seiner unmittelbaren Nachbarschaft wie Preußen und Polen oder Skandinavien, die beide im fünften Band vorkommen. Zu Skandinavien sind gar 46 Karten vorhanden. Die Sammlung setzt freilich nach seinerzeit herkömmlichen Sammlungs- und Anordnungsprinzipien mit Welt- und Europakarten ein, wovon es sechs gibt, um dann mit 31 Karten die Iberische Halbinsel und mit zehn Karten die Britischen Inseln im bildlich näherzubringen. Band 6 ist allein Frankreich (39 Karten) und Italien (47) gewidmet. Im abschließenden Band geht es um Russland (37), das Osmanische Reich mit Teilen Asiens und Afrikas (17), weitere Gebiete Asiens (15), Afrika (7), Amerika (29) und zuletzt Polynesien (2). Das Spektrum der Sammlung reicht über bloße topographische Karten weit hinaus und liefert auch Fluss- und Seekarten, historische Karten, Straßenkarten, Sprachkarten, auch Phantasiekarten und manches mehr. Zudem kommen Stadt-, Festungs- und Belagerungspläne sowie Festungsansichten, Schlachtendarstellungen und genealogische Tafeln vor. Die Kartensammlung insgesamt vermittelt einen anschaulichen Eindruck, wie ein wohlhabender Zeitgenosse des ausgehenden 18. Jahrhunderts, wie es der Flensburger Kaufmann und Ziegeleibesitzer Hans Jordt (1770–1853) einer war, die Welt und ihre einzelnen Kontinente und Regionen sehen und was genau er über sie auf dem Wege von Karten und Tafeln erfahren konnte. Deutlich wird, wie interessiert man sich seinerzeit in bestimmten Gesellschaftskreisen Schleswig-Holsteins mit den Ländern und Gebieten außerhalb Europas befasste. Die Karten selbst entsprechen dem fortschrittlichen Stand der Kartographie und Vermessungstechnik jener Zeit. Sie sind nunmehr weitgehend frei von Märchen- und Phantasiegebilden, wie sie etwa die Lübecker Weltkarte von 1475 darbot. Nur vereinzelt, geradezu »homöopathisch« kommen noch phantastische Wesen als schmückendes Beiwerk vor, wie z.B. auf der Karte Nr. 661, die dem Königreich Marokko und den Kanarischen Inseln gewidmet ist und an deren Rand links oben eine orientalische Szenerie zu sehen ist: Vier maurisch gekleidete Personen samt Vogelstrauß umringen einen Löwen, vor dem sich wiederum eine lange

Schlange kringelt. Ihrem Haupt entwachsen zwei gekrümmte Hörner. Vielleicht wollte der Kartenstecher die in Nordafrika verbreitete Hornviper wiedergeben, die auf ihrem Kopf zwei kurze spitze, gerade Hörner aufweisen kann. Gewiss in Ermangelung eigener Anschauung entschied sich der Kartenschöpfer nun für eine ziegen- oder aber teufelsartige Hornvariante.

3. In die Region hinein und aus ihr heraus

Schleswig-Holstein als Teil einer globalen Migrationsgeschichte

Die Menschheitsgeschichte beginnt recht eigentlich als Migrationsgeschichte und sie ist bis zum heutigen Tag eine solche geblieben. Der Raum Schleswig-Holsteins bildet hierbei selbstverständlich keine Ausnahme. Ganz im Gegensatz dazu ist von früheren Forschern ernsthaft behauptet worden, zumindest die sog. Völkerwanderung – ein Begriff, der sich übrigens erst im 18. Jahrhundert eingebürgert hat – sei an der Region weitgehend spurlos vorbeigegangen, sodass wir es im Fall von Schleswig-Holstein mit einer *Germania Germanicissima*, also dem germanischsten Teil Germaniens, zu tun hätten, weil sich die Verhältnisse bei den alten Germanen, so wie sie uns Tacitus (um 58–um 120 n. Chr.) in seinem berühmten Werk *Germania* übermittelte, hier bis ins Mittelalter hinein mit Konsequenzen auch für die neuere Geschichte konserviert hätten. Genau genommen handelt es sich bei einer solchen These, absichtlich oder nicht, um die unhinterfragte Fortschreibung humanistischer Ideen, wie sie Heinrich Rantzau in seiner bekannten ›Neuen Beschreibung der Kimbrischen Halbinsel‹ von 1597 und zuvor bereits in seiner ›Wahrhaftigen Beschreibung des Dithmarscher Krieges‹ aus dem Jahr 1570 selbstbewusst zu Papier gebracht hat: »Ja, auch heute leben in Holstein die echten Nachkommen der alten Kimbern, und der vererbte Heldenmut bricht bei Geest- wie Marschbewohnern allenthalben wieder durch.« Für Rantzau war klar, dass es sich bei den berühmten Kimbern, die die Römer im ausgehenden zweiten Jahrhundert vor Christus das Fürchten gelehrt hatten, bevor sie vom römischen Feldherrn Marius (158/57–86 v. Chr.) vernichtend geschlagen wurden, um die direkten Vorfahren derjenigen Menschen handelte, die zu seiner, Rantzaus, Gegenwart in Holstein und Dithmarschen lebten. Und mehr noch: Für ihn lebten die Kimbern in den zeitgenössischen Holsteinern und Dithmarschern fort. Einer kritischen Überprüfung hält eine solche Ansicht, ob nun aus der Zeit um 1600 stammend oder von Historikern des 20. Jahrhunderts formuliert, natürlich nicht stand.

Schleswig-Holsteins Migrationsgeschichte setzt gleich mit den ersten Menschen ein, die hier lebten. Denn diese waren sprichwörtliche Jäger und Sammler, und sie wurden erst sesshaft, als sich das Klima in der mittleren Steinzeit ab dem zehnten Jahrhundert vor Christus zusehends erwärmte. Die durch archäologische Funde in der Region, z. B. im nordfriesischen Drelsdorf, nachweisbaren Neandertaler sind vor 30000 bis 27000 Jahren ausgestorben. Ihnen folgten, mit einigem zeitlichen Abstand, Gruppen des *Homo sapiens* nach, die wie die Vorfahren des Neandertalers ursprünglich aus Afrika stammten und sich entlang der Küsten über nahezu alle Teile der Erde ausbreiteten. Mit den Rentier-Jägern der sog. Hamburger Kultur, die von 13700 bis 12200 v. Chr. datiert wird, kamen deren erste Vertreter auch in unseren Raum, ihrerseits gefolgt von weiteren Jäger- und Sammlerkulturen. Die Region hatte damals natürlich noch ein ganz anderes Aussehen. Die hier lebenden Menschen waren überlokalen Kulturen zugehörig – die für unseren Raum bekannteste ist die Ertebølle-Kultur von 5100 bis 4100 v. Chr. – und pflegten überregionale Kontakte. So wurde in Grube-Rosenhof in Ostholstein eine Axt entdeckt, die nach Ausweis ihres Lindenholzschaftes ursprünglich aus dem Donauraum stammte.

Ab ca. 4000 v. Chr. brachten Einwanderer aus dem Süden die Ackerbaukultur in den Norden, deren Techniken die hier bereits etablierten Menschengruppen rasch übernahmen. Ihrer mit wellenartigen, spiralförmigen oder eckigen Bandmustern verzierten Keramik wegen werden diese Menschen als Bandkeramiker bezeichnet. Einem anderen Kulturkreis gehörten offenbar diejenigen Menschen an, deren gemeinsames Charakteristikum die Bestattung ihrer sozial hervorgehobenen Sippen in Großsteingräbern war (ab ca. 3500 v.Chr). Ihre Erbauer standen wiederum in einem überregionalen Kontakt mit anderen Gruppen derselben Kultur und wollten offenbar deren Monumente an Komplexität und Vielfalt übertreffen. Die ältere Forschung hielt sie noch für Einwanderer aus dem Mittelmeerraum und Westeuropa, wohingegen die jüngere Forschung betont, es habe sich bei der dahinterstehenden Veränderung kultischer Vorstellungen und allgemein der Lebensweise um eine Folge von Akkulturation und nicht von Immigration gehandelt, da sich die entsprechende Kultur aus der Ertebølle-Kultur an gleichen Plätzen weiterentwickelt habe. Letztlich schließen sich Akkulturationsprozesse und eine zeitlich langgestreckte Einwanderung aber nicht aus. Die Angehörigen dieser Kultur nutzten für ihre Grabanlagen die zahlreichen Findlinge, die die schleswig-holsteinische Moränenlandschaft als Ergebnis der Eiszeit aufwies. Einst soll es hierzulande über 5000 dieser Großstein- bzw. Megalithgräber gegeben haben. Heute sind davon nur noch ca. 300 vorhanden. Besonders eindrucksvolle Grabüberreste stehen auf Sylt bei Wenningstedt und Keitum. Unter manchen Megalithgräbern fanden sich übrigens Pflugspuren – deutliche Hinweise auf eine fortschrittliche landwirtschaftliche Tätigkeit. Auf einem Gräberfeld bei Flintbek stieß man bei Ausgrabungen gar auf Räderspuren in einem Abstand von 120 cm. Sie stammen von etwa 4000 v. Chr. und sind die ältesten Hinweise auf den Gebrauch eines zweirädrigen Wagens, der wohl beim Aufschütten von Erde bei der Errichtung der Grabhügel Verwendung fand. Die bestimmende Keramik dieser Menschen waren Trichterbecher, weswegen man auch von Trichterbecherkultur spricht. Der Raum Schleswig-Holsteins bildete einen Südteil der nordischen Trichterbecherkultur.

Abgelöst wurde die Trichterbecherkultur mit ihren Sippengräbern in dieser Region ab ca. 2500 v. Chr. durch die sog. Schnurkeramiker. Sie bestatteten ihre Toten in Einzelgräbern unter der Erde, dabei regelmäßig in Hockhaltung auf der Seite liegend. Typische Grabbeigaben waren geschweifte Keramikbecher mit Schnurmuster und eine Steinaxt. Wieder stellt sich die Frage, ob es sich um eine Kulturadaption der hier bereits lebenden Menschen handelte oder ob Neuankömmlinge für die Veränderung sorgten oder sie zumindest beeinflussten? Beide Möglichkeiten gingen vielleicht aber auch Hand in Hand.

Im zweiten vorchristlichen Jahrtausend lassen sich während der Bronzezeit vermittelst kostbarer Bronzeschwerter und Dolche Kontakte z.B. in den Donauraum nachweisen. Umgekehrt findet sich nordischer Bernstein aus der Zeit um 1600 v. Chr. in den griechischen Burgen Mykene und Pylos. Während zuvor Kontakte der Menschen aus dem Raum Schleswig-Holsteins vor allem in den Bereich des heutigen Niedersachsens dominant waren, wurden ab etwa 1500 v. Chr. die Verbindungen in den Norden bedeutsamer. Ein wichtiges Zentrum lag offenkundig um das heutige Bornhöved herum. Bei Flintbek wurden 66 bronzezeitliche Gräber entdeckt, deren Grabbeigaben sich zum Teil auf die Zeit zwischen 1450 und 1250 v. Chr. datieren lassen. Die Toten waren in Baumsärgen unter Grabhügeln bestattet. Bestattungen, die mit reichen Grabbeigaben versehen waren, finden sich auch in Dithmarschen und an der Königsau in Nordschleswig. Auffallend ist die dichte Aneinanderreihung von Grabhügeln der Bronzezeit entlang einer Linie, die in ihrem Verlauf mit dem sich von Nord nach Süd erstreckenden Heerweg, später Ochsenweg, übereinstimmt.

Ab dem 13. vorchristlichen Jahrhundert, also in der mittleren Nordischen Bronzezeit, kam es zu neuen kulturellen Veränderungen. Denn die Menschen gingen dazu über, ihre Toten nach einer Brandbestattung in Urnengräbern beizusetzen. Grabbeigaben waren nunmehr auf alltägliche Gebrauchsgegenstände beschränkt. Folgerichtig wird von dieser neuen Kultur als Urnenfelder-Kultur gesprochen. Der Umschwung dürfte mit soziokulturellen Umbrüchen in Zusammenhang stehen, die sich seinerzeit im Ägäisraum vollzogen und dort für eine Krise der mykenischen Palastkultur sorgten. Die damit verbundenen Migrationsbewegungen der sog. Seevölker waren wohl durch klimatische Veränderungen, insbesondere den Ausbruch des Vulkans Santorin um 1613 v. Chr., Seuchen und kriegerische Verdrängungsprozesse ausgelöst. Die Forschung geht davon aus, dass damals im Raum Schleswig-Holsteins keine größeren Bevölkerungsverschiebungen stattfanden. Trotz der Umbrüche im mediterranen Raum hielten die Menschen im Norden weiterhin Kontakte dorthin aufrecht. So wurde in Pansdorf in Ostholstein ein gerippter Bronzeeimer gefunden, der ursprünglich aus dem Tessin stammte und Buchstaben vermutlich aus dem Etruskischen aufweist. Auf die Zeit zwischen 950 und 720 v. Chr. sind Fundstücke aus einem Hortfund bei Norderstapel datiert, deren Herkunft auf die Karpaten verweist. Zum Ende der Bronzezeit (730–530 v. Chr.) kamen Importe aus der mitteleuropäischen eisenzeitlichen Hallstatt-Kultur in den Norden.

Die nächste Wanderungsbewegung, von der man für den Raum Schleswig-Holsteins Kenntnis hat, ist mit den bereits erwähnten Kimbern und Teutonen verbunden. Zum ersten Mal lassen sich für deren Wanderung, die ab etwa 120 v. Chr. durch halb Europa führte, schriftliche Quellen römischer und griechischer Autoren beibringen.

Das Ethnonym »Kimbern« ist erstmalig bei Caesar (100–44 v. Chr.) bezeugt, gefolgt von Plutarchs (um 45–um 125 n. Chr.) Marius-Biographie, die in wesentlichen Teilen auf den um 80 v. Chr. vollendeten, allerdings verschollenen Historien des griechischen Autors Poseidonios (135–51 v. Chr.) beruht. Inschriftlich belegt sind die Kimbern auf dem bekannten *Monumentum Ancyranum*, dem kurz vor seinem Tod vollendeten Taten- und Rechenschaftsbericht des Kaisers Augustus (63 v. Chr.–14 n. Chr.). Und Tacitus beschreibt sie in seiner berühmten *Germania* als nunmehr kleines Volk von freilich ungeheurem Ruhm – das war zum Ende des ersten nachchristlichen Jahrhunderts. Niedergeschriebene Selbstzeugnisse der Kimbern gibt es nicht. Seit Poseidonios, dem Zeit-

Karte der Kimbernwanderung

genossen der zum Ende des zweiten vorchristlichen Jahrhunderts ausgefochtenen Kimbernkriege, lokalisierte man die ursprünglichen Wohnsitze der Kimbern auf einer Halbinsel im Ozean, die mit Jütland identifiziert wird. Tatsächlich stieß im Jahr 5 v. Chr. eine von Tiberius (42 v. Chr.–37 n. Chr.) geleitete römische Nordsee-Expedition an der Nordspitze Jütlands auf offensichtliche Kimbern. Der römische Autor Plinius der Ältere (23/24–79 n. Chr.) schrieb um 65 n. Chr. vom Vorgebirge der Kimbern – meinte er damit Skagen? –, wo die Teutonen gelebt hätten. Die moderne Forschung schloss sich dieser Lokalisierung weitgehend an, wobei zu bedenken ist, dass Kimbern, die zur Zeit des Augustus in Jütland ansässig waren, kein Beleg für diesen Raum als Ursprungsland der Kimbern sein müssen. Auch der immer wieder herangezogene dänische Landschaftsname Himmerland ist kein hieb- und stichfester Beweis, weil er einfach zu spät bezeugt ist. Genauso gut könnte Jütland nur eine Zwischenstation auf der europaweiten Wanderung der Kimbern gewesen sein. Möglicherweise brachen sie von unbekannten Wohnsitzen, die vielleicht in Skandinavien lagen, auf und zogen, nach kürzerem oder längerem Aufenthalt in Jütland, von dort weiter in Richtung Süden, in das Gebiet der Boier, Taurisker und Skordisker im heutigen Ungarn und Österreich, dann weiter in das Rhein-Main-Gebiet und den Bereich der jetzigen Schweiz (Tiguriner und Helvetier) und von dort nach Südfrankreich, die Iberische Halbinsel und wieder zurück bis nach Norditalien. Eine weitere These lautet, erst nach der vernichtenden Niederlage gegen den römischen Feldherrn Marius im Jahr 101 v. Chr. hätten sich versprengte Reste der Kimbern in Jütland angesiedelt. Für die mitziehenden Ambronen wird die Region der Nordseeküste als wahrscheinlichster Herkunftsort angenommen und mit dem Namen der Insel Amrum in Zusammenhang gebracht. Der römische Geschichtsschreiber Rufius Festus (†380) rechnete sie aber wohlgemerkt zu den Galliern, und auch eine Verwandtschaft der Ambronen zu den Umbrern in Italien wird nicht gänzlich ausgeschlossen. Andere Stimmen möchten die Gegend um die Amper in Bayern als deren Herkunftsregion bestimmen. Viele Fragezeichen also.

Wie viele Menschen damals auf dem Zug der Kimbern und der mit ihnen verbundenen Teutonen und Ambronen dabei waren, kann nicht gesagt werden. Die antiken Quellen gehen mit Zahlen sehr großzügig um. In der Schlacht, die sie 105 v. Chr. gegen ein römisches Heer bei Arausio (Orange) fochten, sollen 80 000 Legionäre und 40 000 Trossknechte gegenüber 15 000 Kimbern und Teutonen das Leben verloren haben. Das wären gewaltige Dimensionen. Damit hätten letztere den Römern die schwerste Niederlage seit dem Sieg Hannibals (um 247–183 v. Chr.) bei Cannae 216 v. Chr.

zugefügt. Auch über die Gründe des Zuges kann man nur spekulieren. Die Menschen, die sich auf Wanderung begaben, wünschten sich ganz offensichtlich eine neue Heimat. So ersuchten sie die Römer auf ihrem Zug um Siedlungsland, was diese abschlugen. Bereits antike Autoren stritten darüber, ob Überschwemmungen die Ursache dafür waren. Klimatische Bedingungen wie zunehmende Regenfälle könnten eine gewisse Rolle gespielt haben, womöglich auch eine starke Bevölkerungszunahme bis hin zur Überbevölkerung. Während der sog. Jastorf-Kultur (600 v. Chr.–0) nahmen die Gräberfelder im Bereich Schleswig-Holsteins und Jütlands stetig zu, was für einen solchen Bevölkerungszuwachs spricht. Seit etwa 100 v. Chr. endete dann die Belegung auf den meisten Gräberfeldern komplett. Die Menschen waren anscheinend fortgezogen. Ähnliches lässt sich für die nordfriesische Geest feststellen, wo, wie gesagt, gemeinhin die Ambronen verortet werden.

Nicht zuletzt wird neuerdings sogar die ethnische Zuschreibung der Kimbern als Germanen infrage gestellt. Oft genug bildete sich ein Stamm aus ganz unterschiedlichen Gruppen erst auf dem Zug in eine neue Heimat, wie es für die Alemannen und die Sachsen rekonstruiert wird. Der Name der Kimbern weist auf einen keltischen Ursprung hin, wie Sprachforscher herausgefunden haben wollen. Indes kann er auch eine keltische Fremdbezeichnung für ein ethnisch unbestimmtes, namenloses, raubendes Wandervolk gewesen sein. Geht man im Grundsatz von einer germanischen Ethnogenese aus, dann kam es auf ihren Wanderzügen durch keltisches Kernland jedenfalls zur weitgehenden keltischen Akkulturation der Kimbern. Es schlossen sich ihnen auch keltische Großgruppen, z. B. die helvetischen Tiguriner, bei der Wanderung an, mit denen sie sich wohl auf Keltisch verständigten. Nicht von ungefähr belebte die Kimberngefahr bei den Römern ihren alten *metus Gallicus* wieder, ihre Furcht vor den Galliern, die 390/387 v. Chr. Rom bedroht hatten. Erst für Caesar waren sie unzweifelhaft Germanen, was die Nachwelt nicht weiter hinterfragte.

Die Kimbern und Teutonen trennten sich auf ihrem Zug, vielleicht weil die gemeinsame Versorgung so vieler Menschen Schwierigkeiten bereitete. Während die Kimbern nach Spanien weiterzogen, blieben die Teutonen in Gallien. Dort wurden sie von Marius' Legionen bei Aquae Sextae (Aix-en-Provence) 102 v. Chr. vernichtend geschlagen. Angeblich sollen sie 100000 bis 300000 Tote und Gefangene beklagt haben. Man rechnet aber eher mit maximal 30000 teutonischen Kämpfern und weiteren 120000 Angehörigen, was freilich immer noch sehr hohe Zahlen sind. Die Kimbern waren unterdessen aus Spanien, wo sie wohl auf erbitterten Widerstand der dortigen iberischen Stämme trafen, nach Gallien zurückgekehrt, hatten zwischen 105 bis 102 v. Chr. wieder gemeinsam mit den Teutonen vergeblich Siedlungsland gesucht und sich dann erneut von ihnen getrennt, um in den Alpenraum und von dort aus nach Oberitalien zu ziehen. Hier stießen sie im Jahr 101 v. Chr. bei Vercellae (Vercelli) ebenfalls auf das Heer des römischen Feldherrn Marius. Ihre Niederlage war vollständig. Plutarch zufolge verloren sie 120000 Tote und 60000 Gefangene.

Die Ereignisse um den Zug der Kimbern und Teutonen ebneten im *Imperium Romanum* wegen der dadurch evozierten Heeresreform nicht nur den Weg zur Diktatur und weiter zum Principat und hatten damit wirklich weltgeschichtliche Bedeutung. Sie nahmen zudem wesentliche Entwicklungen vorweg, wie sie in der sog. Völkerwanderung rund 400 Jahre später erneut zutage treten sollten. Für uns heute erstaunlich bis aberwitzig, für den Humanismus aber nicht untypisch, knüpfte der bekannte Heinrich Rantzau, wie bereits gesagt, an das Narrativ der historisch durch antike Quellen verbürgten Wanderung der Kimbern an und konstruierte im Anschluss an die schon antike Benennung des Landes zwischen der Nord- und Ostsee als Kimbrische Halbinsel eine unmittelbare Abstammung der Holsteiner und Dithmarscher von den Kimbern, die für ihn wiederum Nachfahren von Noahs Enkel Gomer waren. Aus Gomer sei einfach Comer oder Cumer, daraus dann Cumber und schlussendlich Kimber geworden. Vom Bosporus seien die

Kimbern erst zur Kimbrischen Halbinsel gewandert und dann weiter nach Italien, wo sie der römische Feldherr Marius nur teilweise vernichtet habe. Ihre Reste seien zur Kimbrischen Halbinsel, also nach Holstein, zurückgekehrt und würden bis in Rantzaus eigene Tage weiterleben.

Die bereits angesprochene Völkerwanderungszeit schlägt bezogen auf den Raum Schleswig-Holsteins die Brücke zur Migration der Angeln, die im vierten und fünften Jahrhundert aus ihrem Siedlungsbereich zwischen Haderslebener Förde und Eckernförder Bucht aufbrachen, um – gemeinsam mit südlich davon lebenden Sachsen und nördlich davon siedelnden Jüten – in einem Jahrzehnte, wenn nicht Jahrhunderte dauernden Prozess in Britannien sesshaft zu werden, das nach ihnen bald Angelland (England) genannt werden sollte. Sie machten das offenbar zunächst als Verbündete, als *foederati* der römischen Besatzer, bald aber als deren erbitterte Gegner. Die Tatsache, dass Karl der Große (747/48–814) um 800 das Stammesrecht der Angeln und Thüringer aufzeichnen ließ, die *Lex Angliorum et Werinorum hoc est Thuringorum*, spricht im Übrigen dafür, dass die Angeln nicht nur nach Westen abwanderten, sondern – und dies wohl zeitlich früher – im zweiten und dritten Jahrhundert nach Süden in den Mittelelbe-Saale-Raum. Schriftquellen zu den damaligen Vorgängen stammen meist aus späterer Zeit, wie eben auch die genannte *Lex*. Vor allem der große angelsächsische Kirchenhistoriker Beda Venerabilis (um 672–735) schrieb um 730, also aus geraumer zeitlicher Entfernung, darüber, sodass seine Darstellung nicht über alle Zweifel erhaben ist. Dies betrifft nicht zuletzt seine Datierungen und die namentliche Nennung der zwei ersten Anführer, der Warlords Hengest und Horsa. Wo aber die Schriftquellen rar sind oder gar ganz fehlen, kann zumindest stellenweise die Archäologie weiterhelfen. So wurden im genannten Siedlungsraum entlang der heute schleswig-holsteinisch-dänischen Ostseeküste große Urnenfriedhöfe entdeckt, die für eine zeitweilig dichte Besiedlung sprechen, die aber im fünften und sechsten Jahrhundert abbrach,

Das Nydamboot im Archäologischen Museum Schloss Gottorf

da die Friedhöfe nicht länger genutzt wurden. Komplementär weisen die Erkenntnisse der Archäobotanik, die mittels der Analyse von Sedimenten die damalige Flugsamen- und Pollenzusammensetzung herausfinden kann, darauf hin, dass hierzulande just zum selben Zeitpunkt der Getreideanbau zurückging und eine Wald-Wiesen-Vegetation die vorherrschende wurde: Ungenutztes Ackerland wurde also vom Wald zurückerobert. Daraus schließt man einleuchtenderweise auf einen Rückgang, sicher aber nicht ein vollständiges Verschwinden der Bevölkerung, wie die besser erforschten sächsischen Beispiele zum Raum der mittleren Weser zeigen. Den Rückgang kann man mit der Abwanderung nach England gut erklären. Die Funde zweier nahezu baugleicher Langschiffe in Nydam, nördlich der heutigen Landschaft Angeln, und von Sutton Hoo in East Anglia nördlich von Harwich belegen auf ihre Weise die Kultur- und Bevölkerungskontakte beiderseits der Nordsee um 400. Das Nydam-Boot ist heute noch eine der Hauptattraktionen des Archäologischen Museums auf Schloss Gottorf.

Doch brachten die Angeln nicht nur ihre Schiffe und, wie man aus weiteren Bodenfunden weiß, ihre Keramik und bronzenen Schmuckstücke mit nach England, sondern auch ihre Stammessagen. Von daher erklärt es sich, dass gerade hier, in England, die alte Offa-Sage, die davon handelt, dass der stumme Offa sich erfolgreich an der Eider gegen sächsische Invasoren zur Wehr setzte, wiederbelebt wurde. So berichten sowohl das altenglische, auf das sechste bis neunte Jahrhundert datierte Widsith-Lied als auch um 1200 der Mönch Matthäus Paris (um 1200–1259) von Offas heldenhaftem Kampf. Und nicht von ungefähr ließ der König von Mercien namens Offa II. (†796) in seinem Kampf gegen keltische Waliser den sog. Offa-Wall errichten. Warum die Angeln, Sachsen und Jüten übrigens nach Britannien auswanderten, ist nur wieder mittelbar zu erschließen, weil Selbstzeugnisse, die darüber Auskunft geben könnten, auch für sie fehlen. Die Annahmen reichen von klimatischen und kriegerischen Ereignissen als sog. Push- bis zu ökonomischen Interessen als Pull-Faktoren.

Die Forschung betont, dass sich hierzulande trotz Abwanderungen im großen Stil eine rasche demographische Erholung einstellte. Vor allem soll der weitgehende Abzug der Angeln die nachfolgende Einwanderung der Dänen von Südschweden aus über die Inseln Seeland und Fünen bis nach Jütland und in den Raum nördlich der Eider begünstigt haben. Im Kontext dieser Vorgänge wird das erste Danewerk als Grenzbefestigung und zur Absicherung der neuralgischen Verkehrsverbindung zwischen Nord- und Ostsee errichtet worden sein, wie eine Datierung entsprechender archäologischer Befunde um 500 nahelegt. Zum markanten Dreh- und Angelpunkt dieser Migrationsbewegung entwickelte sich das unmittelbar am Danewerk gelegene Haithabu/Hedeby/Sliesthorp als Fernhandelsort an der Schnittstelle zwischen Nord- und Ostsee. Hier ließ sich im Lauf der Zeit neben dänischen, sächsischen und slawischen *permanentes*, also Dauerbewohnern, auch eine große Zahl von *frequentantes*, saisonalen Einwohnern, unterschiedlichster regionaler Herkunft nieder. Sogar Araber sind als Besucher Haithabus bezeugt. Von den nach der Völkerwanderungszeit zwischen Elbe und Eider siedelnden sächsischen Teilstämmen der Dithmarscher, Holsten und Stormaren blieben die Dänen anscheinend durch einen siedlungsarmen Streifen getrennt, während von Friesland aus ab etwa 700 in einer ersten Welle Friesen auf die Kimbrische Halbinsel, genauer: in den Bereich des an der Nordsee gelegenen, heutigen Nordfrieslands einwanderten und sich hier, beginnend mit Eiderstedt und den Nordfriesischen Inseln, dauerhaft niederließen. Ab dem zwölften Jahrhundert kam es dann nochmals zu einer zweiten friesischen Einwanderungswelle, die nun die Festlandsbereiche des heutigen Nordfrieslands betraf. Ein Aufruf König Waldemars II. (1170–1241), der zwar nicht schriftlich überliefert, aber erschließbar ist, dürfte die Friesen zusätzlich zur Immigration motiviert haben. Man glaubt, dass der König den Neusiedlern herrenloses Land auf den Moor- und Marschflächen gegen einen jährlichen Zins günstig anbot.

Seit der Mitte des sechsten Jahrhunderts ließen sich ursprünglich aus dem Osten über die Oder bzw. aus dem Südosten die Elbe entlangkommende westslawische Gruppen in mehreren Einwanderungswellen im Gebiet des heutigen Nordostdeutschland (*Germania Slavica*) nieder. Aus den Einwanderern bildeten sich mehrere Stammesverbände heraus, so die Wagrier im östlichen Holstein und die Polaben im Lauenburgischen bzw. westlichen Mecklenburg. Diese slawischen Verbände werden unter dem Begriff der ›Wenden‹ zusammengefasst. Man setzt deren weitestes Ausgreifen nach Westen bis nach Ostholstein gemeinhin für die zweite Hälfte des siebten Jahrhunderts an. Allerdings verweisen neuere archäologische Untersuchungen eher auf das achte Jahrhundert. Bis zum neunten Jahrhundert rückten die Wagrier und Polaben bis zu einer Linie von der Kieler Förde bis an die Elbe bei Lauenburg vor. Sie erschlossen das Land über Burgen, die offenbar als Mittelpunkte von Burgbezirken mit zugehörigen Siedlungen fungierten. Diese bildeten Siedlungskammern meist an Flussläufen, die von großen mehr oder minder unbesiedelten Wald- und Sumpfgebieten umschlossen waren. Zentrale Orte waren im östlichen Holstein *Aldinburg* oder *Starigrad* (Oldenburg), *Olsborg/Plune* (Plön), Ratzeburg und *Liubice* (Alt-Lübeck), wovon zumindest Oldenburg und Alt-Lübeck an wichtigen Handelswegen lagen

Karte der Verbreitung der Slawen in Ostholstein (= Wagrien) und Lauenburg (= Polabien)

und enge, archäologisch nachweisbare Handelsbeziehungen zu anderen Wirtschaftszentren des Ostseeraumes unterhielten. Als sich in spätslawischer Zeit (zehntes/elftes Jahrhundert) die Herrschaft über die Wagrier in der Hand königsähnlicher Fürsten konzentrierte, nahmen diese ihren Sitz in Alt-Lübeck, wo sich nun ein aufstrebender frühstädtischer Komplex entwickelte, der aus einer Burg, einem Hafen, zwei Vorburgsiedlungen und einer Siedlung christlicher Kaufleute mit eigener Kirche bestand. Nach Westen grenzte, gängigen Geschichtsdarstellungen zufolge, ein *Limes Saxoniae* den Siedlungsbereich der Wagrier und Polaben von dem der sächsischen Nachbarn ab. Im Unterschied zum Danewerk oder gar zum römerzeitlichen *Limes* soll es sich nicht um einen befestigten Wall gehandelt haben, sondern um einen breiten, weitgehend unbesiedelten Grenzsaum, dessen Verlauf sich an Wasserläufen und einzelnen Geländepunkten orientierte und in dessen weiterer Umgebung sich auf beiden Grenzseiten Burganlagen konzentrierten, von wo aus dieser Teil des Landes kontrolliert wurde. Die Einrichtung des *Limes Saxoniae* soll eine Folge der herrschaftlichen Einbeziehung der nordelbischen Sachsen in das Karolingerreich im ersten Jahrzehnt des neunten Jahrhunderts gewesen sein. Nach neueren Thesen existierte dieser *Limes Saxonie* allerdings zu jener Zeit überhaupt nicht. Er scheint vielmehr das fiktive Produkt einer Geschichtsfälschung Erzbischof Adalberts (um 1000–1072) und seines Scholasters Adam von Bremen gewesen zu sein.

Bevölkerungsbewegungen allenthalben: Das machtpolitische Eindringen der Franken in den Raum nördlich der Elbe wurde jedenfalls 810 durch den Bau des Kastells Esesfeld am Nordufer der Stör unmittelbar beim heutigen Itzehoe und die Stationierung einer fränkischen Besatzung abgesichert. Zuvor war 804 die sächsische Führungsschicht auf Befehl Karls des Großen aus Nordelbien deportiert worden, schenkt man den fränkischen Reichsannalen Glauben. Nicht aus politischen, sondern aus wirtschaftlichen Gründen sollen ungefähr zeitgleich, 808, die Kaufleute des beim heutigen Wismar gelegenen slawischen Handelsortes Reric nach dessen Zerstörung durch den dänischen König Gudfred (†810) nach Haithabu zwangsumgesiedelt worden sein, was der Fortentwicklung Haithabus zur damals wichtigsten Handelsmetropole im westlichen Ostseeraum weiteren Vorschub leistete. 811 wurde schließlich die Eider als Grenze zwischen dem fränkischen und dem dänischen Herrschaftsbereich vertraglich festgelegt. Doch bildete diese politische Grenze kaum je eine Siedlungsgrenze, da fränkisch-deutsche Siedler bald, spätestens im Zuge des kurzzeitigen ottonischen Ausgriffs bis nach Haithabu im 10. Jahrhundert, auch nördlich der Eider auf Dauer zu siedeln begannen.

Mit der längerfristigen Etablierung der Karolingerherrschaft bis zur Eider setzte von Hamburg aus die erfolgreiche Missionierung der nordelbischen Sachsen und Dänen ein, wohingegen die Missionsbemühungen auf Wagrien und Polabien erst zur ottonischen Zeit mit der Gründung des Missionsbistums in Oldenburg zwischen 968 und 973 ausgriffen. Der große Slawenaufstand von 983 brachte allerdings einen herben Rückschlag. Als dann bei den gentilen Liutizen 1018 ein Umsturz erfolgte, brach das Missionswerk erst einmal in sich zusammen. Ein zweiter Missionsanlauf zwischen 1062 und 1066 scheiterte mit der Ermordung des Fürsten Gottschalk (†1066) durch eine innerslawische Opposition. Die in Ratzeburg, Alt-Lübeck und anderenorts existierenden Kirchen wurden zerstört, die dort wirkenden Geistlichen vertrieben oder ermordet. Deren geistliche Tätigkeit hatte sich aber offenbar nicht nur an die gentile Slawenbevölkerung gerichtet, die es zu missionieren galt, sondern auch an die dort bereits lebenden Christen, die ihren Lebensunterhalt mit Handel erwirtschafteten.

Die Ostsiedlung, früher als deutsche Ostkolonisation bezeichnet, setzte im zwölften Jahrhundert ein, als einerseits das Bevölkerungswachstum im Altsiedelland ein so großes Ausmaß gewonnen hatte, dass es nicht länger ausreichte, um der überschüssigen Bevölkerung hinreichende Lebens- und Nahrungsgrundlagen zu bieten, und als andererseits der christlich-herrschaftliche Ausgriff auf weite Teile des gentilen Keils an der Ostsee neue Siedlungsräume erschloss, die bisher von Slawen besiedelt und nun durch Kampfhandlungen und Vertreibungen mehr oder minder entvölkert waren. Die betreffenden Gebiete waren nicht durchweg menschenleer: Teilweise lebten hier immer noch Slawen in unterschiedlicher Dichte, was vor allem für die Region um Oldenburg und Lütjenburg galt. Der Holsteiner Graf Adolf II. (1128–1164) setzte ab 1142 seine Landesherrschaft über Wagrien durch. Adolfs Konkurrent Heinrich von Badwide (†1164) tat es ihm in Polabien gleich. Für sich genommen bildete der frisch gewonnene Grund und Boden erst einmal totes Kapital. Nur seine Kultivierung zahlte sich gewinnbringend aus, weswegen fortan neue Siedler ins Land gerufen wurden. Der zeitgenössische Chronist Helmold von Bosau (um 1120–nach 1177) berichtet ausführlich, dass Graf Adolf Boten nach Flandern, Holland, Utrecht, Westfalen und Friesland sandte, um diejenigen als Siedler anzuwerben, die zu Hause zu wenig zum Leben hatten, und dass er ihnen als Anreiz fruchtbare Äcker und Weiden im Neusiedelland versprach. Gleichzeitig soll Adolf auch Holsten und Stormaren ermuntert haben, vom frisch eroberten Slawenland Besitz zu ergreifen. Helmold erzählt weiter, eine große Menge Menschen sei dem Aufruf gefolgt, und die Neusiedler aus Holstein hätten Wohnsitze in dem am besten geschützten Gebiet westlich von Segeberg, an der Trave, an der Schwentine und zwischen Schwale und Plöner See erhalten, während Westfalen das Darguner Land besiedeln durften und das Gebiet um Eutin Holländer bzw. um Süsel Friesen. Die jetzt zinspflichtigen Slawen bekamen Oldenburg, Lütjenburg und die anderen Küstengegenden als letzten Rückzugsraum zugewiesen. Die beispielhafte Aufzählung der Siedler zeigt, dass viele von ihnen im heutigen Verständnis nur bedingt als »Deutsche« bezeichnet werden können. Sie stammten teilweise aus Regionen, die zwar im historischen Kontext zum Reichsgebiet gehörten, heute aber nicht mehr zu Deutschland im engeren Sinne gerechnet werden. Die Authentizität des bei Helmold nachzulesenden Siedlungsaufrufs wird im Übrigen mit gutem Grund angezweifelt. So fallen die inhaltlichen und wörtlichen Parallelen zu einem früheren Brief Erzbischof Adelgots von Magdeburg (um 1075–1119) auf. Nichtsdestoweniger dürfen wir uns die damalige Initiierung der Einwanderung aus dem Westen nach Ostholstein durchaus so vorstellen, wobei über die genauen Zahlenverhältnisse ehrlich gesagt keine verlässlichen Angaben zu machen sind und betont werden muss, dass es bereits vor Adolf II. Siedlungsvorgänge im Kontaktraum zwischen Sachsen und Slawen gegeben hat.

In einer ersten Phase wurden neue Siedlungen direkt im Auftrag der Landesherren auf deren Risiko und Rechnung errichtet. Mit der Durchführung waren Siedlungsunternehmer, die Lokatoren, beauftragt. In einer zweiten Etappe wurde das zu besiedelnde Land zur landesherrlichen Gewinnoptimierung direkt an die Lokatoren zur Weitererschließung übergeben und vertraglich genau festgehalten, was sie dem Landesherrn dafür zu leisten hatten. Bei den Lokatoren handelte es sich meist selbst um Siedler, die für die Erfüllung ihres Auftrags eine privilegierte Stellung im Neusiedeland erhielten, etwa als Schultheißen. Aus ihrem Kreis bildete sich im Kern ein neuer Landesadel heraus. Auch die geistlichen Gemeinschaften der Ordensklöster, die im Zuge der Christianisierung von den Landesherren umfangreichen Landbesitz im Slawenland zur Urbarmachung erhalten hatten, bemühten sich hierzulande, ihre Ländereien durch planmäßige Besiedlung zu erschließen. Dabei taten sich die Zisterzienser und Prämonstratenser besonders hervor. Letztere erhielten vom Sachsenherzog Heinrich dem Löwen 1154 das Bistum Ratzeburg zugewiesen. Die von den Siedlern und Klöstern mitgebrachte Innovation der genossenschaftlich betriebenen Mehrfelderwirtschaft und ihre fortschrittlichere Technik, etwa in Form des Scharpflugs mit Rädern oder der Wasser- und Windmühlen, war der Wirtschaftsweise der indigenen Slawen überlegen und sorgte für eine beträchtliche Steigerung der Ernteerträge. Ostholstein wurde so schnell zu einer

Kornkammer des mittelalterlichen Fernhandels, was wiederum ein wichtiger Faktor beim Aufstieg der Hansestädte war.

Das aus Wald und Sumpf zu Äckern und Weiden zu kultivierende Land wurde vermessen, in Hufen von etwa 25 bis 40 Hektar aufgeteilt und an die Kolonisten vergeben. Nur so konnte der Zehnt als feste Abgabe auf den jeweiligen Ertrag verlangt und gezahlt werden. Die sog. Zehntbarmachung hing aufs Engste mit der Ostsiedlung zusammen, denn weltliche Herren wurden von kirchlicher Seite mit einem Teil des Zehnten belehnt, weil sie deutsche Bauern nach Hufenrecht auf Slawenland angesiedelt hatten. Das brachte den Landesherren deutlich höhere Einnahmen, obwohl den Siedlern als Anreiz für die beschwerliche Urbarmachung des Landes eine anfänglich geringere Zehntleistung zugestanden worden war. Ferner waren sie teilweise vom »Burgwerk« befreit worden, also von der Verpflichtung, an Bau, Unterhaltung und Bewachung einer Burg mitzuwirken. Die holländischen Siedler lebten zudem nach ihrem eigenen Recht und besaßen das volle Erbrecht. Die Aufteilung des Landes in gleich große Hufen zog neue Siedlungs- bzw. Dorfformen in den erschlossenen Gegenden nach sich, etwa in Form des Waldhufen- oder Hagenhufendorfes, bei denen die Häuser mit ihren dahinterliegenden Hufen entlang eines Fließgewässers oder einer Straße aufgereiht gebaut wurden. Die Dörfer und Siedlungen, die die neuen Einwohner auf Rodungsland anlegten, bekamen in der Regel einen neuen, deutschen Namen, der oft auf »-hagen« oder »-dorf« endete. Doch auch der Herkunftsort der Siedler oder der Name des verantwortlichen Lokators konnte zum Ortsnamen werden und manchmal eine slawische Flurbezeichnung, heute noch an Endungen wie »-ow«, »-vitz« oder auch »-in« erkennbar. Die Neusiedler besetzten zunächst hauptsächlich das bisher von Slawen bewohnte Land und drangen erst in einem zweiten Schritt in die noch unerschlossenen Bereiche vor. Teilweise zogen sie in diejenigen Siedlungen, aus denen die Slawen ausgezogen oder vertrieben worden waren. Die verbliebenen Slawen bauten sich zuweilen in der Nähe ihres alten Dorfes ein neues mit gleichem Namen. Zur Unterscheidung konnte ein Zusatz wie »Klein-« oder »Wendisch-« dem eigentlichen Dorfnamen vorangestellt werden, während das deutsche Dorf den Zusatz »Groß-« oder »Kirch-« erhielt. Eine Dorfgemeinschaft von Deutschen und Slawen war so lange unmöglich, wie beide Gruppen verschiedene Wirtschaftsweisen hatten. Letztlich waren die Slawen gezwungen, sich anzupassen. Durch Christianisierung, Übernahme der neuen Wirtschaftsmethoden sowie Zusammenarbeit und andere soziale Kontakte mit den Einwanderern wurden sie nach und nach assimiliert. Bis auf wenige isolierte Räume verschwand so allmählich die slawische Kultur und Sprache. Zum Ausgang des Mittelalters existierten zwischen Lübeck und Fehmarn letzte slawische Kultur- und Sprachinseln, die dann aber vollkommen untergingen.

Parallel zur gerade skizzierten Ostsiedlung erfolgte auch eine Binnenkolonisation in den anderen Grenzbereichen. So wurde in Holstein spätestens jetzt mit der Aufsiedlung der Ödmarkengrenze am vermeintlich karolingischen *Limes Saxoniae* begonnen. Zusätzlich wanderten, wie schon gesagt, in einer zweiten Welle Friesen in den heute nordfriesischen Festlandsbereich zwischen Eider und Wiedau ein, und deutsche Bauern überschritten die Eider und ließen sich in dem bisherigen Grenzsaum zu Dänemark nieder. Ungefähr zeitgleich fand die sog. Hollerkolonisation statt, womit die Eindeichung und Urbarmachung des durch Sturmfluten besonders bedrohten Marschlandes entlang der Elbe mithilfe holländischer Kolonisten umschrieben wird. Umgekehrt zogen dänische Bauern in das deutsche Siedlungsgebiet südlich der Schlei-Danewerk-Linie. Auch finden sich auf Fehmarn, das zeitweilig vom dänischen König beherrscht wurde, Spuren einer Einwanderung aus Dänemark.

Mit der Einwanderung und ländlichen Siedlung ging an der südlichen Ostseeküste die Gründung und der rasche Ausbau von zahlreichen Kaufmannsniederlassungen einher, die umgehend mit Stadtrecht bewidmet wurden. Die dörfliche Kolonisation auf dem Landweg ist ohne die urbane von See aus nicht denkbar und umgekehrt. Denn die land- und waldwirtschaftlichen Produkte des Hinterlandes – Getreide, Holz, Pottasche, Teer – stellten genau die Nahrungsmittel und Rohstoffe dar, mit denen die Kaufleute aus den Städten Handel trieben und Gewinne machten. Ihren Ausgang nahm die Urbanisierung nach mitteleuropäischem Muster von Lübeck, das als Nachfolgesiedlung des slawischen *Liubice*/Alt-Lübeck 1143/1159 neu gegründet worden war und das sich schnell auf Kosten des bis dahin dominanten Fernhandelsortes Schleswig – selbst Nachfolgesiedlung des 1050 vom norwegischen König Harald dem Harten (1015–1066) und 1066 von Slawen zerstörten Haithabu – zum Handelszentrum des Ostseeraumes schlechthin entwickelte. Die Vorrangstellung Lübecks kam allein dadurch zum Ausdruck, dass die meisten der neuen Städte das Lübische Recht verliehen bekamen. 1201/11 setzte die Urbanisierungswelle mit der Stadtgründung Rigas ein, wo sich bereits zahlreiche Kaufleute niedergelassen hatten. Wie eine Perlenkette reihte sich bald Stadt an Stadt an der Ostseeküste. Mit der Stadtrechtsverleihung an Königsberg 1255 waren in gut 50 Jahren alle bedeutenden späteren Hansestädte im Ostseeraum entstanden, sieht man einmal vom »Haupt der Hanse« Lübeck selbst ab. In Holstein war der Großteil der mittelalterlichen Städte in den 1230er bis 1250er Jahren gegründet worden; so hatte etwa Kiel 1242 das lübische Stadtrecht erhalten. Es handelte sich gerade bei den klassischen Hansestädten an der Ostsee um eine Reihe bemerkenswert gleichartiger Seestädte, die jeweils an Plätzen entstanden, die von Natur aus für die Anlage eines geschützten Seehafens und gleichzeitig einer Marktstadt mit der charakteristischen Marktkirche im Zentrum geeignet waren und deren Neusiedler aus dem Westen den Schutz der regierenden Fürsten und die schon vorhandene Infrastruktur zum Bau der Stadt in Anspruch nahmen. Im 13. Jahrhundert geriet zunehmend auch der skandinavische Norden in den Blick der niederdeutschen Kaufleute, die sich mehr und mehr zur Kaufmannsgemeinschaft der Hanse zusammenschlossen. So wanderten zahlreiche Kaufmänner, aber auch Handwerker und

Bergleute nach Schweden ein, das durch seinen Kupferbergbau einen spürbaren Wirtschaftsaufschwung erlebte und über einen großen land- und viehwirtschaftlichen Reichtum verfügte. Viele von ihnen ließen sich in Kalmar und besonders in Stockholm nieder, an dessen Gründung um 1251 sie einen großen Anteil hatten. Das Stockholmer Stadtrecht bestimmte nicht von ungefähr, dass jeweils einer der beiden Bürgermeister und jeweils die Hälfte der Stadträte Schweden sein sollten – aus Furcht vor einer deutschen Majorisierung der Stadtregierung. Ebenso begannen niederdeutsche Kaufleute, mit Norwegen, das im Stockfisch ein wichtiges Exportgut hatte, Handel zu treiben, und exportierten, für Lübeck um 1240 bezeugt, Getreide, Mehl und Malz dorthin. Schließlich verdrängten sie ab 1250 die Engländer mit billigem Roggen, der durch die wachsende agrarische Produktion infolge der Ostsiedlung in steigendem Maß zur Verfügung stand, vom norwegischen Markt und begannen seit etwa 1260 – aufgrund der Einkaufsvorteile während der Wintermonate –, auch über Winter in Bergen zu bleiben. Sie erwarben Höfe in der Stadt und legten so den Grundstein für das spätere Hansekontor.

Der Griff verschiedener deutscher Fürstendynastien nach den Kronen Skandinaviens führte dazu, dass Teile ihrer adeligen Gefolgschaft ebenfalls in den Norden einwanderten. So betrieben etwa die holsteinischen Grafen aus dem Hause Schauenburg in der ersten Hälfte des 14. Jahrhunderts eine äußerst expansive Eroberungs- und Pfandpolitik gegenüber Dänemark, die auf eine Einverleibung Schleswigs in ihren Machtbereich und zeitweilig gar auf eine vollständige Aufteilung und Beherrschung des größeren Nachbarn im Norden hinauslief. Um ihre kostspieligen Expansionsbestrebungen zu bezahlen, mussten die Grafen aber sogleich wieder umfängliche Herrschafts- und Vogteirechte in den neu erworbenen Gebieten an den holsteinischen Adel als Hauptleistungsträger ihrer Kriegszüge veräußern oder verpfänden. So gelangte dieser Adel damals vielfach zu Besitz im dänischen und vor allem im schleswigschen Raum und verlagerte zum Teil seinen Lebensmittelpunkt ganz dorthin. Bis zum Ausgang des Mittelalters verschmolzen dann der holsteinische und der indigene Schleswiger Adel zu einer Einheit, der Schleswig-Holsteinischen Ritterschaft, die wegen des gemeinsamen Besitzes in beiden Herrschaftsteilen und der damit verbundenen Gesamtverantwortung für Land und Leute die Länder Schleswig und Holstein mehr und mehr als eine territoriale Einheit begriff.

Das rege Ein- und Auswanderungsgeschehen hörte mit dem Anbruch der Frühen Neuzeit keineswegs auf – ganz im Gegenteil. So ist an Einwanderer aus Holland zu denken, die vom Gottorfer Herzog Friedrich III. (1597–1659) nach der zerstörerischen Burchardiflut von 1634 damit beauftragt wurden, die Reste der Insel Nordstrand wieder zu bedeichen und kultivierbar zu machen. Um dieses Ziel zu erreichen, war es für den Herzog gar kein Problem, dass die ins Land Gerufenen Katholiken waren. Tatsächlich wurde in der von diesen 1662 gebauten Theresienkirche auf Nordstrand noch bis zum Ende des 19. Jahrhunderts auf Niederländisch gepredigt; die Kirche selbst sollte bis 1920 dem Erzbistum Utrecht unterstellt sein. Die einheimische Bevölkerung, die 1637 aufgefordert wurde, zu erklären, wie viel Land sie selbst eindeichen wolle und könne, befürchtete – sicher nicht zu Unrecht – eine Übervorteilung durch die Neuankömmlinge, die Wasser- und Deichbauexperten waren und das nötige Kapital zur Verfügung hatten. Letztere deichten mit dem Friedrichskoog (Alter Koog) auf Nordstrand 1654 erfolgreich den ersten Koog nach der verheerenden Flut ein. Weitere Köge folgten bis in die 1690er Jahre. Die Einheimischen hatten von diesen Eindeichungen kaum Vorteile. Sie konnten im Prinzip nur mitansehen, wie die kapitalstarken Landfremden Neuland gewannen und darauf ihre eigenen Höfe gründeten.

Ähnlich bewogen ökonomische Motive den genannten Gottorfer Herzog dazu, protestantische Remonstranten aus den Niederlanden in sein Land zu rufen, um mit deren Know-how, was Wasserbau und internationalen Handel anbelangte, seine neue

Stadtgründung – Friedrichstadt – ins Leben zu rufen und am Leben zu erhalten. Über Friedrichstadt wird im Kapitel zum weltweiten Handel zusätzlich berichtet. Jedenfalls erließ der Herzog 1620 zwei Oktroys, die den Remonstranten das nötige Land, Religionsfreiheit, umfängliche wirtschaftliche Privilegien, Niederländisch als Amtssprache sowie eine Stadtverwaltung nach dem Vorbild von Amsterdam und Leiden zusicherten. 1621 wurde mit der Errichtung der Stadt begonnen. Der vor Ort im Namen des Herzogs verantwortliche und maßgeblich an der Planung mitwirkende Willem van den Hove (1568–1647), seines Zeichens Angehöriger der Mennoniten, holte weitere finanzkräftige Mitglieder seiner evangelischen Freikirche in die Stadt. Der Plan Herzog Friedrichs III., sephardische, also von der Iberischen Halbinsel stammende Juden, die den Ruf hatten, besonders gebildet und geschäftstüchtig zu sein, ebenfalls hier anzusiedeln, schlug wegen starken spanischen Widerstands aus Furcht vor neuer Konkurrenz fehl. Dafür aber zogen ab 1675 aschkenasische, d.h. mittel- und osteuropäische Juden nach Friedrichstadt. Zeitweilig bildeten sie hier die zweitgrößte Glaubensgemeinschaft. So wurde Friedrichstadt zu einem Schmelztiegel verschiedenster Bekenntnisse. Auch wenn viele Remonstranten bald in ihre Heimat zurückkehrten, weil ihnen dort wieder die Ausübung ihres Glaubens erlaubt wurde, bildeten die Niederländer lange Zeit die dominante Bevölkerungsgruppe in der Stadt. Die Ratsprotokolle wurden noch bis ins 18. Jahrhundert hinein auf Niederländisch abgefasst.

Auch in der bereits 1617 von König Christian IV. (1577–1648) gegründeten Stadt namens Glückstadt richteten sich Angehörige ganz verschiedener Glaubensrichtungen ein neues Zuhause ein, darunter vor allem niederländische Reformierte (Contraremonstranten), die schon erwähnten Remonstranten sowie Mennoniten, denen der Stadtgründer 1624 in einem Toleranzedikt garantierte, ihre Religion und Zusammenkünfte *frey, sicher und womögliches ungehindert innerhalb beschlossen Thüren exercieren* zu dürfen. 1630 wurde auch Katholiken gestattet, ihren Ritus ungestört zu feiern.

Das Stadtwappen von Altona mit seinem geöffneten Tor

Neben den vier christlichen Religionsgemeinschaften bildeten in den ersten beiden Jahrhunderten der Stadtgeschichte aus Portugal stammende sephardische Juden eine weitere nicht unbedeutende Religionsgruppe. Bereits 1619 hatte ihnen Christian IV. ein Toleranzprivileg ausgestellt, das ihnen innere Rechtsautonomie und uneingeschränkte Handelsfreiheit innerhalb seines Machtbereichs zusicherte. 1630 erhielten sie die Erlaubnis zum Bau einer Synagoge. Auch das bis 1937 zu Schleswig-Holstein gehörende »allzu nah« vor den Toren Hamburgs gelegene Altona verdankte viele Impulse in seiner Entwicklungsgeschichte eingewanderten Bevölkerungsgruppen. Politisch oder religiös Verfolgte fanden hier genauso eine Heimstatt wie Menschen, die aus ökonomischen Motiven anderswo nicht toleriert wurden, darunter holländische Reformierte, Hugenotten, Mennoniten, Juden, unzünftige Handwerker, von den napoleonischen Besatzern 1813/14 vertriebene mittellose Hamburger, aber auch Mitglieder von Sekten wie die Adamiten oder Gichtelianer. Das Stadtwappen mit dem geöffneten Tor drückt sinnbildlich aus, dass sich Altona von jeher als eine »offene Stadt« verstand.

Ab der zweiten Hälfte des 16. Jahrhunderts hatten sich aus Holland stammende Menschen auch in der bis dahin agrarisch kaum genutzten Wilstermarsch niedergelassen und hier eine intensive Milch- und Käsewirtschaft etabliert. Der große holländische Einfluss spiegelt sich in der Bezeichnung dieser Milchwirtschaft als Holländerei wider. Doch brachten die Holländer nicht nur das agrarökonomische Know-how mit ins Land, sondern auch ihre Hausbauweise. So kamen die sog. Gulfhäuser und Gulfscheunen mit holländischen Glaubensflüchtlingen in die Elbmarschen. Noch bekannter sind die Haubarge in Eiderstedt. Scheune, Stall und Wohnkomplex waren hier unter einem Dach vereint. Doch zeigte sich der niederländische Einfluss seinerzeit nicht nur im Bauernhausbau. Auch die in den 1570er Jahren errichteten Schlösser vor Husum oder in Reinbek zeigen deutliche Anleihen aus der zeitgenössischen niederländischen Renaissance-Architektur. Gleiches galt für das zwischen 1580 und 1583 erbaute Schloss vor Tönning, das 1735 schon wieder abgerissen wurde. Nicht zu vergessen sind auch die starken niederländischen Einflüsse in der seinerzeitigen Bildhauerei oder Malerei, die aber nicht allein durch Einwanderer vermittelt waren. Bekannte Künstler wie der Gottorfer Maler Jürgen Ovens (um 1623–1673) gingen in die Niederlande, die damals in Sachen Wirtschaft und Kultur im europäischen Vergleich die Spitzenposition einnahmen, um dort fachkundiger als irgendwo anders in seinem Handwerk und seiner Kunst unterwiesen zu werden.

Um die bis dato fast menschenleeren Heide- und Moorgebiete des Landes endlich zu besiedeln oder, wie es im damaligen Jargon hieß, »in Kultur zu setzen«, fasste die Regierung in Kopenhagen in der zweiten Hälfte des 18. Jahrhunderts den Plan, Menschen aus dem von vielen Kriegen heimgesuchten Süden Deutschlands für ein Siedlungsunternehmen auf der schleswigschen Geest zu gewinnen. Man versprach den Interessenten eine Erbpachtstelle mit Haus, Hof und Vieh, dazu das nötige Ackergerät, 20 Jahre Steuerfreiheit und ein Reisegeld von 100 Gulden für Mann und Frau sowie zwölf Gulden für jedes Kind. Im Januar 1761 kamen tatsächlich die ersten drei Planwagen mit willigen Neusiedlern aus

Speyer in Gottorf an. Insgesamt sollte es sich schließlich um rund 4000 Menschen aus Süddeutschland handeln, die zwischen 1761 und 1763 auf 561 Einzelhöfen in Heide- und Moorsiedlungen neu angesiedelt wurden. Die Einheimischen waren von vornherein nicht gut auf sie zu sprechen, weil man ihre Allmende, also die von allen Dorfangehörigen gemeinsam genutzte Weidefläche, verkleinert hatte, um die neuen Siedler damit auszustatten. Die Neuankömmlinge wiederum waren entsetzt über die unfreundlichen Nachbarn und über das für sie ungewohnt windige, flache und öde Land, das sie nun bewirtschaften sollten. Auch sollten sie auf Einzelgehöften leben und arbeiten, wo sie vorher die gedrängte Enge süddeutscher Dörfer gewohnt gewesen waren. Vor allem aber stellte es sich als ein Problem heraus, dass man die Neusiedler nicht sorgfältig ausgesucht, sondern eigentlich alle möglichen Interessierten angenommen hatte. Viele von ihnen hatten aber vorher noch nie etwas mit Landwirtschaft zu tun gehabt. Zahlreiche »alte Männer und abgelebte, gebrechliche Mütterchen« und auch »Säufer« waren darunter, wie man beklagte. Sie alle hatte die Aussicht motiviert, ihrer alten kummervollen Heimat zu entfliehen und Eigentum in einer neuen Heimat zu erwerben. Viele waren jetzt enttäuscht, nicht nur der eine Neusiedler, der eigentlich in Duvenstedt ein Grundstück zum Weinanbau gewünscht hatte, durchs Los aber Land im sumpfigen Prinzenmoor erhielt. Es war also kein Wunder, dass zahlreiche Siedler sich rasch wieder heimlich davonmachten, wobei sie Wagen und Vieh, die ihnen zur Verfügung gestellt worden waren, einfach mitnahmen. Manch einer ließ gar Frau und Kinder zurück oder ließ sich von Agenten der russischen Zarin Katharina II. (1729–1796) für einen neuen Siedlungsplan anwerben und gelangte so bis in die Wolga-Region bei Astrachan. Die ehrgeizigen Siedlungspläne für die Geest erwiesen sich insgesamt als Fehlschlag. Mit 4000 neuen Siedlerstellen hatte man gerechnet – kaum 600 waren realisiert worden. Die meisten davon gingen in der ersten Generation in den Besitz Einheimischer über.

Ganz andere Dimensionen nahm die große Auswanderungsbewegung nach Übersee im 19. Jahrhundert an. Schlechte Erwerbsmöglichkeiten, Hungersnöte und Kriege waren die Hauptursachen; Werbekampagnen von Reedereien, die an der Überfahrt verdienten, und Landverkäufern in der Neuen Welt taten ihr Übriges. Auch Berichte von Ausgewanderten an die Daheimgeblieben wirkten als Lockmittel. Erstmalig kam es in der unmittelbaren nachnapoleonischen Zeit ab 1814/15, die von Staatsbankrott, Hunger und Arbeitslosigkeit geprägt war, zu einem Bevölkerungsexodus. Eine schwere Wirtschaftskrise verursachte auch die zweite große Welle von 1845 bis 1855, die durch Nachrichten über sagenhafte Goldfunde in Kalifornien ab 1848 weiter angeheizt wurde. Parallel waren viele in die Geschehnisse der Erhebung gegen die Regierung des Dänischen Gesamtstaates (1848–1851) verwickelten Schleswig-Holsteiner nach deren Niederschlagung aus politischen Gründen zur Auswanderung gezwungen, wie z.B. Theodor Olshausen (1802–1869), der Mitglied der Provisorischen Regierung gewesen war und sich dann von 1851 bis 1865 als Journalist und Zeitungsverleger in den Vereinigten Staaten aufhielt. Nach dem Deutsch-Dänischen Krieg von 1864, in dessen Folge die Herzogtümer Schleswig, Holstein und Lauenburg für den Gesamtstaat verloren gingen und 1865 bis 1867 dem Königreich Preußen inkorporiert wurden, verließen viele weitere Schleswig-Holsteiner – zwischen 1871 und 1884 handelte es sich um bald 47000 – ihre alte Heimat in Richtung Amerika. Viele von ihnen wollten einfach keine preußischen Untertanen werden und sich dem dreijährigen preußischen Militärdienst entziehen. Besonders hoch war die Abwanderungsrate in Nordfriesland und Nordschleswig. Der Kreis Tondern z.B. verlor damals rund 13 Prozent seiner Einwohnerschaft. Doch ging die Auswanderung auch danach weiter. Indes wandelte sich die Zusammensetzung der auswandernden Menschen. Denn jetzt dominierten Einzelpersonen, und auch der Frauenanteil wuchs merklich an. Ab 1900 verlor die Auswanderung spürbar an Dynamik, auch wenn sie nie ganz ver-

Porträt von Ludwig Nissen (1855–1924)

schwand. In den Vereinigten Staaten war jetzt alles Land verteilt; gleichzeitig gewann die Industrialisierung in Deutschland immer mehr an Fahrt, sodass die Arbeitskräfte, die durch die Mechanisierung in der Landwirtschaft freigesetzt wurden, nicht mehr auswandern mussten, sondern in die florierenden Industriezentren und Großstädte abwandern konnten.

Die Auswandererschicksale verliefen ganz individuell. In Einzelfällen kam es wirklich zur sprichwörtlichen sagenhaften Karriere vom Tellerwäscher bis zum Millionär. Ein gutes Beispiel hierfür bietet Ludwig Nissen (1855–1924), der als sechstes von zehn Kindern des Reepschlägers Hans Friedrich Nissen (1767–1848) in Husum geboren wurde, 1872 nach New York auswanderte und seinen Lebensunterhalt zunächst als Schuhputzer und Tellerwäscher verdiente, dann aber als Diamantenhändler ein Millionenvermögen machte, das ihm nicht nur ein stattliches Leben in den Vereinigten Staaten, sondern auch ein mildtätiges Mäzenatentum zugunsten seiner Heimatstadt ermöglichte.

Die meisten Auswanderer waren nicht ganz so erfolgreich, gelangten aber immerhin zu Arbeit, Auskommen und eigenem bescheidenen Besitz, sodass sie besser dastanden als in ihrer Heimat. Manch einer wurde freilich in seinen Hoffnungen bitter enttäuscht und kehrte sogar wieder in seine alte Heimat zurück. Die in großer Zahl ausgewanderten Schleswig-Holsteiner prägten die junge Gesellschaft in den Vereinigten Staaten stark mit und hielten schleswig-holsteinisches Leben in ihrer neuen Heimat ein Stück weit lebendig. Ganze Stadtteile von New York und auch anderer Städte waren zeitweilig von den Auswanderern dominiert. Sie pflegten die Gemeinschaft und den Zusammenhalt und hielten an heimischen Traditionen fest. So wurde in New York ein eigener Föhrer und Amrumer Krankenunterstützungsverein gegründet, in dem viele von ihnen organisiert waren. Er existiert heute noch. In Davenport im Staat Iowa wiederum gab es von 1872 bis 1914 einen ›Verein der Kampfgenossen der Schleswig-Holsteinischen Freiheitskriege von 1848, 1849 und 1850‹. Ein weiteres anschauliches Beispiel ist die von Charley Lindemann 1852 im Staat Wisconsin gegründete und nach der Heimatstadt seiner Ehefrau benannte Siedlung Kiel.

Eine Auswanderung bedeutete immer auch ein Wagnis für Leib und Leben. So konnte man schon in den Massenunterkünften, die in den wichtigsten Auswanderungshäfen in Bremen und Hamburg eingerichtet worden waren, wegen der dort herrschenden schlechten hygienischen Bedingungen an Cholera oder anderen Epidemien erkranken. Weitaus gefährlicher aber war die Überfahrt über den Atlantik, die mit den traditionellen Segelschiffen sechs bis zehn Wochen dauerte. Durch die ab den 1880er Jahren eingesetzten Dampfschiffe konnte sie immerhin auf drei bis fünf Wochen verkürzt werden. Bis zu 300 Reisende nahmen die Schiffe auf. Die Bedingungen an Bord waren überaus hart. Anfangs waren die Auswanderer während der Reise in den Laderäumen unter Deck eingepfercht. Nicht zuletzt führte der große Konkurrenzkampf unter den Reedereien zur Gefährdung

Eine ältere Lithographie von W. Mohrmann der ›Cimbria‹. Das Original wurde 1869 von H. Petersen gemalt

der Auswanderer, weil Überfahrten auch bei ungünstigen Wetterbedingungen unternommen wurden. Allein zwischen 1847 und 1853 sanken 49 Auswandererschiffe. Das größte Schiffsunglück ist mit dem Namen der ›Cimbria‹ verbunden, die am 19. Januar 1883 mit 92 Mann Besatzung und 402 Passagieren, überwiegend Auswanderern, an Bord von Hamburg aus kommend bei eisigem Wind und schlechter Sicht nördlich von Borkum mit dem englischen Dampfer ›Sultan‹ kollidierte und innerhalb von 20 Minuten unterging. 437 Menschen verloren ihr Leben, darunter viele Frauen und Kinder. 17 Schiffbrüchige hatten sich in die Takelage gerettet, die noch über den Meeresspiegel hinausragte, 39 Passagiere konnten aus zwei Rettungsbooten geborgen werden. Die anderen Rettungsboote waren wegen Überfüllung gekentert.

Von pulsierenden Industriezentren als Anziehungspunkten für Migranten war schon die Rede. Kiel entwickelte sich ab 1865 zu einem solchen, hervorgerufen durch die hierher verlegte preußische Marine und die rasch wachsende Werftindustrie. Man hat die Verlegung der Marinestation nach Kiel wegen dieser Folgen als zweite Stadtgründung bezeichnet. Lebten um 1850 herum noch etwa 16000 Einwohner in Kiel, waren es 1885 schon 51706, im Jahr 1900 dann 107977 und 1914 schließlich ganze 225161. Die prozentuale Zunahme betrug zwischen 1840 und 1864 also 52 Prozent, explodierte dann zwischen 1864 und 1890 auf 245 Prozent und lag zwischen 1890 und 1914, minimal abgeschwächt, bei 195 Prozent. Ein solches Bevölkerungswachstum erinnert in bester Weise an zeitweilige amerikanische Verhältnisse und hatte in Deutschland kaum ihresgleichen. Der Anteil der Zu- und Abwandernden pro Jahr machte im Kiel der Kaiserzeit sage und schreibe ein Fünftel der Gesamtbevölkerung aus. Doch nicht nur der Zu- und Wegzug nach oder aus Kiel war besonders stark ausgeprägt. Auch innerhalb der Stadt kam es zu einer ganz erheblichen Fluktuation. So wechselte in manchen Jahren in einigen Straßenzügen rund die Hälfte der Mieter den Wohnort. In Zahlen ausgedrückt, heißt dies, dass zwischen 1900 und 1912 jährlich 80000 Personen innerhalb der Stadt umzogen. Man kann sich vorstellen, wie stark die Stadtbevölkerung damals eigentlich konstant mobil war. Negative Folgen für die Stadt und ihre Identität blieben nicht aus: Es kam zu keiner mentalen Bindung der neuen Einwohner an die Stadt. Vielmehr blieb die zusammengewürfelte Einwohnerschaft Gast in ihrer eigenen Stadt. Oft genug wanderten die Leute rasch wieder ab, bevor sie sich auch nur irgendwie als Kieler zu fühlen begonnen hatten. Kiel nahm damit Ansätze zur anonymen Großstadt vorweg. Dabei stammten die neuen Kieler Einwohner nicht, wie noch in den Jahrhunderten zuvor, aus Kiel selbst, aus dem Kieler Umland oder überhaupt aus Schleswig-Holstein, sondern sie kamen von viel weiter her. Eine besondere Rolle spielte dabei die Binnenmigration im Königreich Preußen, dessen Teil Kiel 1867 geworden war. Der Anteil nicht-deutscher Stadtbewohner blieb dabei gering und war noch niedriger als in Schleswig-Holstein insgesamt. 1910 betrug er nur 1,1 Prozent und lag damit weit unter demjenigen in Berlin oder im Ruhrgebiet. Eine große Gruppe unter den international Zugezogenen kam in den 1860er und 1870er Jahren aus Schweden, um beim Eisenbahn-, Festungsanlagen- und Schiffbau mitzuarbeiten. Auch am Bau des 1895 eingeweihten Nord-Ostsee- bzw. Kaiser-Wilhelm-Kanals waren viele ausländische Arbeitskräfte beteiligt. Sie stammten vor allem aus Polen, Russland und Italien. Für die Arbeiter wurden Barackenlager zur Unterbringung errichtet, die militärisch organisiert waren und von Offizieren geleitet wurden. Die meisten ausländischen Arbeitskräfte blieben aber nicht auf Dauer, sondern zogen wieder weiter.

›Schleswig-Holstein – Flüchtlingsland Nr. 1‹: Nicht ohne Grund versah Christian Degn das entsprechende Kapitel in seiner landesgeschichtlichen Gesamtdarstellung mit dieser Überschrift. Denn kein anderes Land in Westdeutschland nahm unmittelbar nach dem Zweiten Weltkrieg derart viele Flüchtlinge und Heimatvertriebene aus den deutschen Ostgebieten auf wie Schleswig-Holstein. Seine Bevölkerung stieg infolgedessen von 1,59 Millionen Menschen im Jahr 1939 sprunghaft auf 2,74 Millionen im Jahr 1948 an. Eigentlich war Schleswig-Holstein mit diesem Zustrom an Menschen vollkommen überfordert. Arbeitsplätze standen nicht in genügend großer Zahl zur Verfügung; auch der vorhandene Wohnraum war restlos ausgeschöpft. Die Großstädte waren ausgebombt und boten kaum der eigenen Bevölkerung genügend Dächer über dem Kopf. Wohnungen mussten beschlagnahmt werden, wo nicht ehemalige Wehrmachtsunterkünfte oder Behelfsunterbringungen wie die sog. Nissenhütten aushelfen konnten. Medizin, Heizmaterial und Lebensmittel waren rar. Die Flüchtlinge wurden überwiegend auf die ländlichen Distrikte verteilt, in denen weniger Bausubstanz zerstört war als in den Großstädten, die allerdings entwicklungsschwach waren. In vielen Gemeinden gerieten die Einheimischen in die Unterzahl, was Überfremdungsängste auslöste. Mehrere Tausend Heimatvertriebene erhielten im Rahmen einer ursprünglich viel umfassender geplanten Bodenreform, bei der bis 1960 etwa 30000 Hektar Land von Adelsgütern verteilt wurden, eine Siedlungsstelle oder übernahmen verwaiste Bauernhöfe. In Trappenkamp entstand auf dem Gelände eines ehemaligen Munitionslagers der Marine eine ganz neue Flüchtlingssiedlung mit zahlreichen Gewerbetreibenden und Handwerkern. In der Zeit des schnell einsetzenden Wirtschaftswunders zogen dann viele Menschen in andere Bundesländer, vor allem nach Westdeutschland, wo der Kohlebergbau und die Stahlindustrie florierten, und nach Süddeutschland. An diesem Wirtschaftswunder hatten Flüchtlinge und Heimatvertriebene in Schleswig-Holstein und im ganzen Bundesgebiet einen großen Anteil. Zahlreiche neue Siedlungen der Zeit erhielten Straßennamen, die an Orte der ehemaligen deutschen Ostgebiete erinnerten. Die dauerhafte, erfolgreiche Integration der Flüchtlinge und Heimatvertriebenen in die Nachkriegsgesellschaft, die zwangsläufig den Bedeutungsverlust des Bunds der Heimatvertriebenen und Entrechteten (BHE) als der 1949 geschaffenen eigenen Interessenvertretung nach sich zog, war eine große Leistung der jungen Bundesrepublik.

Der wirtschaftliche Aufschwung im Nachkriegsdeutschland führte rasch zu einem Arbeitskräftemangel im industriellen und Gastgewerbebereich, weswegen man daran ging, im großen Stil ausländische Arbeiter anzuwerben. »Ohne Gastarbeiter geht es nicht!«, äußerte sich z.B. der schleswig-holsteinische Sozialminister Karl Eduard Claussen (1930–2012) im Jahr 1975. Beginnend mit Italien im Jahr 1955 wurden daher bis 1968 Anwerbeabkommen mit Griechenland, der Türkei, Marokko, Portugal, Tunesien und Jugoslawien geschlossen. Anfangs war daran gedacht, dass die ausländischen Arbeitnehmer nur für eine bestimmte Zeit in Deutschland arbeiten und nach genügend hohem Verdienst wieder in ihre Heimat zurückkehren sollten, um durch nachfolgende Personen ersetzt zu werden. Doch die Realität holte solche Planungen bald ein: Sowohl die Firmen, die die Gastarbeiter beschäftigten, als auch die Gastarbeiter selbst wünschten längere Arbeitsaufenthalte. So nahm die Zahl der ausländischen Arbeitskräfte im Lauf der Zeit deutlich zu, von z.B. 2500 türkischen Staatsangehörigen in Schleswig-Holstein im Jahr 1965 auf 17500 im Jahr 1972. Der aufgrund der Wirtschaftskrise in den 1970er Jahren verhängte Aufnahmestopp führte dazu, dass die Arbeiter ihre Familien nachholten und hier, in Schleswig-Holstein, nicht länger Gäste blieben, sondern mehr und mehr heimisch wurden. Das Zusammenleben von Deutschen und Menschen mit Migrationshintergrund war in der Folgezeit indes alles andere als problemfrei. Sprach-, Kultur- und Religionsbarrieren erwiesen sich vielfach als schwere Hindernisse bei der nachhaltigen Integration der Immigranten; auf deutscher Seite fehlte es lange am offenen Bekenntnis und dezidiert formulierten Willen, dass Deutschland ein Einwanderungsland sei. Die Klärung der Frage, wie eine Integration für beide Seiten zufriedenstellend aussehen könnte, wurde aufgeschoben. Aus Distanz und Angst vor den Fremden in der Nachbarschaft entstand oft offener Ausländerhass, wie er in den verheerenden Brandanschlägen von Mölln vom 23. November 1992 zum unmenschlichen Ausdruck kam.

Zu den Arbeitsmigranten gesellten sich mit fortschreitender Zeit auch zahlreiche Flüchtlinge und Asylbewerber, die in ihren Heimatländern aufgrund ihrer ethnischen bzw. gesellschaftlichen Zugehörigkeit oder Nationalität, ihrer Religion oder aus politischen Gründen verfolgt wurden und in Deutschland und in Schleswig-Holstein Hilfe und eine sichere Zuflucht erhofften. Besonders viele Menschen erreichten Deutschland in der großen ›Flüchtlingskrise‹ im Jahr 2015. Schleswig-Holstein nahm etwa 55000 Menschen auf, was für das Land wiederum eine große logistische und gesellschaftliche Herausforderung darstellte.

Der Großteil der Geflüchteten stammte aus Syrien und Afghanistan. Während sie mehrheitlich über die sog. Balkanroute hierher gelangten, versuchen nun viele aus Teilen Afrikas herrührende Migranten, da diese Route mehr oder minder verschlossen ist, den Weg über das Mittelmeer zu nehmen. Die zumeist von

Willkommensbanner vor einer provisorisch errichteten Erstaufnahmeeinrichtung für Flüchtlinge in Schleswig-Holstein

kriminellen Schleuserbanden organisierte Überfahrt ist gefährlich und endet in viel zu vielen Fällen mit dem Tod.

Die aktuellen Verhältnisse in Kiel spiegeln die jüngste Migrationsgeschichte Schleswig-Holsteins gut wider: Während die deutsche Bevölkerung anteilig abnimmt, verstärkte sich in jüngster Zeit merklich der Zustrom aus dem europäischen und außereuropäischen Ausland. Seit 2011 nahm der Ausländeranteil von 7,9 Prozent auf 12,3 Prozent zu (Stand 2018). Der Anteil von Menschen mit Migrationshintergrund an der Einwohnerschaft stieg gleichzeitig von 18,9 auf 27,3 Prozent. Dafür sind vor allem die gerade kurz angesprochenen krisenhaften Zustände im Nahen Osten und in Afrika sowie die Öffnung der Grenzen zum Osten der Europäischen Union als Gründe zu nennen. Kiel bildet damit im Vergleich zum restlichen Deutschland keine Ausnahme, sondern die Regel. Der Rückgang der deutschen Bevölkerung ist weiterhin auf ein Geburten- und ein Migrationsdefizit zurückzuführen. Als Hauptgründe für die Abwanderung der deutschen Bevölkerung benennen die Statistiker den angespannten Wohnungsmarkt mit stark steigenden Mieten und den Wunsch nach mehr Ruhe und weniger Stress außerhalb der Stadt.

Festzuhalten bleibt also: Migration, d.h. Einwanderung aus aller Welt hierher oder Auswanderung aus Schleswig-Holstein in alle denkbaren Regionen des Globus, ist ein fester Bestandteil der Geschichte dieses Landes. Bei kaum einem anderen Thema erweist sich Schleswig-Holstein derart eng mit der Geschichte Deutschlands, Europas und der Welt verflochten – und dies nicht nur bezogen auf einen bestimmten Zeitabschnitt, sondern eigentlich vom erfassbaren Anbeginn an bis zur Gegenwart. Nicht ohne Grund war dieses Kapitel auch das umfänglichste in diesem Buch.

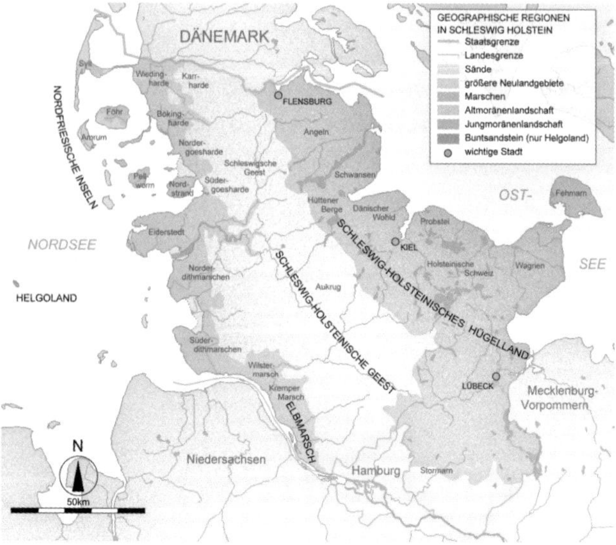

Die Karte zeigt die Geomorphologie Schleswig-Holsteins, die seine ökonomische Entwicklung als Transitland entscheidend beeinflusste. Deutlich zu unterscheiden sind die drei prägenden Landschaftsformen der Marsch, der Geest und des östlichen Hügellands. Gut zu erkennen sind auch die tief ins Land einschneidenden Förden und Buchten an der Ostküste und die nach Westen entwässernden Flussläufe von Eider und Treene im Norden und Stör im Süden

4. Zu Land wie zu Wasser
Handel und Seefahrt weltweit

Als buchstäblich zwischen den Meeren gelegenes Land eignete sich Schleswig-Holstein seit jeher als Transitregion. Es diente zum einen als unverzichtbare Landbrücke zwischen Nord und Süd und gestattete dennoch durch seine besondere Geomorphologie einen fast ungehinderten Seeverkehr zwischen West und Ost. Auf diese Geomorphologie mit den drei charakteristischen Landschaftsformen Marschland, Geest und Hügelland ist nämlich die Tatsache zurückzuführen, dass die Wasserscheide hier in der Regel weit im Osten verläuft. Nur relativ kurze, wenig Wasser führende und damit eben auch nicht unbedingt schiffbare Auen und Bäche entwässern in die Ostsee, während größere Fließgewässer wie Treene, Eider und Stör auf dem Weg zur Nordsee eine Menge Wasser aufnehmen und ganzjährig bis weit ins Land hinein von Schiffen befahrbar waren. Ausnahmen im Osten sind lediglich die Schwentine und die Trave, die in die Ostsee entwässern und zumindest in Teilen schiffbar waren und sind. Dafür hinterließen die Gletscher der letzten Eiszeit, die aus östlicher Richtung tief ins Landesinnere vorstießen, einige Förden und Buchten bis fast an den Geestrand heran. Verkehrstechnisch eröffneten sie so günstige Zugänge für den Ost-West-Verkehr über Land und boten zugleich einen direkten Anschluss an den auf der Geest verlaufenden Nord-Süd-Verkehr. Sowohl die schiffbaren Flüsse im Westen als auch die tief ins Land hineinreichenden Buchten und Förden im Osten bewirkten eine Verschiebung der Schnittstelle zwischen See- und Landtransport von den äußeren Küstenlinien weit ins Land hinein. Konkret betrug die Wegstrecke zwischen Nord- und Ostsee, die zu Land zurückzulegen war, an ihrer engsten Stelle zwischen

Hollingstedt und der Schlei bei Schleswig-Haithabu gerade einmal 15 km. Wenn man bedenkt, wie aufwendig und kostenintensiv der Landtransport noch heute gegenüber dem zu Wasser ist – und im Mittelalter war dies im Prinzip nicht anders –, versteht man, wie günstig sich eine solche Konstellation auf die ökonomische Entwicklung auswirkte. Der Raum Schleswig-Holsteins eignete sich also hervorragend als Drehkreuz von Handel und Verkehr. Und beides hatte wegen der besonderen Transitfunktion von vornherein immer schon auch einen überregionalen Charakter.

Nicht von ungefähr entwickelte sich in der zweiten Hälfte des achten Jahrhunderts genau am östlichen Ende der erwähnten Engstelle der Fernhandelsort Haithabu-Hedeby. Er stand mit anderen Fernhandelsplätzen seiner Zeit in sehr enger Verbindung, wie z. B. mit Dorestad an der Rhein- oder Wollin an der Odermündung. Funde, die man bei Ausgrabungen machte, verweisen darüber hinaus auf Handelskontakte von Südspanien und Irland in Westeuropa bis nach Konstantinopel und Bagdad im Vorderen Orient.

Münzen, die man hier entdeckte, wurden sogar in Samarkand geprägt – das liegt im heutigen Usbekistan! Verschiedenste Handwerker produzierten in Haithabu sowohl für den Export als auch für den heimischen Markt. Seine Einwohner setzten sich aus einer einheimischen Bevölkerung, den sog. *permanentes*, und einer mehr oder minder großen Zahl saisonaler Bewohner, den *frequentantes*, zusammen. Wegen seiner günstigen Lage und ökonomischen Rolle war Haithabu früh auch schon ein politisches, administratives und kirchliches Zentrum. Immer wieder hielten sich dänische Könige hier auf und regelten Belange ihres Reiches von hier aus. Die schriftlichen Quellen des elften Jahrhunderts behandeln die Ortsnamen Haithabu und Schleswig dabei synonym. In diese Zeit fällt auch die Ablösung Haithabus durch das benachbarte Schleswig. Ob es zeitweise ein Nebeneinander beider Siedlungen gab oder ob Schleswig erst entstand, als Haithabu zerstört war, weiß man nicht. Man vermutet, dass Königshof und Bischofssitz schon vor den beiden Zerstörungen Haithabus 1050 durch den

In Haithabu gefundene Münzfibel aus einem Solidus des byzantinischen Kaisers Theophilos (†842)

norwegischen König Harald den Harten und 1066 durch ein slawisches Heer auf dem Nordufer der Schlei existierten. Es folgte die Übernahme der Funktionen Haithabus im Fernhandel durch Schleswig. Man weiß aus dem Schleswiger Stadtrecht, dass hier Kaufleute aus Sachsen und Friesland, von Island, Bornholm und aus dem weiteren Ostseeraum sowie von Gotland in der Stadt verkehrten. Andere Quellen nennen noch Soest und Köln, Schweden, Russland, das Samland, die östliche und südliche Ostseeküste und sogar das Rhone-Delta als Herkunftsorte und -regionen. Vom späten elften bis zum Anfang des 13. Jahrhunderts entwickelte sich Schleswig weiter zu einem administrativen, ökonomischen und sakralen Zentrum von überregionaler Bedeutung. Im Spätmittelalter machte ihm freilich die Konkurrenz Lübecks im Süden und Flensburgs im Norden immer mehr zu schaffen, und die Kaufleute verließen die Stadt, wobei diejenigen aus dem Niederrheingebiet und von der südlichen Nordseeküste ihm noch am längsten die Treue hielten.

Lübeck wurde auf einer von der Trave und der Wakenitz umflossenen Halbinsel gegründet. Über den Höhenrücken der Halbinsel war bereits in slawischer Zeit ein Fernhandelsweg verlaufen. Helmold von Bosau zufolge soll der Schauenburger Graf Adolf II. im Jahr 1143 seine Burg im Norden der Halbinsel an der Stelle oder in der Nähe einer alten slawischen Befestigung errichtet haben. Die neue Burg eignete sich nicht nur als Zentrum zur Beherrschung und Erschließung des gerade eroberten Wagriens, sondern ließ von hier aus gleichzeitig auch die Kontrolle des Fernhandelswegs von Bardowick nach Oldenburg zu. Eine frühe deutschrechtliche Kaufmannssiedlung und deren Hafen entstanden zeitnah in einiger Entfernung zur herrschaftlichen Burg. So denkt man sich gemeinhin die Anfänge der ersten Stadt nach west- bzw. mitteleuropäischem Muster an der Ostsee. Genauer weiß man über die weitere Geschichte Lübecks Bescheid. Es entwickelte sich ungemein rasch zum Tor zur Ostsee für Kaufleute aus Westfalen und dem übrigen Sachsen, weil der Weg über die

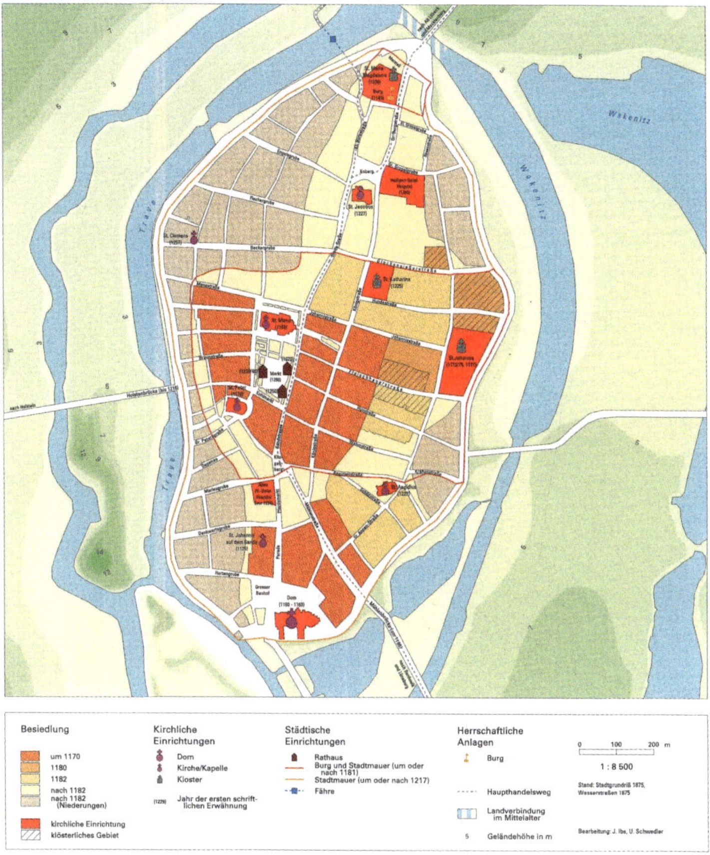

Karte von Lübeck mit Burg-, Stadt- und Dombezirk von 1170 bis zum Beginn des 14. Jahrhunderts

neue Stadt wesentlich kürzer war als der bisher übliche weiter im Norden über Schleswig. Grundsätzlich war der allgemein im Ostseeraum aufblühende Handel eine Hauptursache für den rasanten Aufstieg. So bestanden schon frühe Handelskontakte nach Gotland, wie das bekannte Gotland-Privileg Heinrichs des Löwen von 1161 verdeutlicht, das den Streit zwischen deutschen Kaufleuten und Gotländern um den Ostseehandel beenden sollte.

Gotlandprivileg Heinrichs des Löwen von 1161

Indem die deutschen Kaufleute in Schifffahrtsgemeinschaften mit den gotländischen Schiffern segelten, konnten sie sich von Gotland aus Nowgorod und Riga, aber auch Norwegen und England als Handels- und Absatzmärkte erschließen. Einen zusätzlichen Handelsraum eröffnete die gewaltsame Missionierung Livlands. Der Transport und Nachschub für die hier kämpfenden Kreuzritter lief zentral über den Umschlagplatz und Hafen Lübecks. Mit Riga wurde 1201 die zweite deutschrechtliche Stadt an der Ostseeküste gegründet, und in der ersten Hälfte des 13. Jahrhunderts wurden weitere Städte an der Ostseeküste wie an einer Perlenschnur aneinandergereiht mit deutschem Stadtrecht versehen – zu ihnen zählen Rostock, Wismar, Stralsund und Greifswald –, sodass die gotländischen Kaufleute aus ihrer führenden Position im Ostseehandel verdrängt wurden. Die in Knudsgilden organisierte dänische Konkurrenz musste den deutschen Kaufleuten ebenfalls weichen.

Die niederdeutschen Kaufleute, die sich von Lübeck aus über den ganzen Ostseeraum verteilten, handelten im elften und zwölften Jahrhundert hauptsächlich mit Luxuswaren. Bald trat der Handel mit Salzheringen von Rügen und aus Schonen hinzu, was die eigentliche Basis des Lübecker Aufstiegs und Reichtums bildete. Die Lübecker schafften Salz aus Lüneburg und Fässer nach Rügen und Schonen, wo der Hering zur Haltbarmachung eingesalzen wurde. Über Lübeck wurde der Hering dann ins Reich und weit darüber hinaus verkauft. Im Mittelalter mit seinen vielen Fastentagen war viel Fisch eine christliche Notwendigkeit auf dem Speiseplan; umso gewinnträchtiger war der überregionale Handel mit haltbarem Fisch. In Schonen, wo Messen entstanden, auf denen alle Waren des Ostseeraumes angeboten wurden, spielten die Lübecker sogleich eine dominante Rolle. Bei Verhandlungen um Handelsprivilegien, wie um die Mitte des 13. Jahrhunderts in Flandern, traten die Lübecker oft gemeinsam mit Kaufleuten aus Westfalen oder vom Niederrhein und aus dem übrigen Ostseeraum auf. Aus diesem Zusammenspiel entwickelte sich die Hanse weiter, der dann zeitweilig bis zu 130 Städte angehörten und in der wiederum Lübeck eine führende Rolle einnahm. Über die vier Hansekontore in London, Brügge, Bergen und Nowgorod reichte deren Handelsraum mittelbar von Portugal im Westen Europas bis weit nach Russland und Asien im Osten. Entsprechend breit und vielseitig war die seinerzeit verhandelte Warenpalette. Ernstzunehmende Wissenschaftler wie der bedeutende Hansehistoriker Rolf Hammel-Kiesow (1949–2021) sprechen dem hansischen Handel deswegen einen protoglobalen Charakter zu.

Das Erfolgsrezept sowohl Haithabu-Schleswigs als auch Lübecks bestand nicht nur in der günstigen Lage am Rand der Ostsee, sondern gleichzeitig in der relativen Nähe zu einem Gegenhafen an der Nordsee. Im ersteren Fall handelte es sich, wie gesagt, um Hollingstedt, wohin die mit Waren beladenen Schiffe von der Nordsee kommend über die Eider und Treene gelangten. Bei Lübeck war dies Hamburg an der Elbe. Überhaupt lässt sich für den Bereich Schleswig-Holsteins eine Reihe korrespondierender Städtepaare in West und Ost ausmachen, wodurch ein Überlandhandel zwischen den Meeren überhaupt erst realisierbar wurde.

In der ersten Hälfte des 13. Jahrhunderts versuchte der holsteinische Graf Adolf IV. (vor 1205–1261) mit seinen Neugründungen Itzehoe (1238) und Kiel (1242) eine Alternative und Konkurrenz zur führenden Ost-West-Verbindung Lübeck-Hamburg zu etablieren. Von der Elbe aus sollten Waren über die Stör in den mittelholsteinischen Raum und von dort weiter an die Kieler Förde gelangen – und umgekehrt. Vorher fungierte anscheinend Flemhude, die »Landestelle der Flamen«, an der Eider als ein solcher Kieler Gegenhafen. Doch aus Graf Adolfs hochfliegenden Plänen wurde nichts. Für das Spätmittelalter ist an das Städtepaar Flensburg und Husum zu erinnern. Bis zur Mitte des 15. Jahrhunderts etablierte sich ein regelmäßiger Transithandel zwischen beiden Orten. Die Flensburger Kaufleute transportierten hauptsächlich Getreide aus dem südwestlichen Dänemark, Jütland, von Alsen, Aerö, Langeland und vom Süden Fünens nach Husum, von wo aus man es zu-

Die Miniatur aus einem Gebetbuch um 1520 zeigt die Weinlieferung im Hafen von Brügge. Zu sehen sind Kaufleute bei einer Weinverkostung und im Hintergrund der Stadtkran, der mittels Laufradantrieb schwere Güter heben konnte

Die Karte zeigt die Handels- und Transportverbindungen zwischen korrespondierenden Städten in Schleswig und Holstein

sammen mit anderen landwirtschaftlichen Erzeugnissen des Husumer Umlands nach Bremen und Emden, vor allem aber in den niederländischen Raum verschiffte. Im Gegenzug importierten sie Qualitäts- und Luxuswaren wie Salz, Bier, Wein, Stoffe usw. über den Husumer Hafen nach Flensburg. Eine weitere Transitverbindung war in der Frühen Neuzeit zwischen Kiel und Friedrichstadt angedacht. Herzog Friedrich III. wollte sein 1621 an der Mündung der Treene in die Eider gegründetes Friedrichstadt zu einem Zentrum des Spanien- oder gar Mittelmeerhandels machen und plante bald sogar eine Handelsroute von Friedrichstadt nach Kiel, von dort weiter über die Ostsee ins Baltikum über Russland und das Kaspische Meer bis nach Persien, um auf diesem Weg Seide nach Mitteleuropa bis zur Iberischen Halbinsel zu importieren. Friedrichs Versuche als ökonomischer Global Player scheiterten zwar – als Zeugnis der ambitionierten Planungen blieben bis zum Zweiten Weltkrieg allein die sog. Persianischen Häuser am alten Kieler Marktplatz, die von 1632 bis 1638 als Packhäuser speziell für Waren aus Persien errichtet worden waren. In ihrer Konzeption knüpften Friedrichs Pläne aber offenkundig an die mittelalterlichen Vorläufer der schleswig-holsteinischen Städtepaare zwischen Nord- und Ostseeküste an.

Wenn es um überregionalen Handel und Export geht, darf die schleswig-holsteinische Gutswirtschaft in der Frühen Neuzeit nicht unerwähnt bleiben. Auf ihren großen Agrarflächen, die von Leibeigenen bearbeitet wurden, betrieben die adeligen Gutsherren eine großenteils exportorientierte Landwirtschaft: Schweinezucht, bald verdrängt durch die kostenintensivere Rindvieh- und Milchwirtschaft; später dominierte der Anbau von Getreide. Die Agrarerzeugnisse wurden gewinnbringend nach West- und Nordeuropa ausgeführt. Die so erwirtschafteten Gelderträge dienten als Grundlage für lukrative Finanzgeschäfte im Kreditwesen. Zu immensem Reichtum brachte es auf diesem Wege etwa Heinrich Rantzau, bei dem sich unter anderem Königin Elisabeth I. von England (1533–1603) oder die Stadt Antwerpen beträchtliche Summen liehen.

Doch nicht nur Rantzau verfügte über viel flüssiges Kapital, sondern auch andere adelige Gutsbesitzer wollten sich den großen Geldbedarf Dritter – darunter regelmäßig hoch verschuldete Könige oder Fürsten – zunutze machen. Zupass kam ihnen dabei die Einrichtung des Kieler Umschlags, der erstmalig im 15. Jahrhundert belegt ist und sich ab der zweiten Hälfte des 16. Jahrhunderts zum größten Kapitalmarkt in Nordeuropa entwickelte. Vor allem im 16. und 17. Jahrhundert erlangte der Umschlag als Geldmarkt für ganz Dänemark und Norddeutschland eine überregionale Bedeutung. Hier sammelten sich die großen Gewinne, die

Sie lieh sich bei Heinrich Rantzau Geld: Porträt der Königin Elisabeth I. von England (1533–1603) von einem unbekannten englischen Maler

während der Blütezeit der Agrarkonjunktur des 16. Jahrhunderts aus den Überschüssen der landwirtschaftlichen Produktion im südlichen Ostseeraum erwirtschaftet worden waren. Der alljährliche Ablauf sah im Regelfall folgendermaßen aus: Am 6. Januar wurde nachmittags um 16 Uhr die Geldmesse feierlich eingeläutet.

Die acht Tage nach Dreikönig waren dann die Zahltage, wobei die Tage vom 12. bis 14. Januar als Hauptzahltage gehandelt wurden. Sie galten als ein Tag, was die Berechnung der Zinsen anbelangte. An diesen Zeitraum schlossen sich noch drei sog. *Resprit*-Tage als Aufschubfrist für finanzschwache Zahler oder verhinderte Debitoren an. Dadurch verlängerte sich der Umschlag unter Einschluss der Stundungstage bis zum 17. Januar, 16 Uhr. Nach Ablauf dieser Frist drohte zahlungsunfähigen oder -unwilligen Schuldnern das sog. Einlager, ein persönlicher Arrest in einer vom Gläubiger zugewiesenen Herberge, als harte, ehrrührige Strafe. Das Einlager durfte erst wieder verlassen werden, wenn die Schulden beglichen und die Forderung erfüllt war. Mit der Konjunkturwende auf dem Agrarsektor außerhalb der Herzogtümer ab dem 17. Jahrhundert verlor der Umschlag allerdings immer mehr an Anziehungskraft und Bedeutung. Das lag auch daran, dass sich ein eigener dänischer Kapitalmarkt entwickelte und dass Hamburg durch die Gründung einer Bank zum ersten Finanzplatz in Norddeutschland aufstieg. Die Währungsturbulenzen im Zuge des dänischen Staatsbankrotts 1813 taten ihr Übriges.

Die Schifffahrt hat im Land zwischen den Meeren selbstverständlich eine lange Tradition. Die Küstengewässer und die schiffbaren Flüsse unterschieden sich allerdings nach Eigenart und Tiefe des Fahrwassers erheblich. An der Nordseeküste musste sich die Schifffahrt nach den spezifischen Bedingungen des Wattenmeeres mit seinem Gezeitenwechsel richten. Konstanter waren die Bedingungen in den Trichtermündungen von Elbe und Eider. Ab 1784 war die Eider zudem durch den Bau des Schleswig-Holsteinischen oder Eider-Kanals zwischen Rendsburg und der Kieler Förde zu einer durchgehenden Wasserstraße gemacht worden, die Nord- und Ostsee miteinander verband. Hierauf konnten jetzt hochseetaugliche Schiffe verkehren, wohingegen der kleinere, seit 1398 bestehende Stecknitz-Kanal zwischen der Trave und der Elbe für die Flussschifffahrt geeignet war. Neben den Fahrwasserbedingungen war die Lage der Städte am Wasser für die Entstehung lokaler Handelsflotten ausschlaggebend: Nicht von ungefähr wurden Flensburg, Altona und Lübeck zu den größten Handelsstädten. Doch auch Apenrade, Blankenese, Kiel und Sonderburg verfügten über geeignete Naturhäfen, die von großen Handelsschiffen angefahren werden konnten.

Günstige Fernhandels- und Schifffahrtsbedingungen stellten sich spürbar immer dann ein, wenn die großen europäischen Seehandelsmächte miteinander Krieg führten, der ab 1773 bestehende Dänische Gesamtstaat, dessen Teil Schleswig-Holstein war, sich aber politisch neutral verhielt. Das war während des Amerikanischen Unabhängigkeitskrieges von 1776 bis 1783 der Fall oder nach der Französischen Revolution, als 1792 der Erste Koalitionskrieg begann. Altona und Flensburg profitierten besonders von der dänischen Neutralität und schalteten sich in den internationalen und den Überseehandel ein, vor allem in das Geschäft mit den dänischen Kolonien in Westindien und mit Nordamerika. Diese lukrative Phase unter neutraler Flagge endete erst, als Dänemark 1807 auf der Seite Frankreichs in den Krieg eintrat. Die Zahlen sprechen für sich: Die Handelsflotte der Herzogtümer wies 1777 noch 634 Schiffe mit einer Tragfähigkeit von 15 059 Kommerzlasten auf, 1791 bereits 1255 Schiffe mit 28 817 Kommerzlasten und 1806, also im Jahr vor dem Ende der gesamtstaatlichen Neutralität, gar 1982 Schiffe und 47 109,5 Kommerzlasten. Eine dänische Kommerzlast entsprach 2,6 Tonnen. 1803 führte Flensburg mit 275 Schiffen und 14 136,5 Kommerzlasten die Riege der schleswig-holsteinischen Handelsstädte an. Altona, das 1736 noch acht, 1740 dann 30 bis 40 und 1779 schon 82 Schiffe als Heimathafen anliefen, übertraf 1806 mit 296 Schiffen sogar das benachbarte Hamburg, für das ein Jahr zuvor nur 258 Schiffe gezählt worden waren. Ende 1840 hatten insgesamt 2281 Schiffe mit einer Transportkapazität von 35 875 Kommerzlasten einen schleswig-holsteinischen Heimathafen; in Lübeck waren es 171 Schiffe mit 5833 Kommerzlasten.

Diese Schiffe mussten alle gebaut werden, und tatsächlich bildete der Schiffbau von der Frühen Neuzeit bis ins 20. Jahrhundert hierzulande einen sehr wichtigen Wirtschaftszweig von überregionaler Bedeutung. Der enorme Holzbedarf trug stark zur bis heute bestehenden Waldarmut im nördlichsten deutschen Bundesland bei. Bedeutende Schiffbaustandorte waren Altona, Apenrade, Eckernförde-Borby, Flensburg, Kiel und Neustadt. Die Werften an der Kieler Förde erhielten Aufträge aus dem ganzen westlichen Ostseeraum.

Ab der Mitte des 17. Jahrhunderts partizipierten schleswig-holsteinische Handelshäuser in zunehmendem Maß am Überseegeschäft. Sie schickten ihre Schiffe ins Mittelmeer, nach den Westindischen Inseln und zu den Walfangplätzen im Nördlichen Eismeer. An der Mittelmeerfahrt waren in erster Linie Schiffe aus Altona, Apenrade, Eckernförde und Flensburg beteiligt. Ihre Reiseroute führte meist über Bordeaux oder Lissabon, wo sie Holz, Hanf, Flachs oder Getreide aus dem Ostseeraum entluden und Überseeware an Bord nahmen, zu den Häfen des östlichen Mittelmeeres. Im Zielhafen verkaufte man diese Ware und nahm gleich wieder eine neue Ladung für einen anderen südeuropäischen Hafen an Bord, was sich mehrmals wiederholen konnte, bis man eine passende Ladung für den Nachhauseweg bekam. Da Wein oft ein nachgefragter Teil der Ladung war, dauerte es regelmäßig bis zum November oder Dezember, bis man den neuen Wein auf der Rückfahrt mitnehmen konnte. Die Tätigkeit als Frachtfahrer in der südeuropäischen Handelsschifffahrt war dabei wegen der vielen maurischen Seeräuber, die von der Küste Algeriens und Tunesiens aus Handelsschiffe kaperten und deren Besatzungen in die Sklaverei verkauften, alles andere als ungefährlich. Allerdings hatten sich im Lauf der Zeit Mittel und Wege entwickelt, solche christlichen Seefahrer aus der Sklaverei wieder freizukaufen. In den Heimatorten gefangener Seeleute standen in vielen Kirchen Opferstöcke der sog. Sklavenkasse. Die Verhandlungen über die Freilassung wurden über Agenten in Marseille bzw. Genua geführt. Bekannt ist das Schicksal des gebürtigen Amrumers Hark Olufs (1708–1754), der auf einer Seefahrt von Nantes nach

Hamburg 1724 von algerischen Piraten gefangen genommen und, da seine Familie das geforderte Lösegeld erst nicht zahlen konnte und es dann noch zu einer Verwechslung beim Freikauf kam, schließlich doch als Sklave verkauft wurde. Er gelangte in den Besitz des Beys von Constantine, unter dessen Obhut er Karriere machte – er stieg bis zum Oberbefehlshaber seiner berittenen Truppen auf – und anscheinend zum Islam übertrat. Für seine Verdienste bei der Eroberung von Tunis 1735 wurde er schließlich freigelassen, sodass er als wohlhabender Mann nach Amrum zurückkehren konnte.

Die schleswig-holsteinische Westindien-Fahrt nahm in enger Verbindung mit Kopenhagener Unternehmen ihren Anfang. Später wurde sie in Eigenregie von Glückstadt aus betrieben. Auf der Überfahrt steuerten die Schiffe zunächst die dänischen Stützpunkte an der afrikanischen Goldküste an. Hier wurden von arabischen Händlern Sklaven im Austausch gegen Waffen erworben, die dann zu den dänischen Westindischen Inseln St. Thomas, St. Jean und St. Croix gebracht wurden. Von Westindien transportierten die Schiffe Rohrzucker zur Rumverarbeitung zurück nach Schleswig-Holstein. In diesem atlantischen Dreieckshandel zwischen Europa, Afrika und Amerika war Heinrich Carl von Schimmelmann (1724–1782) besonders erfolgreich.

Er kaufte eigene Plantagen in Dänisch-Westindien und eine Gewehrfabrik in Hellebaek auf Seeland und nutzte seine holsteinischen Güter in Ahrensburg und Wandsbek sowie Gut Lindenborg in Jütland für die Produktion von Branntwein und bedruckten Kattunstoffen. Gewehre, Branntwein und Textilien waren für den afrikanischen Markt bestimmt, die landwirtschaftlichen Produkte von den Gütern belieferten die Gewehrfabrik und die Plantagen, zu denen von Afrika aus Sklaven transportiert wurden. Die Plantagen produzierten Zucker für den europäischen Markt.

Flensburg erlebte im gerade skizzierten Dreieckshandel einen spürbaren Aufwärtstrend und spielte im Rahmen der schleswig-

Gemälde von Heinrich Carl von Schimmelmann, angefertigt von Lorens de Lønberg, ca. 1773–1779. Rechts im Hintergrund ist der seinerzeit obligatorische »Kammermohr« zu sehen

holsteinischen Städte bald eine Sonderrolle. 1755 fuhr die ›Neptunus‹ als erstes Flensburger Schiff nach Westindien zur dänischen Insel St. Croix; elf Jahre später nahm die erste Zuckerraffinerie an der Flensburger Förde ihren Betrieb auf. Zwischen 1779 und

1806 war die Zuckereinfuhr nach Flensburg zahlenmäßig am größten. Mittlerweile produzierten dort vier Zuckerraffinerien. Eine davon verarbeitete um 1780 jährlich zwischen 200000 und 500000 Pfund Rohrzucker. Den größten Teil des Zuckers bezog die Raffinerie aus Kopenhagen, aber auch über Frankreich. Eine wichtige Voraussetzung für die florierende Flensburger Zuckerindustrie mit ihrem wichtigen Zweig der Rumherstellung war die 1786 erfolgte Freigabe des Zuckerbezugs aus Westindien für alle Städte im Gesamtstaat mit Raffinerien. Doch ging es auch um andere Waren. Aus Bordeaux wurde Wein eingeführt, nach Lissabon Getreide verschifft; von dort fuhr man weiter ins Mittelmeer, um aus Genua und Venedig Wein, Rosinen oder Eichenrinde zum Gerben von Häuten zu beschaffen. Im Ostseehandel segelten die Schiffe mit Hering und Stockfisch aus Norwegen und Dänemark, französischem Wein und einheimischen Agrarprodukten wie Käse beladen ins Baltikum und nach Russland, von wo sie dann Flachs, Hanf, Talg, Häute, Teer mitbrachten, die man weiter nach Bordeaux exportierte. Für Eisen und Kupfer fuhren sie nach Norwegen und Schweden. Der Norwegenhandel mit Lebensmitteln, Branntwein und Handschuhen stand lange sogar im Vordergrund der Flensburger Transportaktivitäten. Mit dem Kieler Frieden von 1814 verlor Dänemark allerdings Norwegen an Schweden, sodass der Flensburger Handel dorthin deutlich abnahm. Dagegen wurde die Westindienfahrt weiter intensiviert. Dabei spielten neben Rohrzucker auch Kaffee, Tee, Tabak, Reis, Rum und Kupfer als Handelswaren eine wichtige Rolle. Die Flensburger ›Harmonie‹, eine 1804 gegründete Klubgesellschaft, begrüßte damals Gäste aus Berlin, Bordeaux, Braunschweig, Bremen, Christiania/Oslo, Genua, Guadelupe, Leipzig, London, Liverpool, Marseille, Riga, Stockholm und Trondheim, was sehr gut veranschaulicht, wie weitreichend und international die Handelsverbindungen der Fördestadt seinerzeit waren. Der Flensburger Versuch, auch das Nördliche Eismeer wirtschaftlich zu erschließen, was im Jahr 1749 zur Gründung einer ›Handlungs-Societaet‹ auf Grönland und Spitzbergen führte, scheiterte indes.

Glückstadt war zunächst auch Ausgangshafen für die sog. Grönlandfahrt. Später kamen Schiffe aus Altona, Apenrade, Flensburg, Husum und Sonderburg dazu. Ziel der Fahrt waren die arktischen Gewässer um die Bäreninsel und Spitzbergen, um dort Wale und Robben zu fangen. Die Besatzungen setzten sich vielfach aus Seeleuten von den Nordfriesischen Inseln und den Halligen zusammen. Zur Hochkonjunktur des Wal- und Robbenfangs im 18. Jahrhundert waren über 3000 Nordfriesen im Grönland-Einsatz, oft auf Schiffen unter niederländischer oder Hamburger Flagge.

Erhaltene Seemannsgrabsteine auf Amrum und Föhr zeugen noch immer von dem erlebnisreichen, gefahrvollen Leben berühmter Walfang-Kapitäne. Einer dieser Grabsteine erinnert auf dem Friedhof in Süderende an Matthias Petersen (1632–1706), den ›glücklichen Matthies‹, der in fünf Jahrzehnten bald 400 Wale zur Strecke brachte und damit zu großem Wohlstand gelangte. Allerdings verdrängte Rapsöl den aus den Walen gewonnenen Tran als Brennstoff. Gleichzeitig konnten die Schiffsunternehmen bei den kapitalintensiven technischen Neuerungen in der Dampfschifffahrt und im Eisenschiffbau nicht mit der englischen und norwegischen Konkurrenz Schritt halten, da die Subventionierung der Grönlandfahrt ab 1838 aufhörte – ganz abgesehen davon, dass es immer weniger Wale gab. So kam die Grönlandfahrt zum Erliegen. Um eine alternative Verdienstmöglichkeit zu schaffen, gründete man in Wyk auf Föhr 1819 das erste Seebad an der nordfriesischen Nordseeküste – die Geburtsstunde des Tourismus hatte geschlagen!

In Eckernförde dominierte die Familie Otte im 18. Jahrhundert mit 14 eigenen Schiffen die lokale Schifffahrt. Christian Otte hatte 1699 seine Karriere als einfacher Schiffer begonnen und war in schwedische Häfen, nach Gotland und nach Königsberg gefahren. Um 1700 transportierten die Eckernförder Kaufleute

Gemälde eines unbekannten Malers aus der zweiten Hälfte des 17. Jahrhunderts, das ein Walfängerschiff vermutlich unter Hamburger Flagge zeigt. Außerdem sind mehrere Walfänger zu sehen, die Wale harpunieren

neben den klassischen baltischen Waren Getreide, Flachs, Hanf, Bauholz, Eisen und Teer vor allem Holz und Malz. Das Holz, auf dessen Handel sich Otte konzentrierte, wurde von den Schiffswerften vor Ort und im Land benötigt, während Getreide und

Malz zum Brauen des Eckernförder Kakabille-Biers gebraucht wurden. Ab 1710 dehnte Otte seine Tätigkeit auf Westfrankreich aus. Er lieferte Getreide und Bauholz, während seine Rückfuhren aus Bordeauxwein und Salz von St. Martin bestanden. Das Geschäft der Familie Otte wurde langsam auf Portugal und den Mittelmeerraum ausgedehnt. Der Nettogewinn lag dabei jährlich bei ungefähr 20 Prozent. 1761 war die Reederei Otte mit 24 Schiffen zu insgesamt 1300 Kommerzlasten eine der größten in den Herzogtümern und Dänemark.

Zumindest mittelbar ist mit Eckernfördes Namen ein Erzeugnis verbunden, das vor allem im 19. Jahrhundert massenhaft in nah und fern abgesetzt wurde: Sprotten! Der fettreiche, 10 bis 15 cm große Speisefisch wurde um 1900 in sage und schreibe 30 Räuchereien in Eckernförde und 34 Räuchereien in Ellerbek vor den Toren Kiels zum Qualitätsprodukt verarbeitet, das unter der 1786 erstmalig belegten Bezeichnung »Kieler Sprotten« auf der ganzen Welt bekannt war und heute noch immer bekannt ist, auch wenn die vielen Räuchereien längst Geschichte sind und in der Gegenwart Sprotten aus Schokolade genauso wie die geräucherten Originale verkauft werden. Im Übrigen verkauften sich nicht nur Sprotten als Meeresfang aus schleswig-holsteinischen Gewässern gut in buchstäblich aller Welt. Auch Austern waren ein früher Exportschlager. Nachweislich ab der Mitte des 18. Jahrhunderts wurden z.B. frische Austern nach Russland geliefert. Das erklärt, warum in Leo Tolstois (1828–1910) Roman ›Anna Karenina‹ gleich zu Anfang ›Flensburger Austern‹ als Speise in einem Moskauer Feinschmecker-Restaurant erwähnt sind. In Russland waren sie auch deswegen begehrt, weil sie in der Fastenzeit vor Ostern als »Fische« verzehrt wurden. Ab 1799 wurden die königlichen Austernbänke an der Westküste bis 1879 ununterbrochen an Flensburger Kaufleute verpachtet. Um diese Zeit gab es insgesamt 47 Austernbänke zwischen Röm und Nordstrand. Damit war die Austernfischerei zeitweise ein bedeutender Wirtschaftsfaktor im Land, der beträchtliche finanzielle Erträge erwirtschaftete. Das blieb nicht ohne Folgen: Denn zum Ausgang des 19. Jahrhunderts galten die Austernbänke der preußischen Domänenverwaltung als ruiniert. Die Pächter hatten rücksichtslosen Raubbau betrieben.

Von zentraler Bedeutung waren für den überregionalen oder gar globalen Handel natürlich dauerhaft vorhandene und möglichst verlässlich funktionierende Verkehrswege zu Land wie zu Wasser. Über beides verfügte der Raum Schleswig-Holsteins im Lauf seiner Geschichte. Zu Land ist vor allem an den berühmten Ochsenweg zu denken, dessen Ursprünge wohl bereits in der Bronzezeit liegen. Sein nördlicher Anfangspunkt lag bei Viborg in Dänemark, der Endpunkt im Süden bei Wedel an der Elbe. Wenn man bedenkt, dass die heutige Autobahn 7 in weiten Teilen seinem Verlauf folgt, wird die enorme Beharrungskraft dieser Transitstrecke deutlich. Die Trasse verlief hauptsächlich auf der Geest, die nicht so stark von Sümpfen und Mooren durchzogen war wie etwa die westlich davon gelegene Marschregion und die damit auch bei ungünstigeren Witterungsbedingungen weiter benutzbar war. Seinen Namen hatte der Ochsenweg von der ökonomisch überaus bedeutsamen Ochsendrift, für die der Streckenverlauf verwendet wurde. Vom Mittelalter bis ins 19. Jahrhundert wurden hierauf Rinder aus Jütland und den dänischen Inseln zu den Mastgebieten an der schleswig-holsteinischen und friesländischen Küste getrieben, wo sie dann bis zu ihrem Verkauf als Schlachtvieh nach Westeuropa auf den Weiden blieben. Das Ende des Viehtriebs und damit der Funktion des Ochsenwegs brachte schließlich der Eisenbahnbau im 19. Jahrhundert. Die Eisenbahnen, deren Trassen ebenfalls weitgehend dem günstigen Verlauf des Ochsenwegs folgten, übernahmen seine Aufgabe.

Neben Straßen waren in der vor- und frühindustriellen Zeit die Wasserwege die wichtigsten Verkehrsadern. Da die Straßen auf dem Land oft in schlechtem Zustand und bei Regen oder Schnee kaum passierbar waren, hatten die schiffbaren Wasserläufe für den Verkehr und Handel sogar eine ganz herausragende

Bedeutung. Auf den Flüssen, Kanälen und Seen des Binnenlandes spielte sich folglich ein reger Personen- und Warenverkehr ab, der für regionale Märkte ebenso wie für den Fernhandel eine wichtige Rolle spielte. Dies galt zumal für Schleswig-Holstein, wo die See- und Küstenschifffahrt mit der Fluss- und Kanalwirtschaft seit jeher stark verflochten war. Bei den Wasserstraßen im Land ist vor allem an den Schleswig-Holsteinischen oder Eider-Kanal und den Nord-Ostsee- oder Kaiser-Wilhelm-Kanal als Nachfolger zu denken. Ersterer war zu seiner Zeit, also zwischen 1784 und 1895, die mit Abstand wichtigste Binnenwasserstraße Schleswig-Holsteins. Die Regierung hatte den Eider-Kanal nach sorgfältiger Planung zwischen 1777 und 1784 bauen lassen, um eine zuvor immer wieder diskutierte unmittelbare Verkehrsverbindung zwischen Ost- und Nordsee zu schaffen.

Die Fahrt durch den Eider-Kanal war sicherer und kürzer als diejenige durch Öresund, Kattegat und Skagerrak. Zu den Hauptbauzeiten waren etwa 4000 Personen beschäftigt. Sie waren entweder bei Bauern der Umgebung oder in Lagern untergebracht. Der Kanalbau kostete insgesamt 2,4 Millionen Reichstaler. Der Eider-Kanal und seine Fortsetzung über den Lauf der unteren Eider reichte von Holtenau an der Kieler Förde bis nach Tönning an der Eidermündung, was insgesamt eine Strecke von 180 km war, wobei der eigentliche Kanal auf einer 43 km langen Strecke von Holtenau bis Rendsburg verlief. Dabei musste der Kanal bei Landwehr die Wasserscheide zwischen der Nord- und Ostsee überwinden, was über drei Auf- und drei Abstiegsschleusen bewerkstelligt wurde. Der Kanal hatte eine Wasserspiegelbreite von 28,7 m, eine Sohlenbreite von 18 m und eine Tiefe von 3,5 m. An jeder Stelle des Kanals konnten zwei Schiffe aneinander vorbeifahren. Auf dem nördlichen Kanalufer befand sich ein befestigter Weg zum Treideln mit Pferdegespannen von Holtenau bis Rendsburg; auf dem Südufer verlief ein Treidelpfad für Personenbetrieb von Holtenau bis Fohrde. Es war Schiffskapitänen überlassen, durch den Kanal zu segeln, mithilfe der Mannschaft zu treideln

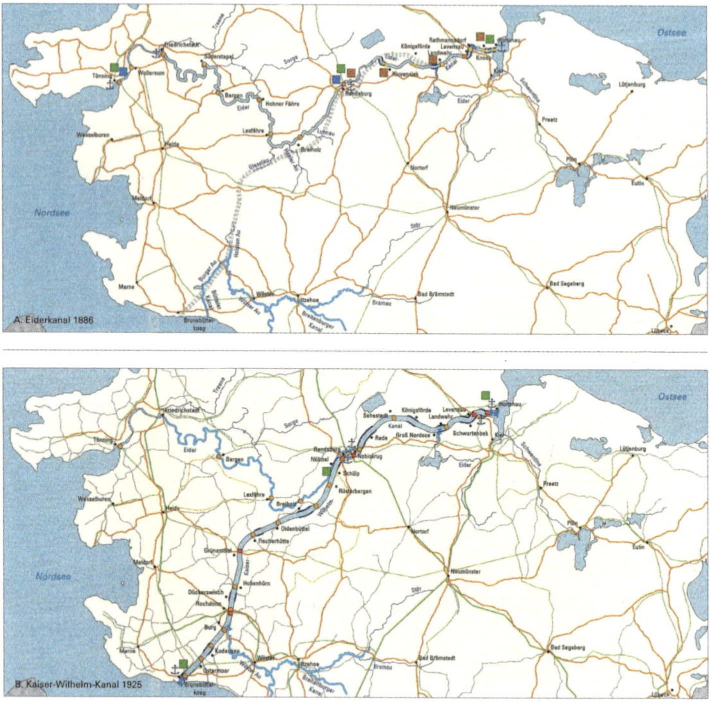

Verlauf des Eider-Kanals und des Nord-Ostsee-Kanals

oder bei den Pferdestationen vor Ort Pferde zum Treideln zu mieten. Auch konnten die Schiffer für die Fahrt auf dem Kanal und der Untereider einen Lotsen anfordern, was speziell für das Einsegeln in die Kanalmündung von Bülk nach Holtenau oder für das viel schwierigere Einfahren durch die mit Tonnen und Seezeichen markierte Fahrrinne der Außeneider vom Feuerschiff bis Tönning empfehlenswert war. Die Ladung eines Schiffs wurde beim Einlaufen in Holtenau oder Tönning von Zollbeamten klariert und versiegelt. Beim Zollamt in Rendsburg wurde beides überprüft. Hier musste auch die Gebühr für die Kanalbenutzung entrichtet und ferner der Transitzoll gezahlt werden. Seine Höhe entsprach dem Sundzoll, den man von den Schiffen erhob, die den Öresund passierten. Vor dem Auslaufen aus der Wasserstraße wurden die Frachtpapiere noch einmal kontrolliert und die Ladung entsiegelt. In den Packhäusern der Kanalverwaltung in Holtenau, Rendsburg und Tönning konnten die Waren zollfrei gelagert werden. Die Durchfahrt von Holtenau bis Tönning dauerte drei bis vier Tage; die später eingesetzten Dampfschiffe brauchten nur noch 15 Stunden. Nachts und während der winterlichen Frostperiode ruhte der Schiffsbetrieb. Ursprünglich war die Benutzung des Kanals lediglich für gesamtstaatliche Schiffe vorgesehen. Doch bereits 1785 wurde die Kanalfahrt für alle ausländischen Schiffe freigegeben. Nach einem stotternden Beginn verzeichnete man in den 1790er Jahren 2000 Durchfahrten pro Jahr, während der britischen Seeblockade zwischen 1802 und 1806 sogar über 3000. Zu seiner Blütezeit war der Eider-Kanal die meistbenutzte Kanalstrecke der Welt.

Der Eider-Kanal durchschnitt freilich seit langem etablierte Landwege, was man bei Straßen von regionaler oder überregionaler Bedeutung durch Brückenbauten auszugleichen versuchte. Für die wichtigste Fernverkehrsstraße im Osten des Landes zwischen Kiel und Eckernförde wurde bei Levensau eine Klappbrücke über den Kanal errichtet. Die ähnlich wichtige Straße von Itzehoe über Rendsburg nach Schleswig wurde über die Rendsburger Schleuse geführt. Als das Eisenbahnnetz nach Norden erweitert wurde, baute man 1855 bei Rendsburg eine Drehbrücke über den Kanal. 1881 folgte eine weitere Drehbrücke bei Neuwittenbek im Verlauf der Eisenbahnstrecke Kiel-Eckernförde-Flensburg.

Mitte des 19. Jahrhunderts genügte der Eider-Kanal den wachsenden Schiffsgrößen aber nicht mehr. Daher wurde er unter preußisch-deutscher Ägide durch den Nord-Ostsee-Kanal ersetzt. Der in den Jahren 1887 bis 1895 erbaute Nord-Ostsee-Kanal, den Kaiser Wilhelm II. (1859–1941) bei seiner Eröffnung im Juni 1895 im Handstreich nach seinem Großvater in Kaiser-Wilhelm-Kanal umbenannte, kann als das bis heute größte und wichtigste Verkehrsprojekt gelten, das in Schleswig-Holstein jemals realisiert wurde. Er war durch die Inkorporation Schleswig-Holsteins in das Königreich Preußen 1867 möglich geworden. Die Erklärung Kiels zum Reichskriegshafen beförderte die Planungen. Unter partieller Einbeziehung des alten Eider-Kanals wurde ein Wasserweg auf Meeresniveau zwischen der Kieler Förde und der Elbmündung bei Brunsbüttelkoog angelegt.

Nach acht Jahren Bauzeit fanden die pompösen Feierlichkeiten zur Eröffnung des Kanals vom 19. bis 22. Juni 1895 mit vielen ausländischen Gästen statt. Angeführt von der kaiserlichen Yacht ›Hohenzollern‹ durchfuhren Schiffe aus 14 Nationen den Kanal von Brunsbüttel bis Holtenau. Sie kamen aus Dänemark, Frankreich, Großbritannien, Italien, den Niederlanden, Norwegen, Österreich-Ungarn, Portugal, Rumänien, Russland, Schweden, Spanien, der Türkei und den Vereinigten Staaten. Als die türkische ›Fuad‹ als letztes Schiff an der Musikkapelle in Rendsburg vorbeifuhr, die bei Sichtung der Schiffe stets die betreffende Nationalhymne anstimmen sollte, spielte diese die Weise ›Guter Mond, du gehst so stille‹, da die Schiffsflagge einen Halbmond zeigte, die Kapelle aber keine Noten für die türkische Nationalhymne zur Hand hatte.

Der Kanal war und ist bis heute einer der größten Seekanäle der Welt. Militärische Überlegungen, vor allem die schnelle Verlegung von Flottenverbänden zwischen der Nord- und Ostsee unter Umgehung fremder Gewässer, spielten bei der Planung und dem Bau des Kanals eine mindestens ebenso große, wenn nicht sogar größere Rolle als seine nur schwer im Voraus zu kalkulierende wirtschaftliche Bedeutung. Auch die schon zwischen 1907 bis 1914 erfolgte Erweiterung des Kanals, die mit einem Aufwand von 223 Millionen Mark wesentlich kostspieliger war als der ursprüngliche 156 Millionen Mark teure Kanalbau, verweisen auf seinen militärischen Zweck. Denn nun konnten ihn auch die neuen schweren Schlachtschiffe durchfahren.

Der 98 km lange Kanal hatte 1903 eine Tiefe von 9 m, eine

Sohlenbreite von 22 m und eine Wasserspiegelbreite von 67 m. Er konnte wegen seiner beiden Schleusen an den Kanalenden Schiffe mit einer Länge bis 120 m, Breite bis 20 m und Tragfähigkeit von bis zu 12000 Tonnen aufnehmen. Dies war ein für damalige Verhältnisse sehr großer Richtwert, zumindest was die zivile Handelsschifffahrt anbelangte. Der Kanal konnte von Dampfschiffen jederzeit befahren werden, selbst zur Nachtzeit, weil er elektrisch beleuchtet wurde. Die Fahrtzeit eines Dampfschiffs von der Einfahrt in Brunsbüttelkoog bis zur Ausfahrt in Holtenau machte durchschnittlich sieben Stunden aus. Das lag daran, dass der Kanal auf Meeresniveau lag und außer den Ein- und Ausgangsschleusen keine weiteren zeitraubenden Schleusengänge mehr nötig waren. Große Schiffe konnten an sechs künstlich angelegten Verbreiterungen des Kanalbetts aneinander vorbeifahren. Als weitere Ausweichstellen fungierten der Schirnauer See und der Audorfer See. Die sog. Ausweichen wurden bei der Erweiterung des Kanals nochmals stark erweitert. Zudem richtete man drei zusätzliche Ausweichstellen ein. Mit der Erweiterung erhielt der Kanal eine Spiegel- und Sohlenbreite von 102 bzw. 44 m und eine Tiefe von 11,3 m. In Brunsbüttelkoog und Holtenau gab es im Bereich der Schleusenanlagen Zollamt, Hafenamt sowie neben Betriebshäfen und Kohleladeplätzen andere Einrichtungen der Kanalbehörde. Auch zwei Lotsenstationen waren vorhanden, während sich eine dritte, an der ein Lotsenwechsel stattfand, bei Kanalkilometer 57 in der Nähe von Nübbel befand.

Wie sein Vorgänger war auch der Nord-Ostsee-Kanal für den Landverkehr ein großes Hindernis. Die von Süden nach Norden verlaufenden Landwege, Eisenbahnlinien und wichtigen Straßen wurden über zwei Hochbrücken bei Grünental und Levensau und fünf Drehbrücken über den Kanal geführt. An den weniger wichtigen Straßen und Wegen verkehrten insgesamt 14 Prahmfähren, die an Drahtseilen liefen und mit der Hand fortbewegt wurden. Dampffähren kamen erst ab 1907 zum Einsatz. Die Benutzung sämtlicher Fähren war und ist bis heute kostenlos.

Levensauer Hochbrücke über den Nord-Ostsee-Kanal

Von Schiffswerften als wichtigen ökonomischen Standbeinen mit überregionaler Reichweite war bereits die Rede. Sie produzierten nie nur für den heimischen Bedarf, sondern bauten ihre Schiffe stets auch für den überregionalen Markt. Hervorstechend war allerdings die Entwicklung der Kieler Werftindustrie nach dem Zweiten Weltkrieg. Im Zeichen des Wirtschaftswunders der Nachkriegszeit etablierten sich hier im Stadtteil Friedrichsort die nach dem Krieg aus Memel nach Kiel transferierte Lindenauwerft und am alten Werftenstandort am Kieler Ostufer die Howaldtswerke. Die Howaldtswerke übernahmen 1955 die Deutschen Werke Kiel in Gaarden und dehnten das Werftgelände wieder deutlich aus, sodass das Unternehmen unter Führung des Vorstandsvorsitzenden Adolf Westphal (1901–1971), eines gebürtigen Kielers, zwischen 1958 und 1962 den Ruf der größten Werft Europas genoss. Ein

Stapellauf des Tankers »Olympic Challenger« im Werk Gaarden der Howaldtswerke am 20. Dezember 1958. Begrüßung von Reeder Aristoteles Onassis (1906–1975, links) durch Werftdirektor Adolf Westphal (1901–1971, rechts)

bedeutender Auftraggeber war der berühmte griechische Reeder Aristoteles Onassis (1906–1975), der hier Tanker und Yachten bauen ließ. Bis heute verfügt Schleswig-Holstein bei aller Konkurrenz aus Fernost und trotz der allgemeinen Krise im Schiffbau über bedeutende Werftstandorte, deren Zukunft durch internationale Militäraufträge – nicht zuletzt im U-Boot-Bau – und private Auftraggeber gesichert scheint und die immer noch Superlative hervorbringen: Erinnert sei nur an die 2017 von der Rendsburger Nobiskrug-Werft fertiggestellte Segelyacht ›A‹, die seit 2012 für den russischen Milliardär Andrei Melnitschenko (*1972) gebaut wurde. Mit einer Länge von 143 m und einer Masthöhe von über 90 m ist sie die größte Segelyacht der Welt. Kaum aus Kiel losgefahren, wurde die Yacht Mitte Februar 2017 in Gibraltar arrestiert, weil der russische Käufer 15,3 Millionen Euro vom Kauf-

Die 2017 von der Rendsburger Nobiskrug-Werft fertiggestellte Segelyacht ›A‹, die seit 2012 für den russischen Milliardär Andrei Melnitschenko gebaut wurde

betrag schuldig geblieben war. Wenig später konnte aber der Streit ums Geld über Treuhandkonten in London und Gibraltar beigelegt und die Yacht wieder aus dem Arrest entlassen werden – ein internationales Geschäft durch und durch.

5. Schleswig-Holstein im Spiegel der Weltpolitik

Schleswig-Holstein ist ein wirklich winziger Fleck auf der großen Weltkarte. Umso erstaunlicher ist es, dass es in der Vergangenheit oftmals entweder Schauplatz oder aber Objekt und Thema großer Weltpolitik war. Seit dem Mittelalter bis ins 20. Jahrhundert hinein kamen sich Landes- und Regionalgeschichte einer- und Weltpolitik andererseits immer wieder denkbar nahe. Nur so ist es überhaupt erklärbar, dass die bekannteste Charakterisierung der schleswig-holsteinischen Geschichte gerade vom britischen Premierminister Henry Temple 3. Viscount Palmerston (1784–1865) stammt. In den 1860er Jahren soll er gesagt haben, diese Geschichte sei so kompliziert, dass nur drei Menschen sich jemals damit auskannten: erstens Prinzgemahl Albert von Sachsen-Coburg-Gotha (1819–1861), Ehegemahl von Queen Victoria (1819–1901), der aber bereits verstorben sei, zweitens ein deutscher Professor, der darüber freilich verrückt geworden sei, und drittens er selbst – doch er habe das alles schon wieder vergessen.

Allein dieses Zitat lässt es berechtigt erscheinen, auch solche weltpolitischen Zusammenhänge im Rahmen dieses Buches auszugsweise einmal näher zu beleuchten. Die ausgewählten und hier näher berührten Beispiele, die sich an Zahl spielend erweitern ließen, tun ihr Übriges.

Die Schlacht von Bornhöved etwa wird von der Forschung einhellig als Ereignis von europäischer, ja weltgeschichtlicher Bedeutung gewertet. Waldemar II. und seinen beiden Vorgängern in der dänischen Königswürde namens Waldemar I. ›der Große‹ (1131–1182) und Knut VI. (1162/63–1202), bei denen es sich um Waldemars II. Vater bzw. Bruder handelte, war im Wind-

Der britische Premierminister Henry Temple 3. Viscount Palmerston (1784–1865), Gemälde von Francis Cruikshank, ca. 1855–1859

schatten des Sturzes Heinrichs des Löwen und des von 1198 bis 1208 dauernden staufisch-welfischen Thronstreits im Reich der Aufbau eines gewaltigen ostseeweiten Herrschaftsbereichs gelungen, der sich geographisch von Holstein im Westen bis Estland im Osten erstreckte. Im Zuge dessen musste nach der Schlacht bei Stellau 1201 der Schauenburger Graf Adolf III. (1160–1225) Holstein verlassen und sich in sein Stammland an der Weser zurückziehen. Waldemar II. legte sich den schillernden Beinamen ›der Sieger‹ zu und ordnete die Verhältnisse zwischen Eider und Elbe neu: Sich selbst behielt er die direkte Herrschaft über Rendsburg und Lübeck vor, seinen Neffen Albrecht II. von Orlamünde (nach 1182–1245) belehnte er mit den Grafschaften Holstein, Stormarn und Ratzeburg. Der Staufer Friedrich II. (1194–1250) erteilte 1214 zu Metz seine Zustimmung zu den Eroberungen der Dänenkönige bis zu einer Linie entlang der Flüsse Elbe und Elde. Spätestens mit seinem Sieg in Estland 1219 war Waldemar dann unbestritten der mächtigste Herrscher im Ostseeraum. Doch geriet seine enorme Machtstellung mit einem Paukenschlag ins Trudeln: Denn am 7. Mai 1223 nahm sein Vasall Graf Heinrich I. von Schwerin (um 1155–1228) ihn und seinen gleichnamigen Sohn bei einem Jagdausflug auf der Insel Lyø gefangen und verschleppte beide nach Dannenberg an die Elbe. Es folgten langwierige Verhandlungen wegen der Freilassung des Königs, in die sich auch der ferne Stauferkaiser einschaltete. Doch immer wieder scheiterten die Verhandlungsanläufe, sodass schließlich Adolf IV., Sohn des aus Holstein vertriebenen Adolf III., und der mit ihm verwandte Bremer Erzbischof Gerhard II. (um 1190–1258) mit ihren Truppen Ende 1224 die Elbe überschritten, um Fakten zu schaffen. Unterstützt wurden sie vom Schweriner Grafen und dem Holsteiner Adel. Waldemars II. Statthalter Albrecht von Orlamünde stellte sich ihnen im Januar 1225 bei Mölln in den Weg, doch verlor er den Kampf und geriet ebenfalls in Gefangenschaft. Der König musste also, um endlich freizukommen, am 17. November 1225 in die schweren Bedingungen zu seiner Freilassung einwilligen, was vor allem ein enormes Lösegeld und die Rückgabe aller eroberten Gebiete beinhaltete. Tatsächlich kam er so am 21. Dezember 1225 frei. Sein Sohn erlangte zu Ostern 1226 seine Freiheit wieder.

Waldemar II. wollte sich mit der neuen Situation aber nicht abfinden und sann auf eine Revision der neuen Verhältnisse, wozu er sich sogar der Zustimmung des Papstes in Rom versicherte. Noch im Herbst 1226 startete er dann einen Feldzug zur Rückeroberung Nordelbiens. Im darauffolgenden Frühjahr vereinigte er seine Truppen mit einem Kontingent seines Neffen, des Welfen Otto I. ›des Kindes‹ von Braunschweig (1204–1252), der schon 1225 bei Mölln mitgekämpft hatte. Zwischenzeitlich hatte sich eine starke Koalition unter der Führung Herzog Albrechts I. von Sachsen (um 1175–1260/61) gebildet, die sich in Lübeck zum Schlag gegen den Dänenkönig rüstete. Der König zog also mit seinem Heer in den Raum von Bornhöved, um dort seine Feinde zu erwarten. Und tatsächlich stießen die gegnerischen Heere am 22. Juli 1227 hier zur Entscheidungsschlacht aufeinander. Unsere Kenntnisse zum Schlachtverlauf sind schütter, weil die zeitgenössischen Quellen wenig Konkretes liefern. Sicher ist nur, dass Waldemar den gewaltigen Kampf verloren hat.

Darstellung der Schlacht von Bornhöved in der Lübecker Chronik, die Heinrich Rehbein (†1629) während seiner Lebenszeit verfasste. Rechts oben verlässt der besiegte dänische König fluchtartig das Schlachtfeld

Alle weiteren Details entstammen späteren Berichten und sind alles andere als gesichert. Der Lübecker Chronist Detmar (†um 1395) schreibt etwa, dass »nie ein größerer Streit« im Land ausgetragen worden sei. Ausführlicher äußert sich Hermann Korner (um 1365–1438), ebenfalls Chronist aus Lübeck, in seinem Geschichtswerk – 200 Jahre nachdem die Schlacht geschlagen wurde. Er berichtet von einem Seitenwechsel der Dithmarscher zugunsten der Lübecker. Erstmalig war davon bereits in den mittelalterlichen Annalen des Rudeklosters die Rede gewesen. Außerdem beschreibt der Chronist ein göttliches Wunder: Eine Frauengestalt habe sich zwischen die Sonne und die durch sie geblendeten Lübecker gestellt und die Sonnenstrahlen gegen die Dänen gekehrt, was den Ausgang der Schlacht mitentschieden habe.

So weit also das vage Schlachtgeschehen. Warum aber hatte dieses nun weltgeschichtliche Bedeutung? Jetzt wurde Otto ›das Kind‹, Waldemars Neffe, gefangen genommen. Das bedeutete nach der schweren Niederlage von Kaiser Otto IV. (1175/76–1218) bei Bouvines 1214 eine zweite militärische Katastrophe für die welfische Sache. Doch zog Otto in seiner Gefangenschaft seine Lehren aus der Niederlage und schloss mit dem Stauferkaiser seinen Frieden, was dazu führte, dass er von diesem 1235 zum Herzog von Braunschweig erhoben wurde – ein Meilenstein in der Geschichte des Welfenhauses und in der Verfassungsgeschichte des Reiches. Die siegreichen Lübecker sollen nach der Schlacht zurück nach Lübeck gezogen sein und die Stadtburg als Ort der dänischen Besatzung geschleift haben. Stattdessen stifteten sie das Burgkloster zu Ehren der Heiligen Maria Magdalena, der sie den Sieg zu verdanken glaubten. Darin zogen Dominikaner ein, die fast zeitgleich mit den Franziskanern als Vertreter der hochmodernen Bettelorden nach Lübeck gelangt waren. Der ganze Vorgang steht für die damalige Ausdifferenzierung des Klosterwesens in Qualität und Quantität wie auch die Stiftung eines Maria-Magdalenen-Klosters in Hamburg durch den erst von der frühneuzeitlichen Chronistik zum eigentlichen Schlachtensieger gemachten Grafen Adolf IV. Die Klöster waren neben Stadt- und Dorfgründungen fester Bestandteil des intensivierten Landesausbaus unter Schauenburger Ägide, der ihnen fortan die Herrschaft bis zu ihrem Aussterben im Mannesstamm 1459 sicherte. Mit der Schlacht bei Bornhöved endete zumal die Expansionspolitik Waldemars II. Dies brachte sinnbildlich die Ehe von Waldemars II. Sohn Abel (1218–1252) mit Mechthild von Holstein (1220/25–1288), der Tochter seines ehemals erbitterten Feindes Adolf IV., zum Ausdruck. Der Deutsche Orden wiederum vermochte vom Zusammenbruch der dänischen Machtstellung zu profitieren und sich nun ohne lästige Konkurrenz im Baltikum machtpolitisch voll zu entfalten. Mit seinem Aufstieg zur Vormacht im östlichen Ostseeraum hing derjenige Lübecks zum »Haupt der Hanse« eng zusammen: Schon 1226, ein Jahr vor Bornhöved, hatte der Kaiser im fernen Italien Lübeck die Reichsfreiheit verliehen und nahezu zeitgleich in der Goldbulle von Rimini dem Deutschen

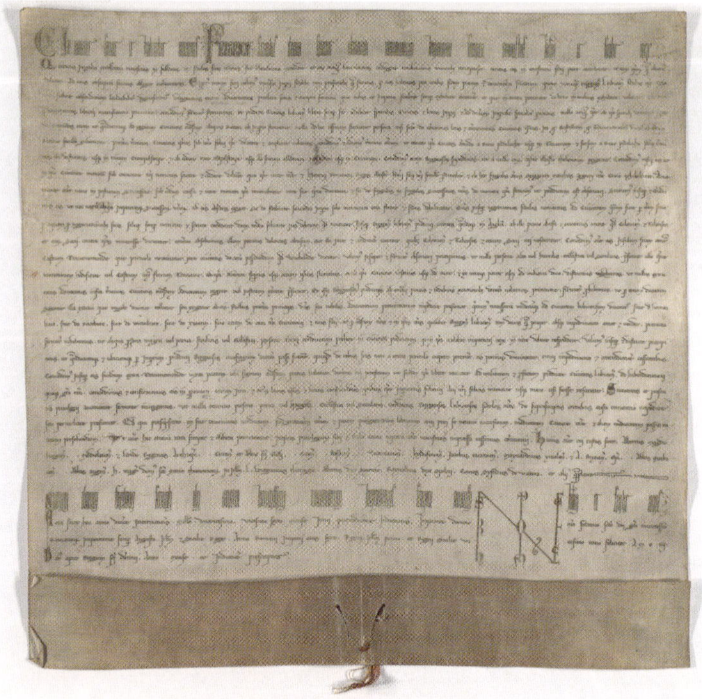

Reichsfreiheitsbrief für Lübeck von 1226. Kaiser Friedrichs II. angehängte Goldbulle ging verloren

Orden die Landeshoheit über das im Baltikum zu erobernde Land gewährt.

Lübeck hatte jetzt den fernen Kaiser als Stadtherrn. Überhaupt fehlte es fortan an einer starken Hegemonialmacht im Norden des Reiches. Dieses Fehlen machte den Holsteiner Grafen einen fürstengleichen Auf- und Ausbau ihrer Territorialmacht möglich. Ihr Machtbereich stand nicht länger unter einer permanent übermächtigen Bedrohung aus dem Norden. Vielmehr konnten sie längerfristig den Spieß umdrehen und wirksam Dänemark bedrohen, bis Graf Gerhard III. (um 1293–1340) dieses als »Tutor« komplett steuerte und mit seinem Vetter Johann III. von Holstein-

Plön (†1359) teilte. Im Zuge dessen sicherten sich die Schauenburger ab 1326/86 den Zugriff auf das zwischen Dänemark und Holstein liegende Herzogtum Schleswig. Anders als so oft behauptet, war die Schlacht von Bornhöved eines aber nicht: eine Auseinandersetzung zwischen Deutschen und Dänen als Angehörige zweier miteinander verfeindeter Nationen. Auf beiden Seiten kämpften vielmehr »Deutsche«. Zu erinnern ist an das Beispiel des Welfen Otto. Aber eine solche nationale Klassifizierung ist ohnehin anachronistisch in einer Zeit, die noch gar keine Nationen, dafür aber europaweit vernetzte Dynastien kannte. Die Welfen sind das beste Beispiel für eine durch und durch europäische Dynastie.

Apropos europäische Dynastie: Wegen seiner weitverzweigten dynastischen Verbindungen hat Otto von Bismarck (1815–1898) das Haus Sachsen-Coburg-Gotha, dem der zu Beginn des Kapitels genannte Prinzgemahl Albert entstammte, einmal despektierlich als »Gestüt Europas« tituliert. Etwas besser kam demgegenüber Christian IX. (1818–1906) aus dem jüngeren Haus Glücksburg weg, dem der Beiname »Schwiegervater Europas« zugelegt wurde. Inhaltlich handelte es sich aber um denselben Sachverhalt: Die Glücksburger waren durch eine überaus geschickte dynastische Heiratspolitik mit den bedeutendsten Königshäusern Europas verwandt oder verschwägert. Das namensgebende Schloss ist als Stammschloss des dänischen, norwegischen und griechischen Königshauses anzusehen.

Die Anfänge der Glücksburger Herzogsdynastie reichen in die zweite Hälfte des 16. Jahrhunderts zurück, als König Friedrich II. von Dänemark (1534–1588) im Jahr 1564 ein Drittel seiner Herrschaftsanteile an Schleswig und Holstein an seinen Bruder Hans den Jüngeren (1545–1622) abtrat. Da die schleswig-holsteinischen Stände diesem die Huldigung verweigerten, weil sie nicht noch einen weiteren Herzog in den Landen wünschten, der an der Gemeinschaftlichen Regierung beteiligt war, wurden aus ihm und seinen Nachfahren sog. abgeteilte Herren. Das hielt Hans aber nicht davon ab, sich aus den Steinen des zur Reformationszeit auf-

Schwiegervater Europas: Porträt Christians IX. (1818–1906)

Schloss Glücksburg

gelösten Zisterzienserklosters Rude unweit von dessen Standort mithilfe des Baumeisters Nikolaus Karies zwischen 1582 und 1587 ein prächtiges Wasserschloss im Stil der Renaissance zu errichten.

Über dem Portal ließ Hans die Buchstaben GGGMF anbringen, was für seine Devise »Gott gebe Glück mit Frieden« steht und den Namen ›Glücksburg‹ erklärt. Anders als in seiner Politik gegenüber den schleswig-holsteinischen Ständen war Hans innerhalb seiner Familie in der Tat großes Glück beschert, denn seine beiden Gemahlinnen gebaren ihm elf Söhne und zwölf Töchter. Letztere konnte er gut verheiraten; seine überlebenden vier Söhne versorgte er durch die weitere Teilung seines Besitzes ebenfalls standesgemäß. Diese Teilung legte wiederum den Grundstein für die Linien und Kleinstherzogtümer Sonderburg, Plön, Norburg, Glücksburg, Augustenburg und Beck. König Friedrich VI. von Dänemark (1768–1839) belehnte den Mann seiner Cousine und Schwägerin, Herzog Wilhelm zu Schleswig-Holstein-Beck (1785–1831), 1825 mit Glücksburg. Die ältere Glücksburger Linie war 1779 im Mannesstamm erloschen, und so wurde Wilhelm zum Stammvater der jüngeren Glücksburger Linie. Sein Sohn Christian heiratete 1842 Louise (1817–1898), eine Tochter des königlichen Statthalters Carl von Hessen-Kassel (1744–1836) und Cousine König Friedrichs VII. (1808–1863). Die Verbindungen zum dänischen Königshaus wurden so noch enger. Diesen Christian bestimmten die europäischen Großmächte dann auf Vorschlag des russischen Zaren und nach dem Einlenken des kinderlosen Friedrich VII. im Zweiten Londoner Protokoll von 1852 zur Regelung des Fortbestands des dänischen Gesamtstaates zu seinem Nachfolger, weswegen Christian auch als »Protokollprinz« tituliert wurde. Er verdankte die Aussicht auf den Königsthron also – und dies ist hier entscheidend – dem Zusammenspiel und Konsens der internationalen Großmächte Großbritannien, Frankreich, Russland, Österreich und Preußen. Als der dänische Monarch dann im November 1863 auf seinem Lieblingsschloss Glücksburg, das ihm die damit belehnte Beck'sche Herzogsfamilie *nolens volens* zur Verfügung hatte stellen müssen, verstarb, trat der Erbfall tatsächlich in diesem Sinne ein, und der »Protokollprinz« bestieg als Christian IX. den Thron. Die sechs Kinder aus seiner Ehe mit Louise von Hessen wurden sämtlich prominent verheiratet: Friedrich (VIII.) (1843–1912) ehelichte Louise von Schweden-Norwegen (1851–1926), Alexandra (1844–1925) Eduard VII. von Großbritannien (1841–1910), Georg (1845–1913) wurde König von Griechenland und heiratete Olga Konstantinowna (1851–1926) aus dem Hause Romanow, Dagmar (1847–1928) erhielt den russischen Zaren Alexander III. (1845–1894) zum Gemahl, Thyra (1853–1933) den Welfenprinzen Ernst August von Hannover (1845–1923) und Waldemar (1858–1939) Marie von Orléans (1865–1909), eine Urenkelin des letzten französischen Königs Louis Philippe (1773–1850). Kein Wunder also, dass Christian IX. als »Schwiegervater Europas« galt.

Indes waren bereits die mit dem dänischen Königshaus und den abgeteilten Herren nah verwandten Gottorfer Herzöge von Schleswig und Holstein überaus erfolgreiche dynastische Netzwerker. In dem im 17. Jahrhundert eskalierenden Streit um die Souveränität ihrer Herrschaftsanteile an Schleswig hatten sie sich politisch wie dynastisch eng, ja geradezu auf Gedeih und Verderb an das schwedische Königshaus angelehnt, das wiederum mit dem dänischen strikt verfeindet war und um die Hegemonie im Ostseeraum rang. Der langwierige Konflikt, der auch andere europäische Mächte zum diplomatischen oder militärischen Eingreifen veranlasste und immer wieder landfremde Truppen in die Lande führte – so trug die Stationierung polnischer Truppen der gewaltsamen Auseinandersetzung von 1658/59 im Volksmund den Namen ›Polackenkrieg‹ ein – kulminierte im Großen Nordischen Krieg, der in den Jahren zwischen 1700 und 1721 weite Teile Nord-, Mittel- und Osteuropas in seine Mitleidenschaft zog. Auch Schleswig-Holstein wurde Schauplatz der heftigen Kämpfe. So feuerten dänische Truppen im Frühjahr 1700 allein auf die Festung Tönning 30000 Granaten ab. Im Frieden zu Frederiksborg vom Juli 1720 konnte sich der dänische König schließlich den Besitz auch der Gottorfer Anteile am Herzogtum Schleswig sichern, was wiederum Großbritannien und Frankreich vertraglich garantierten. Gottorf ging für die Gottorfer dauerhaft verloren! Dieser herbe Verlust veranlasste jene in der Folge zu einer politischen Neuorientierung in Richtung Russland, die schon 1714 eingeleitet worden war und schließlich 1725 in die Eheschließung Carl Friedrichs (1700–1739) mit Anna Petrowna (1708–1728) aus dem Hause Romanow, Tochter Zar Peters ›des Großen‹, mündete.

Im Ehevertrag sicherte das Zarenhaus dem Gottorfer seine Unterstützung bei der Realisierung seiner Ansprüche auf den schwedischen Königsthron und der Wiedererlangung seines verlorenen Schleswiger Besitzes zu. Die seinerzeit zudem avisierte Hochzeit zwischen dem Gottorfer Karl August (1706–1727) mit Elisabeth Petrowna (1709–1762), einer weiteren Tochter Zar Peters, kam nicht zustande, weil der ebenfalls nach Russland gereiste Bräutigam vorher an den Pocken verstarb. Allerdings zeigte sich Elisabeth, die seither unverheiratet blieb, dem Herkunftshaus ihres Verlobten weiterhin zugetan und erkor den Sohn ihrer Schwester Anna, ihren Neffen Karl Peter Ulrich (1728–1762), sogar zu ihrem

Gemälde eines unbekannten Malers von Anna Petrowna (1708–1728) um 1725

Erben und Nachfolger. So holte sie ihn, der seine beiden Eltern 1727 bzw. 1739 verloren hatte, aus Holstein nach St. Petersburg und ernannte ihn zum Großfürsten. Nach Elisabeths Tod wurde der in Kiel geborene Gottorfer 1762 dann tatsächlich russischer Zar und nannte sich Peter III. Sofort sorgte er als glühender Bewunderer König Friedrichs II. ›des Großen‹ (1712–1786) für ein

Ende russischer Kriegshandlungen, was in Preußen als »Mirakel des Hauses Brandenburg« gefeiert wurde, da dieser Schritt es vor Niederlage und Untergang im Siebenjährigen Krieg (1756–1763) bewahrte. Stattdessen befahl er seinen Truppen die Kehrtwendung gegen Dänemark, das ihm zutiefst verhasst war. Allerdings kam es doch nicht zu einem neuen Krieg, da Peter III. vorher, nach nur sechsmonatiger Regierung, gestürzt wurde, woran seine eigene Frau Katharina nicht unbeteiligt war. Katharina, die selbst eine Gottorferin zur Mutter hatte, übernahm darauf die Alleinregierung im Zarenreich. Ihr Sohn Paul (1754–1801) wurde 1762 Herzog von Holstein-Gottorf. 1773 verzichtete er im Tauschvertrag von Zarskoje Selo zugunsten des dänischen Königs auf das Herzogtum. Die dagegen eingetauschten Grafschaften Oldenburg und Delmenhorst reichte Paul auf Drängen seiner Mutter gleich an seine Verwandten, die Fürstbischöfe von Lübeck aus dem Hause Gottorf, weiter, die im Jahr darauf vom Kaiser zu Herzögen von Oldenburg erhoben wurden. Paul übernahm nach Katharinas Tod 1796 die Regierung im Zarenreich. Sein Haus, dessen offizieller Name Romanow-Holstein-Gottorf lautet, sollte Russland bis 1917 regieren und, von Peter III. an gezählt, insgesamt sieben Zaren und eine Zarin stellen. Im Übrigen ist die russische Karriere der Gottorfer nur ein Aspekt ihrer dynastischen Erfolgsgeschichte. Denn in etwa zeitgleich, als man Karl Peter Ulrich an den Hof der Zarin Elisabeth holte, wurde sein Großonkel Adolf Friedrich (1710–1771) 1743 zum König von Schweden gewählt, als welcher er dann 1751 den Thron bestieg. Sein Haus sollte noch bis 1818 die schwedische und von 1814 bis 1818 auch die norwegische Königswürde innehaben.

Der 1773 aus der Taufe gehobene dänische Gesamtstaat, dessen integraler Bestandteil die Herzogtümer Schleswig und Holstein waren, geriet durch den im Zuge der Aufklärung und der Französischen Revolution aufkommenden Nationalitätenkonflikt in eine immer stärkere Krise, die sich 1848 in der Schleswig-Holsteinischen Erhebung erstmalig gewaltsam entlud. Der anfängliche Regionalkonflikt nahm rasch internationale Dimensionen an, da preußische Truppen die Schleswig-Holsteiner militärisch unterstützten und die Düppeler Schanzen sowie die Städte Kolding und Vejle eroberten. Als Reaktion wurden jetzt auch andere Großmächte aktiv. Speziell auf Druck Russlands und unter Vermittlung Großbritanniens ließ sich Preußen im Sommer 1849 – zur Empörung der Schleswig-Holsteiner – auf einen Waffenstillstand mit Dänemark ein, der auf nochmaliges russisches Drängen im Juli 1850 durch den Berliner Frieden abgelöst wurde. Im Ersten Londoner Protokoll, das einen Monat später verabschiedet wurde, anerkannten die außerdeutschen Großmächte zusammen mit Dänemark und Schweden die Integrität des Gesamtstaates, worin nachgehend auch Österreich einwilligte. Der Versuch der Schleswig-Holsteiner, den Kampf gegen die dänische Herrschaft auf eigene Faust fortzusetzen, scheiterte mit der Niederlage bei Idstedt am 25. Juli 1850, obwohl die Dänen fast doppelt so viele Tote und Verwundete zu beklagen hatten. Aus Angst vor Russland und England fielen die beiden deutschen Großmächte Österreich und Preußen den Schleswig-Holsteinern nun vollends in den Rücken, indem sie deren Unterwerfung forderten. Am 8. Mai 1852 wurde dann das bereits erwähnte Zweite Londoner Protokoll verabschiedet, in dem die europäischen Großmächte Großbritannien, Frankreich, Russland, Österreich und Preußen sowie Dänemark und Schweden-Norwegen nochmals die Integrität des dänischen Gesamtstaates als »europäische Notwendigkeit und ständiges Prinzip« garantierten und den Glücksburg-Becker Prinzen Christian zum Nachfolger des kinderlosen Königs Friedrich VII. erkoren. Auch wurde die Aufrechterhaltung der Herzogtümer als eigenständige Einheiten und deren Gleichstellung im Rahmen des Gesamtstaates versichert. Schleswig sollte also nicht stärker mit Dänemark verbunden werden als Holstein oder gar in selbiges inkorporiert werden. Die Schleswig-Holsteinische Erhebung war endgültig an den Interessen und dem Kräftespiel der Großmächte gescheitert.

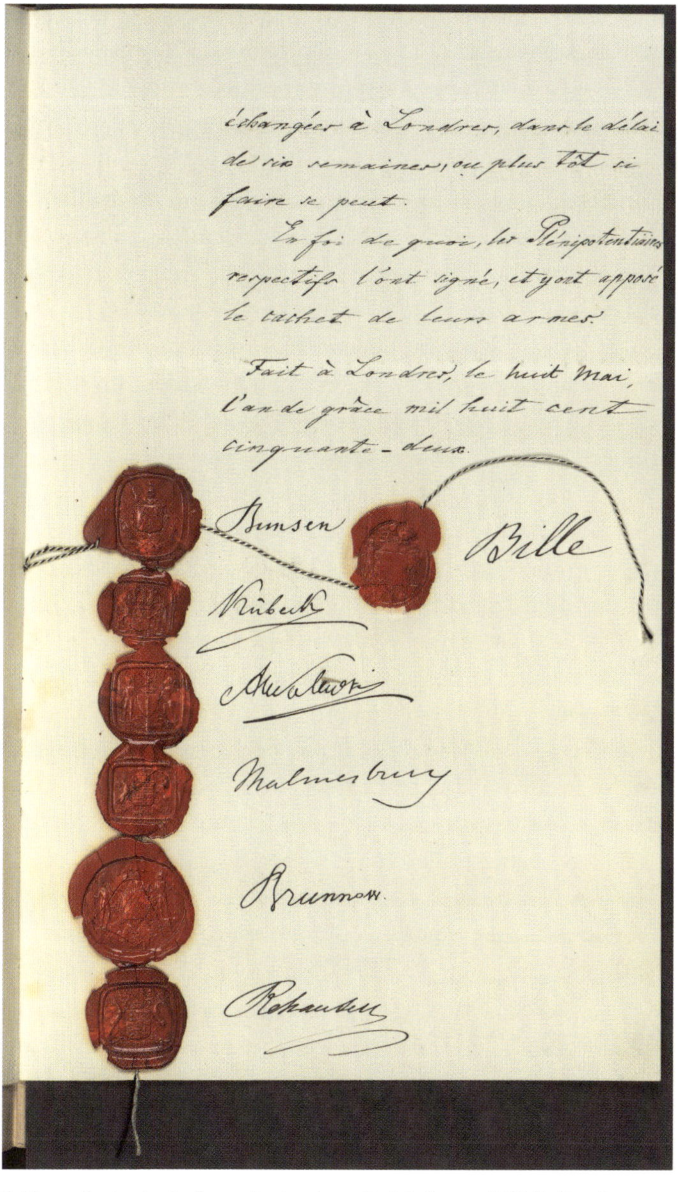
échangées à Londres, dans le délai de six semaines, ou plus tôt si faire se peut.

En foi de quoi, les Plénipotentiaires respectifs l'ont signé, et y ont apposé le cachet de leurs armes.

Fait à Londres, le huit Mai, l'an de grâce mil huit cent cinquante-deux.

Bunsen

Bille

Kübeck

A. Walewski

Malmesbury

Brunnow

Rehausen

Schlussseite der Ausfertigung des Londoner Protokolls von 1852 für Preußen

Genau an der weiter neuralgischen Frage einer stärkeren Anbindung Schleswigs an Dänemark sollte sich der Deutsch-Dänische Krieg von 1864 entzünden. Kaum dass er den dänischen Thron 1863 bestiegen hatte, musste Christian IX. unter dem Druck der öffentlichen Meinung in Dänemark die sog. Novemberverfassung unterzeichnen, die genau eine solche nähere Anbindung bei gleichzeitiger Aussonderung Holsteins aus dem Gesamtstaat vorsah. Die Befürchtung, dies werde zwangsläufig einen Konflikt mit den deutschen Großmächten hervorrufen, wurde von der Hoffnung überwogen, dass die anderen europäischen Großmächte nochmals zugunsten Dänemarks eingreifen würden. Im Februar begann der Krieg, als preußische und österreichische Truppen die Eider überschritten.

Bereits vor Kriegsbeginn hatte Großbritannien den Konfliktparteien seine Vermittlung offeriert. Die britische Regierung unter Premierminister Palmerston wünschte die Eröffnung eines Kongresses der Signatarmächte des Londoner Protokolls von 1852. Am 12. Januar 1864 legte Großbritannien Dänemark nahe, eine Vermittlerrolle der europäischen Großmächte zu erbitten. Die britische Regierung selbst war dabei in der Frage, wie in dem Konflikt zu verfahren sei, tief gespalten: Palmerston nahm eine prodänische Haltung ein und dachte sogar an ein militärisches Eingreifen; er konnte sich aber nicht gegen die Friedenspartei um Queen Victoria, die eine neutrale Position bevorzugte, durchsetzen. Frankreich hielt sich zurück, da sein Kaiser, Napoleon III. (1808–1873), an einer Annäherung an Preußen interessiert war. Russland verhielt sich ebenfalls neutral oder gar propreußisch, denn Preußen hatte es gerade erst Anfang 1863 während des Polnischen Aufstands unterstützt. Obwohl es nicht gelang, seitens der genannten Mächte eine Einigung über eine gemeinsame Verhandlungsgrundlage zu erzielen, lud Großbritannien also zu einer neuerlichen Konferenz ein, die die Herbeiführung eines dauerhaften Friedens zum Ziel haben sollte. Tatsächlich fand selbige dann vom 25. April bis zum 25. Juni 1864 in London statt. Doch sie führte zu keinem konkreten Ergebnis. Nicht zuletzt hatte sich die dänische Delegation strikt gegen eine Teilung Schleswigs als eine mögliche Lösung des Nationalitätenproblems gewehrt, weswegen Lord Clarendon (1800–1870), einer der britischen Verhandlungsführer, sie für das Scheitern verantwortlich machte: »Die Dänen waren eigensinnig. Sie sind die schwierigsten Leute, mit denen ich zu tun gehabt habe und für die ich etwas tun sollte. Sie benehmen sich wie kleine Prokuratoren, die plötzlich Minister geworden und Krämer geblieben sind.« So kam es, dass am 26. Juni 1864 die Kampfhandlungen wieder aufgenommen wurden. Da die militärische Lage aussichtslos war, musste sich die dänische Regierung am 18. Juli 1864 in einen zweiten Waffenstillstand fügen. Schon am 1. August wurde darauf der Vorfrieden von Wien unterzeichnet, den der Friedensschluss von Wien am 30. Oktober 1864 weitestgehend bestätigte. In der Folge hatte Dänemark die Herzogtümer Schleswig, Holstein und Lauenburg vollständig an Österreich und Preußen abzutreten. Nur zwei Jahre später musste dann auch Österreich nach verlorenem Krieg im Prager Frieden alle Rechte an Schleswig und Holstein an Preußen abtreten. Immerhin fand sich Preußen auf Drängen Frankreichs zur Aufnahme eines Artikels (Nr. 5) in den Friedensvertrag bereit, wonach »die nördlichen Distrikte von Schleswig, wenn ihre Bevölkerung durch freie Abstimmung den Wunsch zu erkennen gibt, mit Dänemark vereinigt zu werden, an Dänemark abgetreten werden soll[t]en«. Die Berücksichtigung des Prinzips des Selbstbestimmungsrechts der Völker war neu. Die dänische Seite betrachtete den fünften Artikel als Verpflichtung Preußens gegenüber der dänischen Bevölkerung in Nordschleswig. Rund 50 Jahre später sollte er bei den Versailler Friedensverhandlungen wieder zur Sprache kommen.

Zuvor aber war Schleswig-Holstein 1890 von einem internationalen Abkommen betroffen, das als Helgoland-Sansibar-Vertrag bekannt wurde. Darin verzichtete Deutschland gegenüber Großbritannien nicht nur auf das Protektorat Sansibar mit Nebeninseln vor der Küste Ostafrikas, sondern auch auf allen Kolonialbesitz und sämtliche Ansprüche in Witu- und Somaliland sowie Uganda. Im Gegenzug anerkannten die Briten Deutsch-Ostafrika als Kolonie des Deutschen Reiches. Zugleich wurden Grenzregulierungen in Zusammenhang mit den anderen deutschen Afrika-Kolonien in Togo, Kamerun und Südwestafrika (Namibia) vereinbart. Im Artikel XII des Vertrags trat Großbritannien zudem die Nordseeinsel Helgoland, die es seit 1807 in seiner Hand hielt, an das Deutsche Reich ab. Helgoland nahm nach Ansicht der deutschen Militärstrategen eine Schlüsselposition bei der Sicherung der Weser- und Elbmündung sowie des Kaiser-Wilhelm-Kanals ein und galt dementsprechend als wichtiger Baustein beim seinerzeit forcierten Ausbau der deutschen See- und Großmachtstellung. Begleitet wurde diese Strategie von einer seit dem frühen 19. Jahrhundert vorhandenen Helgoland-Begeisterung, die anfangs noch gar nicht national aufgeladen gewesen war, seit der Reichsgründung 1871 aber auf die zentrale Forderung hinauslief, dass die Insel deutsch werden müsse. Aber es gab durchaus auch kritische Stimmen wegen des Tauschs wie die des Kolonialpioniers Carl Peters (1856–1918), der meinte, man habe die »Badewanne« Helgoland gegen die drei Königreiche Witu, Uganda und Sansibar getauscht. Auch Bismarck stufte den Gewinn Helgolands als zu teuer erkauft ein. Am 2. Dezember 1890 jedenfalls wurde Deutschlands einzige Hochseeinsel Schleswig-Holstein angegliedert. Der Vertrag ist, wie gesagt, mit dem seinerzeitigen Streben nach deutscher Weltmacht in Verbindung zu setzen. Man wünschte sich einen »Platz an der Sonne«. Damit in Zusammenhang stand ein zeitnah einsetzendes maritimes Wettrüsten, denn Kaiser Wilhelm II. meinte, Deutschlands Zukunft liege auf dem Wasser. Mit einem großangelegten Flottenbauprogramm wollte man erreichen, dass Großbritannien, die Seemacht Nr. 1 weltweit, im Streitfall einen Krieg mit Deutschland als für zu riskant einstufe, bestenfalls sich sogar zu einem Bündnis bereitfinde. Das Wettrüsten, das nun längst nicht nur Deutschland und Großbritannien betraf, sondern in der Folge weltweit den militärischen Schiffbau ankurbelte, hatte spürbare Auswirkungen auf

Schleswig-Holsteins Infrastruktur. Denn letztlich sind der 1895 eröffnete Nord-Ostsee- oder Kaiser-Wilhelm-Kanal, die Großwerftindustrie am Kieler Ostufer, überhaupt das rasante Wachstum des Reichskriegshafens und der Stadt Kiel, aber auch der Ausbau von Flensburg-Mürwik oder des Hafens von Sonderburg darauf zurückzuführen. Selbst die Gründung des Instituts für Seeverkehr und Weltwirtschaft zum 25-jährigen Thronjubiläum des Kaisers in Kiel 1913 verdankt sich diesem eigentlich doch recht bedenklichen Horizont.

Die Nordschleswig-Klausel des Prager Friedens war 1878 durch Vertragsschluss zwischen Preußen und Österreich wieder aufgehoben worden. Dänemark selbst hatte die Grenzziehung entlang der Königsau im sog. Optantenvertrag vom Januar 1907 zum zweiten Mal nach dem Wiener Frieden von 1864 explizit anerkannt und auf die Prager Nordschleswig-Klausel ebenso ausdrücklich verzichtet. Für die deutsche Seite gab es von daher bis zum Herbst 1918 eigentlich keine »Nordschleswig-Frage« mehr. Tatsächlich vermied es das neutrale Dänemark in Befürchtung einer deutschen militärischen Reaktion während des Ersten Weltkrieges möglichst, das Thema Nordschleswig offiziell überhaupt anzusprechen. Das änderte sich allerdings, als die deutsche Niederlage immer wahrscheinlicher und zuletzt unausweichlich wurde. In einer auf den 17. Oktober 1918 datierten »ganz geheimen« Denkschrift riet Graf Ulrich von Brockdorff-Rantzau (1869–1928), der damalige deutsche Gesandte in Kopenhagen, daher der neuen Reichsregierung unter Reichskanzler Prinz Max von Baden (1867–1929), die Lösung der Nordschleswig-Frage selbst in die Hand zu nehmen, bevor die Feinde Deutschlands diese zu seinen Ungunsten entscheiden würden. Der genannte Reichskanzler hatte am 4. Oktober 1918 die Entente um einen Waffenstillstand ersucht und um Friedensverhandlungen auf der Grundlage der 14 Punkte gebeten, die der amerikanische Präsident Woodrow Wilson (1856–1924) im Januar 1918 formuliert hatte. Ein zentraler Aspekt des Wilson'schen Programms war die Gewährleistung des Selbstbestimmungsrechts der Völker bei einer künftigen Friedensordnung gewesen. Nordschleswig kam in Wilsons 14 Punkten – anders als Elsass-Lothringen – indes nicht direkt vor. Brockdorff-Rantzau zufolge seien die Ententemächte, Deutschlands Kriegsgegner, fest entschlossen, Nordschleswig an Dänemark zu geben. Er empfahl daher, sich durch eine bilaterale Lösung mit Dänemark eine peinliche Verhandlung mit den Ententemächten zu ersparen und die offenkundig unvermeidbare Abstimmung räumlich möglichst zu minimieren, d.h. auf die tatsächlich mehrheitlich dänisch bewohnten Bezirke Nordschleswigs zu beschränken. Wie man weiß, hatte ihn kurz zuvor der dänische Außenminister Eric Scavenius (1877–1962) darauf hingewiesen, dass nationalistische dänische Kreise beabsichtigten, die Ententemächte über die Zukunft Nordschleswigs entscheiden zu lassen. Nur auf den ersten Blick war sich Brockdorff-Rantzau in seinem Vorschlag einer Abstimmung auf bilateraler Grundlage mit dem dänischen Reichstagsabgeordneten Hans Peter Hanssen (1862–1936) einig. Hanssen berief sich auf die Erklärung im sog. Stockholmer Manifest der Sozialistischen Internationale von 1917, die bezüglich Nordschleswig eine gütliche Lösung durch Einvernehmen der beteiligten Staaten auf Grundlage einer Grenzberichtigung und nach Befragung der Bevölkerung verlangt hatte, sowie auf die 1878 revidierte Nordschleswig-Klausel des Prager Friedens. Selbstbewusst forderte Hanssen in diesem Sinne am 23. Oktober 1918 im Reichstag als »Repräsentant für die dänische Bevölkerung in Nordschleswig im Namen des Rechts und der Gerechtigkeit die Ausführung des Prager-Friedens § 5 und damit durch den bevorstehenden Friedensschluss die endgültige Lösung der Nordschleswig-Frage auf Grundlage des Selbstbestimmungsrechts«.

Die Entente hatte indes klargestellt, dass alle territorialen Verschiebungen deutschen Territoriums – auch zugunsten neutraler Staaten – nur im Kontext der Friedensverhandlungen mit der Entente in Versailles verhandelt werden könnten. Insofern verabschiedete sich die dänische Seite im Herbst 1918 von der von den Deutschen favorisierten bilateralen Lösung, zumal einflussreiche dänische Kreise angesichts der sich abzeichnenden deutschen Niederlage immer weitgehendere Abtretungswünsche hegten, die man nur mithilfe der Entente realisieren zu können glaubte. Die verantwortliche Kommission einigte sich schließlich auf eine erste Abstimmungszone von der Königsau bis zur heutigen Staatsgrenze, in der *en bloc*, und auf eine zweite im nördlichen Mittelschleswig mit Flensburg, in der terminlich etwas versetzt gemeindeweise abgestimmt werden sollte, ja sie fügte dem Versailler Vertragsentwurf sogar noch eine dritte südlich daran anschließende Abstimmungszone hinzu. Brockdorff-Rantzau, mittlerweile erster Außenminister der ersten Republik auf deutschem Boden, erklärte in einer diplomatischen Note vom 13. April 1919, die deutsche Friedensdelegation könne nicht einsehen, mit welchem Recht die Ententemächte die deutsch-dänische Grenzfrage zum Gegenstand der Friedensverhandlung machten. Umso entsetzter war die deutsche Seite dann natürlich, als ihr am 7. Mai 1919 der Entwurf des Versailler Friedensvertrages überreicht wurde und sich darin – in der Gewichtung sämtlicher vertraglicher Bestimmungen im Übrigen sicher nur von nachgeordneter Bedeutung – die erwähnte Ausdehnung des Abstimmungsgebiets bis nach Südschleswig wiederfand, wovon in den bilateralen Gesprächen bislang nie die Rede gewesen war. Der deutsche Protest gegen das Vertragswerk insgesamt und auch bezüglich der Nordschleswig-Frage fruchtete nichts. Zwar wurde auf eine Abstimmung in Südschleswig verzichtet. Doch geschah dies aufgrund der strikten dänischen Ablehnung, was die Briten und Amerikaner unterstützten und gegenüber der französischen Seite durchsetzten. Für die deutsche Regierung und die deutsche Seite insgesamt war die Abstimmung so, wie sie dann im Februar und März 1920 gemäß dem am 28. Juni 1919 unterzeichneten und am 10. Januar 1920 in Kraft tretenden Friedensvertrag unter Aufsicht einer Interalliierten Abstimmungskommission vorgenommen wurde, »ein willkürliches Diktat der Entente« (Brockdorff-Rantzau).

Die Interalliierte Abstimmungskommission (Commission internationale de surveillance du plebiscite au Slesvig) von 1920 mit Paul Claudel, Oskar von Sydow, Charles Marling, John Charles Brudenell-Bruce und Thomas Heftye (von links nach rechts)

Auch wenn vielen Dänen die darauf vollzogene Grenzverschiebung nach Süden bis vor die Tore Flensburgs nicht weit genug ging, während sie für viele Schleswig-Holsteiner zu weitgehend war, verdankt sich der Abstimmung von 1920 eine bis in unsere Gegenwart fortbestehende Staatsgrenze – übrigens eine der ganz wenigen des Versailler Vertragswerks von 1919, die heute noch existiert.

6. Die Erkundung der Welt

Weltreisen und Expeditionen unter schleswig-holsteinischer Führung oder Beteiligung

Seefahrt, ökonomische Interessen, gewiss auch Abenteuerlust, wenn es sich um das Erreichen extremer geographischer Ziele handelte, und wissenschaftliche Neugier auf die Geheimnisse und Wunder weltweit gehen im Bereich der Expeditionsgeschichte eine enge Verbindung ein. An dieser Bereisung, Erkundung und Vermessung entfernter Länder und fremder Regionen auf der Welt hatten Menschen aus Schleswig-Holstein in der Vergangenheit einen regen Anteil. Und denkt man an die heutigen Forschungsreisen, die von Archäologen der Kieler Universität zwischen Skandinavien und dem nordpontischen Raum oder von Meeresbiologen des Geomar Helmholtz Zentrums für Ozeanforschung Kiel auf allen Weltmeeren durchgeführt werden, dann trifft diese Aussage für die Gegenwart noch immer zu. Angesichts der Verwendung physikalischer Messgeräte, die in Kiel konstruiert und 2011/12 bei der ›Curiosity‹-Expedition der NASA auf dem Planeten Mars eingesetzt wurden, geht sie mittlerweile über rein irdische Verhältnisse sogar hinaus.

Dabei waren zum Höhepunkt der Expeditionstätigkeit im 19. und beginnenden 20. Jahrhundert Kieler Wissenschaftler ganz unterschiedlicher Disziplinen auf Forschungsreisen. Der Ökonom und Zoologe Johann Christian Fabricius (1745–1808) unternahm in den 1760er und 1770er Jahren Erkundungsfahrten nach Frankreich, England und Norwegen. Karl August Möbius (1825–1908), seines Zeichens Experte auf dem Gebiet der Ökologie und Zoologie, reiste 1868/69 nicht nur nach Frankreich und England, sondern 1874/75 auch nach Mauritius und zu den Seychellen. Anatomie

Expedition AL533 des Forschungsschiffs ›Alkor‹ zu den Liparischen Inseln: Die ›Alkor‹, das Tauchboot ›Jago‹ und das Girona500-AUV ›Luise‹ vor der Insel Vulcano

und Natfurkunde waren die Forschungsfelder von Adolf Pansch (1841–1887), der an der Zweiten Deutschen Nordpolar-Expedition von 1869/70 teilnahm. Der Zoologe Friedrich Dahl (1856–1929) bereiste 1884/85 das Bismarck-Archipel, bevor er 1889 an der gleich noch ausführlicher zu berührenden Plankton-Expedition von 1889 teilnahm. Der Zoologe Ernst Vanhöffen (1858–1918) war 1892/93 bei einer Grönland-, 1898/99 einer Tiefsee- sowie 1901/03 einer Antarktis-Expedition dabei, sein Berufskollege Carl Heinrich Apstein (1862–1950) »nur« bei der genannten Tiefsee-Expedition. Ludwig Mecking (1879–1952), Geograph und Meteorologe, erforschte 1911/12 den Atlantischen, den Pazifischen sowie den Indischen Ozean und gelangte 1912/13 nach Japan, Spitzbergen und Afrika. Afrika, genauer Südafrika und Namibia (Deutsch-Südwestafrika) waren Reiseziele des Anthropologen und Zoologen Leonhard Schultze (1872–1955). Außerdem erforschte er 1910/11 Neuguinea und 1930 El Salvador. Auch den Humangeographen

Oskar Schmieder (1891–1980) verschlug es 1915 und 1920/25 nach Latein- sowie 1925/30 nach Nordamerika. Der jüngst ausführlicher erforschte Geologe Karl Gripp (1891–1985) unternahm Forschungsfahrten nach Spitzbergen (1925/27) und Grönland (1930). Forschungsreisen in die Türkei, nach Lappland, Schweden, Südamerika, Westafrika, in die Sowjetunion, nach Nepal und zu den Galapagos-Inseln sind ab 1932 für den Zoologen Wolf Herre (1909–1997) bezeugt. Die Ethnologin Katesa Schlosser (1920–2010) wiederum führte ab 1953 mehrere Forschungsreisen nach Afrika und in die Südsee durch.

Unter den Expeditionen, die Kieler Forscher unternahmen oder an denen sie beteiligt waren, stechen die bereits berührte Plankton-Expedition um den Expeditionsleiter Victor Hensen (1835–1924) von 1889 und rund 40 Jahre zuvor die erste Weltumseglung unter dänischer Regie, an der der Kieler Professor und Zoologe Wilhelm Behn (1808–1878) teilnahm, besonders hervor. Letztere ist auch unter dem Namen ›Galathea‹-Expedition bekannt. Eine 1831 gebaute Korvette der dänischen Marine – ›Galathea‹ –, mit der sie durchgeführt wurde, verlieh ihr den Namen.

Auf Wunsch König Christians VIII. (1786–1848) stach das Marineschiff mit 231 Seeleuten und Wissenschaftlern sowie 36 Kanonen an Bord am 24. Juni 1845 von Kopenhagen aus in See. Die Expedition sollte unter anderem die Ostindischen Inseln und die Nikobaren, die seinerzeit Teil des dänischen Kolonialreichs waren, erforschen, um Näheres über deren Flora und Fauna zum Nutzen von Landwirtschaft und Handel zu erfahren. Für die Expedition stand ein Budget von 500000 dänischen Reichstalern zur Verfügung, was immerhin einem Anteil von drei Prozent der jährlichen Steuereinnahmen entsprach. Unter den teilnehmenden Wissenschaftlern und Zeichnern befand sich ebengenannter Behn, ein gebürtiger Kieler, der in Göttingen und seiner Heimatstadt Medizin studiert und 1832 den Doktorgrad erworben hatte. Nachdem er sich 1834 in Paris aufgehalten hatte, wo er die damals bedeutendsten Sammlungen der Welt kennenlernte, war er 1837 zum außer-

Die 1831 gebaute dänische Korvette ›Galathea‹

ordentlichen Professor für Anatomie und Physiologie sowie zum Direktor des Instituts für Anatomie und des Zoologischen Museums in Kiel berufen worden. Auf seine Initiative hin erwarb die Universität den Warleberger Hof in der Kieler Altstadt, um dort ihr Zoologisches Museum einzurichten.

Die ›Galathea‹ steuerte zunächst Madeira an, wo sie vom 21. bis 27. Juli 1845 vor Anker ging. Darauf umsegelte sie den Süden Afrikas in Richtung Indien und lief der Reihe nach die dänische Niederlassung Tranquebar sowie Pondicherry, Madras und Kalkutta an. Unterstützt vom Dampfschiff ›Ganges‹, das in Kalkutta hinzugekauft worden war, hielt sich die ›Galathea‹ dann im Januar und Februar im Gebiet der Nikobaren auf. Danach ging es nach Penang, Singapur, Batavia und Manila weiter und von dort an die chinesische Küste mit Hongkong, Macau, Kanton, Amoy und Shanghai. Der Wunsch, auch in Japan landen zu dürfen, wurde von den dortigen Verantwortlichen verweigert. Erst 1853 wurde die seit den 1630er Jahren bestehende Abschließung Japans auf US-amerikanischen Druck aufgehoben. Also durchsegelte die ›Galathea‹ nun den Pazifischen Ozean. Anfang Oktober 1846 war Hawaii erreicht. Tahiti, Valparaíso, Callao und Lima waren die nächsten Stationen. Um Kap Hoorn herum fuhr die ›Galathea‹ weiter nach Buenos Aires, Montevideo, Rio de Janeiro und Bahia, von wo aus sie über den Atlantik nach Kopenhagen zurücksegelte. Ihren Heimathafen erreichte die Korvette am 24. August 1847. Bald 100 Behälter mit zoologischen, botanischen und geologischen Objekten und 21 Kisten mit ethnographischem Material brachte sie mit. Behn war freilich zu diesem Zeitpunkt längst nicht mehr an Bord. Er hatte in Cobija an der südamerikanischen Pazifikküste das Schiff verlassen, um auf eigene Faust den Kontinent auf dem Landweg zu durchqueren und dann über den Atlantik zu fahren. Auf der strapaziösen Reise legte er eine umfangreiche Vogelsammlung an. Durch das von ihm eingesammelte Material konnte der museale Bestand des Kieler Zoologischen Museums auf einen Schlag mehr als verdoppelt werden. Diese Sammlung ist bis heute nur teilweise erforscht, weil sich damals im dänischen Gesamtstaat mit dem Tod des Königs und der Schleswig-Holsteinischen Erhebung die Ereignisse überschlugen, sodass kein umfassender Expeditionsbericht niedergeschrieben wurde. Ein Großteil der von Behn gesammelten Vögel gelangte 1895 nach Berlin, wo sie der Ornithologe Erwin Stresemann (1889–1972) bearbeitete. In Kiel sind aber immer noch mehr als 500 Vogelserien und eine unerforschte Sammlung wirbelloser Meerestiere sowie auch Felle und Skelette von Säugetieren vorhanden. 1950 startete übrigens in würdigender Erinnerung an die Forschungsfahrt von 1845/47 eine zweite dänische ›Galathea‹-Expedition, die diesmal der Erforschung der Tiefsee galt und erneut bahnbrechende Ergebnisse zeitigte: Unter anderem konnten erstmalig Lebewesen unterhalb einer Wassertiefe von 10 000 m nachgewiesen werden. Behn selbst wurde noch im Jahr 1848 zum ordentlichen Professor für Anatomie und Zoologie ernannt. Im selben Jahr nahm ihn die Leopoldinisch-Carolinische Deutsche Akademie der Naturforscher (Leopoldina) als Mitglied auf; als deren Präsident wirkte er dann von 1870 bis 1878. Für seine Karriere hat sich seine Expeditionsteilnahme definitiv ausgezahlt.

1870 war in Kiel die Preußische Kommission zur wissenschaftlichen Untersuchung der deutschen Meere gegründet worden. Ihr gehörte der Kieler Meeresbiologe Victor Hensen an, der 1887 für die Gesamtheit der Organismen, die im freien Wasser leben und deren Schwimmrichtung von den Wasserströmungen bestimmt wird, die Sammelbezeichnung »Plankton« in den wissenschaftlichen Diskurs einführte. Hensen leitete 1889 die sog. Plankton-Expedition. Sie verfolgte das Ziel, eine qualitative und quantitative Bestimmung des Planktonvorkommens im Atlantik vorzunehmen, und war überhaupt die erste Forschungsreise, die sich schwerpunktmäßig diesen Mikroorganismen widmete. Forschungsgeschichtlich interessant ist die Reise auch, weil Hensen es schaffte, über 105 000 Mark an Fördermitteln für ihre Durchführung einzuwerben. Wird heute diese Einwerbung von Drittmitteln an den Hochschulen besonders großgeschrieben, so ging Hensen hier beispielgebend voran. Wie stark der auf das Meer fixierte deutsche Kaiser selbst an der Realisierung der Expedition interessiert war, zeigt die Tatsache, dass allein 70 000 Mark, also zwei Drittel dieser »Drittmittel«, aus dem kaiserlichen Dispositionsfonds stammten. Nicht alle Zeitgenossen hießen das gut. So schimpfte der Jenaer Professor Ernst Heinrich Philipp August Haeckel (1834–1919), ›der deutsche Darwin‹ (1809–1882), die Förderung sei »in's Wasser geworfenes Geld«. Er sprach der ganzen Forschungsreise ihren wissenschaftlichen Wert ab, denn die von Hensen angewandte Methode zur Bestimmung des Planktons sei völlig nutzlos, und die daraus gezogenen Schlussfolgerungen seien mithin verkehrt. Haeckel neigte nicht nur grundsätzlich zu Angriffen auf Wissenschaftlerkollegen, die ins Persönliche gingen; er fühlte sich gegenüber Hensen auch zurückgesetzt, weil 1881 sein

Reiseroute der Plankton-Expedition

eigener Antrag auf ein Reisestipendium für Planktonstudien auf Ceylon (Sri Lanka) – übrigens unter anderem wegen seiner Polemiken – von der Berliner Akademie der Wissenschaften abgelehnt worden war: damals wie heute also zutiefst menschliche Hinter- und Abgründe wissenschaftlichen Disputs. Konkret handelte es sich im Fall der Plankton-Expedition um das Verfahren, mittels eigens entworfener besonders engmaschiger Seidennetze Planktonstichproben aus einer Wassersäule von bis zu 200 m Tiefe herauszufiltern, dann Masse und Volumen des Fangs zu bestimmen und die Anzahl der gefangenen Organismen auszuzählen. Schließlich wurde mit statistischen Methoden die Menge und Zusammensetzung des Planktons im gesamten Atlantik errechnet.

Mit dem Dampfer ›National‹ stieß die Expeditionsgruppe am 15. Juli 1889 von Kiel aus in See. Vorbei an den Orkney-Inseln und der Südküste Grönlands ging es in die Gewässer vor Neufundland und dann weiter zu den Bermuda-Inseln. Von dort aus fuhr die ›National‹ bis zu den Kapverdischen Inseln und weiter bis zur Insel Ascension, die den südlichsten Punkt der Forschungsreise markierte. Jetzt steuerte das Forschungsschiff die brasilianische Küste an und erreichte in der zweiten Septemberhälfte das Amazonas-Delta. Hier lief es auf eine Sandbank auf, wobei sein Propeller beschädigt wurde. Nach dessen Reparatur begann am 8. Oktober die Heimreise, die wegen Antriebsproblemen nach nicht einmal zwei Wochen noch einmal bei den Azoren gestoppt wurde. Am 27. Oktober konnte die ›National‹ ihre Heimreise fortsetzen, die sie am 7. November 1889 wieder nach Kiel zurückführte. Insgesamt hatte sie viermal im Zickzackkurs den Atlantik durchkreuzt.

Anders als im Fall der ›Galathea‹-Expedition konnte das gewonnene Material diesmal intensiv ausgewertet werden. Zwischen 1892 und 1912 veröffentlichte Hensen die Ergebnisse in fünf Bänden mit 52 Einzellieferungen. Hensens Forschungsleistung war ein gewichtiger Baustein auf dem Weg zur Institutionalisierung einer renommierten Meeresforschung in Kiel, die 1937 in die Gründung eines eigenen Instituts für Meereskunde mündete. Zum 1. Januar 2004 wurde dieses Institut mit dem ebenfalls in Kiel vorhandenen geowissenschaftlichen Institut Geomar vereint, woraus dann Anfang 2012 das Geomar Helmholtz-Zentrum für Ozeanforschung Kiel wurde.

Kommt man auf die schleswig-holsteinischen Anteile an der allgemeinen Expeditionsgeschichte zu sprechen, so sind unbedingt noch zwei weitere Namen zu erwähnen, die wir bereits aus dem Kapitel über Reiseberichte kennen: Adam Olearius und Carsten Niebuhr. Der eine bereiste fremde Regionen der Welt bereits vor der Welterkundungseuphorie, die im Zeitalter der Aufklärung aufkam, der andere war ein Teil derselben.

Der aus Aschersleben stammende Adam Ölschläger oder

Oehlschlegel, woraus latinisiert eben Olearius wurde, trat nach seinem Studium der Theologie, Philosophie und Mathematik an der Universität Leipzig 1633 in die Dienste Herzog Friedrichs III. von Schleswig-Holstein-Gottorf ein. Dies war nach Dieter Lohmeier die Chance seines Lebens, denn er sollte kongenialer Partner des Herzogs in natur- und weltkundlichen, überhaupt in gelehrten Belangen werden. Gerade damals hatte der Herzog ambitionierte ökonomische Ziele, denn er strebte eine wirtschaftliche Verbindung nach Russland und noch weiter nach Persien an, um am weltweiten lukrativen Seidenhandel teilhaben zu können. Zu diesem Zweck stellte er eine Gesandtschaft unter der Leitung des Hamburger Kaufmanns Otto Brüggemann (1600–1640) und des herzoglichen Rats Philipp Crusius (1597–1676) zusammen, die am 6. November 1633 ihre lange Reise antrat. Es handelte sich um insgesamt 120 Teilnehmer; einer davon war genannter Olearius, der die Funktion eines Sekretärs wahrnahm. Mitte August 1634 erreichte die Gesandtschaft Moskau, wo sie mit Zar Michail Fjodorowitsch Romanow (1596–1645) nach Überreichung von zwölf Geschützen Verhandlungen wegen eines Handelsabkommens aufnahm.

Allerdings stellte dieser unrealistische Zollablösungsforderungen in einer Höhe von 600 000 Reichstalern, sodass die Gesandtschaft in ihrem Grundanliegen eigentlich erfolglos blieb. Doch unverdrossen plante man auf Gottorf, wohin ein Teil der Delegation am 6. April 1635 zurückgekehrt war – der Rest quartierte sich einstweilen in Reval (Tallinn) ein –, eine weitere Reise – diesmal an den persischen Hof, um nun mit diesem ein Handelsabkommen anzubahnen und gleichzeitig ein Bündnis gegen die türkischen Osmanen zu schließen, die seinerzeit das christliche Europa immer stärker bedrohten. Wieder leiteten Brüggemann und Crusius die von ihrer Zusammensetzung ganz und gar internationale Unternehmung – es waren Teilnehmer aus Süddeutschland und Österreich, aber auch den nordischen Ländern, den Niederlanden, England und Schottland sowie Italien dabei –, und erneut reiste

Empfang der Gottorfer Gesandtschaft beim russischen Zaren

Olearius als Sekretär mit. Von Altona aus ging es ab dem 22. Oktober 1635 zunächst wieder nach Moskau, wo die Gesandtschaft am 29. März 1636 ankam.

Schon diese erste Reiseetappe stand unter keinem guten Stern, denn bei der Ausfahrt aus dem Hafen von Travemünde war das Expeditionsschiff ›Fortuna‹ kollidiert. Vor der Insel Öland hatte sie dann den Meeresgrund berührt, was nochmals glimpflich abgelaufen war, aber im Finnischen Meerbusen war sie in einen schweren Sturm geraten und an der Küste einer Insel gestrandet. Die Menschen an Bord waren glücklicherweise gerettet worden, sodass sie zu Land weiterreisen konnten. Ab dem 30. Juni 1636 setzten sie die Reise über Nischni Nowgorod (Gorki) auf der Wolga fort, wofür der Lübecker Schiffer Michael Cordes eigens ein neues für die Flussschifffahrt geeignetes Schiff mit flachem Rumpf aus Föhrenholz gebaut hatte.

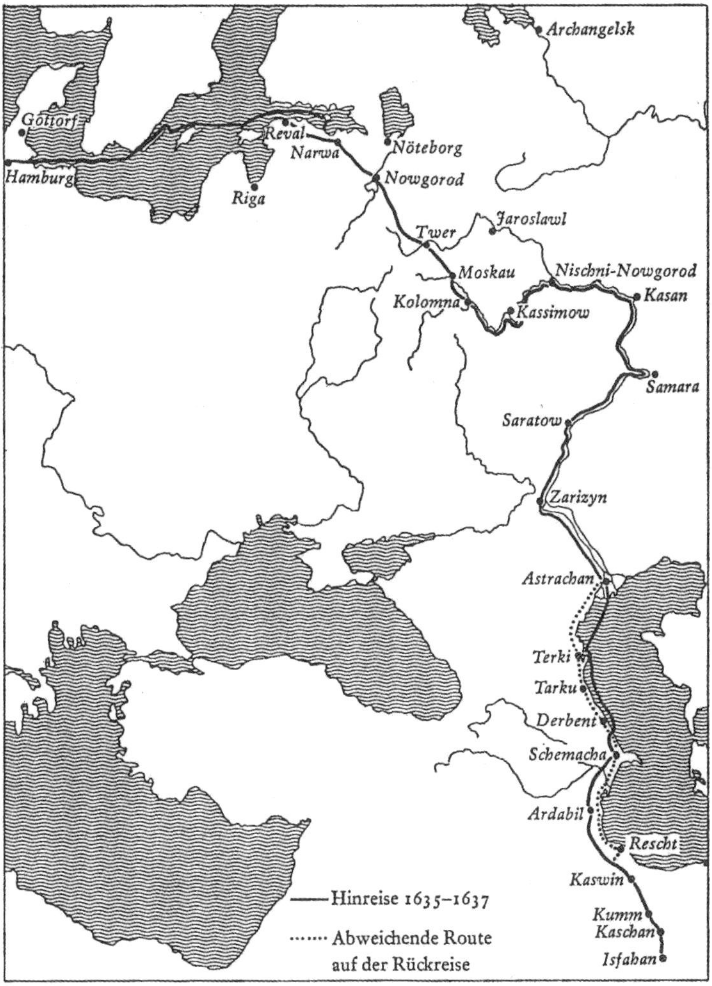

Die Reiseroute der Gottorfer Gesandtschaft von 1633 bis 1639

Das Gottorfer Expeditionsschiff auf der Wolga abgebildet in der »offt begehrten Beschreibung der Newen Orientalischen Reise« von Adam Olearius (1603–1671) aus dem Jahr 1647

Anfang Oktober startete die Expeditionsgesellschaft mit dem Versuch, das Kaspische Meer zu überqueren, was aber in einem zweiten Schiffbruch nahe Derbent endete. Kurz vor Weihnachten 1636 setzte die Gruppe die Reise auf dem Landweg fort und kam noch vor dem Jahreswechsel nach Schamacha, Hauptstadt der historischen Provinz Schirwan im heutigen Aserbaidschan. Nach einer kurzen Verschnaufpause bis Ende März 1637, während der Olearius erste Persischkenntnisse erwarb, Kontakte zu ortsansässigen Wissenschaftlern knüpfte und astronomische Beobachtungen anstellte, brach die Gesandtschaft zur letzten Reiseetappe bis Isfahan auf, wo sie am 3. August 1637 ankam. Hier trat die Reisegesellschaft und insbesondere Brüggemann sehr selbstherrlich gegenüber den Einheimischen auf, was die persischen Verhandlungspartner brüskierte und wiederum zu einem Scheitern der Mission führte. Nicht zuletzt stellte sich das von Brüggemann dem persischen Schah gegenüber in Aussicht gestellte Bündnis europäischer Mächte unter Führung Herzog Friedrichs III. als schiere Luftnummer heraus. Am 21. Dezember 1637 trat die Gesandtschaft also unverrichteter Dinge die Heimreise an. Der mitgereiste Johann Albrecht von Mandelslo trennte sich dabei von der Gesellschaft und zog allein weiter nach Indien. Die anderen Mitglieder gelangten am 14. Juni 1638 wieder zum Kaspischen Meer, von wo aus man auf derselben Route wie auf der Hinreise zurückreiste. Während der Rückfahrt überwarf sich Olearius mit Brüggemann derart, dass er die Gruppe in Reval verließ und allein weiterreiste. Die Gesandtschaft gelangte am 1. August 1639 nach Gottorf. Dort wurde Brüggemann für das völlige Scheitern der Mission verantwortlich gemacht, inhaftiert und schließlich am 5. Mai 1640 in Schleswig hingerichtet, da er seine Vollmachten überschritten, seine Gefährten betrogen, Rechnungen gefälscht, Unzucht getrieben und weitere Vergehen begangen habe. Olearius hingegen machte am Gottorfer Fürstenhof als Hofgelehrter Karriere. Er veröffentlichte 1647 eine ausführliche Reisebeschreibung und gilt mit seinem Werk als Begründer des Genres wissenschaftlicher Reisebeschreibungen in Deutschland. Doch davon war schon an anderer Stelle die Rede. Einige Mitbringsel der Reise nach Persien – Schalen, Gefäße, Dolche – wurden Bestandteil der Gottorfer Kunstkammer und haben sich bis heute erhalten.

Überhaupt die erste wissenschaftliche Reise nach Arabien und Vorderasien unternahm der im niedersächsischen Lüdingworth bei Cuxhaven geborene Mathematiker und Kartograph Carsten Niebuhr gemeinsam mit dem Philologen und Arabisten Friedrich Christian von Haven (1727–1763), dem Zoologen und Botaniker Peter Forsskål (1732–1763), dem Arzt Christian Carl Cramer (1732–1764), dem Zeichner und Kupferstecher Georg Wilhelm Baurenfeind (1728–1763) sowie dem Dragoner und Diener Berggren (†1763).

Ideengeber war der Göttinger Orientalist Johann David Michaelis (1717–1791), bei dem von Haven, Forsskål und Niebuhr Arabisch studiert hatten. Michaelis wünschte sich von der Expedition ein tiefergehendes empirisches Verständnis der Texte und Erzählungen im Alten Testament. Auch ging er wie die Fachwelt seinerzeit insgesamt davon aus, dass die zeitgenössische Kultur des Orients mit der Kultur der biblischen Erzväter identisch sei, sodass man durch bloße Anschauung erstere erfassen könne. Michaelis bereitete die Fragen, denen sich die Expedition widmen sollte, intensiv vor und entwickelte hierfür eigens einen ganzen Fragenkatalog, der 1762 zusammen mit den Anweisungen des dänischen Königs Friedrich V. (1723–1766) an die Reisegruppe im Druck erschien. Wie später die ›Galathea‹-Expedition, so finanzierte das dänische Königshaus auch schon diese Reise. Im Unterschied dazu waren diesmal aber nicht ökonomische Motive der Hauptbeweggrund. Michaelis hatte zuvor den dänischen Staatsminister Johann Hartwig Ernst von Bernstorff (1712–1772) vom Plan einer wissenschaftlichen Arabien-Expedition überzeugen können, der wiederum Friedrich V. für die Idee gewann.

Auf dem dänischen Kriegsschiff ›Grønland‹ startete die Reisegruppe am 7. Januar 1760 in Kopenhagen und fuhr zunächst nach Konstantinopel, wo sie am 30. Juni 1760 ankam. Bis Anfang März hatte das Schiff mit widrigen Winden im Kattegat und Skagerrak zu kämpfen gehabt; einige Matrosen waren hier bereits ums Leben gekommen. In Konstantinopel angelangt, traten erste Misshelligkeiten unter den Teilnehmern auf. Da eine eigentliche Expeditionsleitung nicht bestimmt worden war, mussten offene Fragen erst einmal per Briefkorrespondenz mit Kopenhagen geklärt werden. Erst dann fuhr die Expeditionsgruppe nach Kairo weiter, wo es erneut Abstimmungsprobleme gab, deren Klärung mit Kopenhagen diesmal ganze zwei Jahre in Anspruch nahm. Immerhin nutzte das Team die Wartezeit für ergiebige Forschungen und Vermessungen in Unterägypten und auf dem Sinai. Auch kaufte es wertvolle Handschriften mit alten Sprachen und Schriften auf.

Schließlich war doch der Aufbruch in den Jemen möglich, wo der Ort Bayt al-Faqīh als Ausgangspunkt für nähere Erkundungen dienen sollte. Hier zeigten sich bei den Reisenden mit Fieber, Magenkrämpfen und Erbrechen indes erste Anzeichen einer Malaria-Erkrankung, was der mitgereiste Arzt allerdings nicht als solche diagnostizierte. In der jemenitischen Hafenstadt Mokka verstarb Ende Mai 1763 als erster von Haven an der Malaria, sechs Wochen später folgte ihm Forsskål in Yarīm auf dem Weg nach Sanaa. Dort kamen die anderen Expeditionsmitglieder schwerkrank an. Trotz freundlicher Aufnahme und Erlaubnis, für ein Jahr bleiben zu dürfen, reisten die vier schnell wieder nach Mokka, von wo aus sie mit einem englischen Schiff nach Indien weiterfuhren. Auf der Seereise verstarben Baurenfeind und Berggren, sodass im September 1763 nur noch Niebuhr und Cramer in Bombay von Bord gehen konnten. Nun schied auch noch Cramer am 10. Februar 1764 aus dem Leben. Im Herbst desselben Jahres war der einzige Überlebende, Niebuhr, dann immerhin so weit genesen, dass er die Reise allein fortsetzen konnte. So suchte er die Ruinenstadt Persepolis als seiner Einschätzung nach wichtigstes Denkmal des Orients auf, wo er umfängliche Aufzeichnungen, unter anderem zur persischen Keilschrift, erstellte. An Weihnachten des Jahres 1765 gelangte er nach Nadschaf, im darauffolgenden Monat nach Bagdad. Nächste Etappen waren Mossul und Aleppo. Von Syrien aus nahm Niebuhr wieder Kontakt zum dänischen Königshof auf. In Dänemark saß nach dem Tod Friedrichs V. mittlerweile dessen Sohn Christian VII. (1749–1808) auf dem Thron, der Niebuhr die gewünschte Weiterreise zum Katharinenkloster auf dem Sinai und danach den Nil aufwärts verwehrte, sondern ihn zur Heimkehr aufforderte. So schlug Niebuhr wenigstens noch einen Bogen über Zypern, Jerusalem und Damaskus, um dann nach Konstantinopel zu reisen, von wo aus er sich auf dem Landweg über den Balkan nach Göttingen und dann weiter nach Kopenhagen begab. Hier traf er am 20. November 1767 ein.

Anders als noch in der Gruppe hatte sich der allein reisende

Niebuhr den Gegebenheiten und Gebräuchen der Regionen und Länder, die er durchreiste, angepasst und von europäischen Attitüden Abstand genommen. Er war inkognito gereist und hatte keine Kontakte mehr zu offiziellen Stellen und Personen aufgenommen, was das Reisen in vielerlei Hinsicht unkomplizierter und reibungsloser machte.

Seiner eigenen Beurteilung nach war gerade die starre Haltung der Reisegruppe, sich nicht den örtlichen Umständen anzupassen, der Hauptgrund für ihr Scheitern gewesen. Mochte die Gruppe indes gescheitert sein, so gilt dies für die Expedition insgesamt sicherlich nicht. 1772 veröffentlichte Niebuhr den ersten Band seines auch schon im vorderen Teil dieses Buches gewürdigten Reiseberichts, dem weitere Bände und Ausgaben folgten. Niebuhrs detaillierte Karten vom Roten Meer und vom Jemen und seine Kopien von Inschriften in Altarabisch, Keilschrift oder Hieroglyphen waren für die Wissenschaft ein großer Gewinn. Georg Friedrich Grotefend (1775–1853) konnte auf dieser Grundlage rund 40 Jahre später eine Übersetzung der Keilschrift-Denkmäler vorlegen, die Niebuhr in Persepolis aufgezeichnet hatte. Zusätzliche Verdienste erwarb sich Niebuhr dadurch, dass er 1775 auch die zoologischen und botanischen Aufzeichnungen seines Mitreisenden Forsskål veröffentlichte. Der Göttinger Professor Michaelis freilich hatte sich von all dem offensichtlich mehr versprochen. Er sah den Versuch, seine Expeditionsidee umzusetzen, nach dem Tod fast aller Expeditionsteilnehmer als misslungen an. Niebuhr selbst reiste fortan nicht mehr in ferne Länder. Er nahm seinen Dienst in der dänischen Verwaltung auf und starb 1815 als Justizrat und Landschreiber in Meldorf in Dithmarschen.

Im Übrigen sei zum Abschluss noch erwähnt, dass der Raum Schleswig-Holsteins nicht nur Ausgangspunkt für Expeditionen und Weltreisen war, sondern auch Etappe oder Ziel von Fernreisenden. So suchte bereits in der zweiten Hälfte des zehnten Jahrhunderts der arabische Kaufmann und Chronist Ibrahim ibn Ahmed At Tartûschi den Fernhandelsort Haithabu auf, den er in

Carsten Niebuhr (1733–1815) in arabischen Gewändern

seinem Reisebericht als sehr große Stadt am äußersten Ende des Weltmeeres betitelte. Der arabische Weltreisende stammte aus dem heute spanischen Tortosa. Im Auftrag des Kalifen Hakam II. (915–976) reiste er 965 durch das Frankenreich, wobei ihm besonders die trübe Luft und Finsternis sowie die bittere Kälte mit Schnee zusetzten. Schließlich gelangte er eben auch nach Haithabu. Seine »Bewohner sind Siriusanbeter, außer einer kleinen Anzahl, die Christen sind, die dort eine Kirche besitzen«, wusste er über den Ort zu berichten. Und weiter: »Die Hauptnahrung der Bewohner besteht aus Fischen, denn sie sind dort zahlreich.« Besonders wunderte sich der Berichterstatter über den Gesang der Einwohner: »Nie hörte ich hässlicheren Gesang als den Gesang der Schleswiger, und das ist ein Gebrumm, das aus ihren Kehlen herauskommt, gleich dem Gebell der Hunde, und noch viehischer als dies.«

Auf seiner 1789 unternommenen Bildungsreise durch Deutschland, die Schweiz, Frankreich und Großbritannien kam Jens Immanuel Baggesen (1764–1826), ›der dänische Wieland‹ (1733–1813), auch durch Schleswig-Holstein.

Er reiste von Kiel aus über Eutin nach Lübeck, wobei er von der Landschaft entlang der Strecke zunehmend begeistert war. Nach der Besteigung des Holzbergs bei Neversfelde rief er schließlich enthusiastisch aus: »Das ist der schönste Platz auf Erden! [...] Ich will nicht weiter reisen, um die Schönheit der Natur zu bewundern! Es ist unmöglich, daß man einen solchen Ort noch einmal sieht; auf dem ganzen Erdball gibt es kein zweites Paradies wie dieses.« Baggesen steht zeitlich am Anfang jener Entwicklung, die Schleswig-Holstein zu dem Tourismusland werden ließ, das es heute ist. Allein der Kreis Ostholstein wurde 2017 bei einer Einwohnerzahl von ca. 200000 Menschen von über 30 Millionen Touristen aus nah und fern aufgesucht. Keinesfalls ist das mittlerweile als »echter Norden« vermarktete Schleswig-Holstein aber nur Urlaubsziel von deutschen Reisenden. Sie machen zwar die Hauptmasse der Touristen aus, doch gesellen sich auch zahl-

Porträt von Jens Immanuel Baggesen (1764–1826) des Malers Christian Horneman (1765–1844)

reiche internationale Gäste dazu, die meistens aus Dänemark, den Niederlanden, Norwegen, Österreich, Polen, Schweden und der Schweiz anreisen. Durch ein verstärktes Auslandsmarketing soll seit ein paar Jahren der prozentuale Anteil der ausländischen Touristen noch weiter vergrößert werden.

Mehr Welt an einem Punkt gebündelt ist kaum denkbar: Der berühmte Gottorfer Globus, der auf seiner Außenseite die Erde mit ihren einzelnen Kontinenten zeigte und in seinem Innern das Sternenfirmament in einer geozentrischen Perspektive präsentierte

7. Die Welt nach Hause geholt
Hof- und Residenzkultur in Schleswig-Holstein

Höfe und Residenzen der Frühen Neuzeit sind Paradebeispiele, was kulturelle Austauschprozesse und Vernetzungen anbelangt. Es ist dabei nicht übertrieben, wenn man diesen Verbindungen eine wirklich globale Dimension zuschreibt, war man doch bei Hofe möglichst bestrebt, die im damaligen Sinne ganze Welt personell und materiell innerhalb der eigenen Schlossmauern zusammenzuführen: Die Welt sollte sich gewissermaßen im eigenen fürstlichen Zuhause vereint finden. Zu dieser Welt gehörten Gelehrte und Künstler von nah und fern. Dieses Bestreben machte Höfe immer auch zu wichtigen Orten eines übergreifenden, »globalen« Kulturtransfers und -austauschs. Es verwundert daher nicht, dass sich diese Beobachtung für Schleswig-Holstein mustergültig aufzeigen lässt, war es doch seiner dynastischen Partikularität wegen ein geradezu klassisches Land der Höfe und Residenzen. Die vielen Klein- und Kleinstterritorien der Fürsten hierzulande verfügten jeweils auch über Schlösser und herrschaftliche Häuser, die fester Bestandteil der besagten Transfer- und Austauschprozesse im Rahmen der Hof- und Residenzkultur waren.

Um den Kontext besser verstehen zu können, ist es hilfreich, sich nochmals zu fragen, was eigentlich eine Residenz und was ein Fürstenhof war. Diese anscheinend ganz banale Frage stellt nicht nur die aktuelle Forschung vor definitorische Herausforderungen, sondern sie bereitete schon den historischen Zeitgenossen Kopfzerbrechen. So beklagte der englische Hofkleriker Walter Map (um 1140–1208/10) um 1200, dass er bei Hofe lebe und über den Hof schreibe, aber, nicht wisse, was ein Hof eigentlich sei. Er begründet seine Unwissenheit mit der schwermöglichen Fassbarkeit eines Hofes in zeitlicher, räumlicher und überhaupt qualitativer Hinsicht. Denn ein Hof verharre niemals im gleichen Zustand. Genau genommen ist die Forschung heutzutage in ihrem Bemühen, die Eigenarten und Funktionsweisen des historischen Phänomens ›Hof‹ auf einen allgemeingültigen Nenner zu bringen, nicht unbedingt viel weiter, als es Walter Map im hohen Mittelalter war. So spricht Werner Paravicini (*1942) nicht von ungefähr vom Hof als einer »unfasslichen Erscheinung«. Ganz grundsätzlich wird man wohl einfach akzeptieren müssen, dass man sich dem Hof als historischem Phänomen in definitorischer Weise nur anzunähern und ihn dabei wirklich bloß zu umschreiben, aber nicht in seiner realen Gänze zu umfassen vermag und dass dies bestenfalls auf dem Wege eines Kriterienbündels zu leisten ist, wie man es mittlerweile in der mit der Hofforschung eng verbundenen Residenzforschung oder der elaborierten Stadtgeschichtsforschung durchaus zufriedenstellend zu tun gewohnt ist. Der Tübinger Landeshistoriker Sönke Lorenz (1944–2012) wies denn auch ganz zu Recht darauf hin, dass zur Beschreibung von ›Hof‹ ein ganzes Kriterienbündel diene, wobei der volle Hofbegriff die Trias Haushalt, Hof und Regierung umschließe. Mit dem Stichwort Haushalt ist dabei der Haushalt des Fürsten und seiner Familie angesprochen, während sich der Terminus Hof auf das fürstliche bzw. höfische Gefolge bezieht und der Ausdruck Regierung die Funktion des Hofes als seinerzeitige Regierungszentrale meint. Dieser Zusammenhang verweist seinerseits auf die Residenzrolle. In jedem Fall fungierte ein fürstlicher Hof darüber hinaus als ein Zentrum der Macht, der Kultur und des Wissens, der Kommunikation sowie der Repräsentation. Zum korrekten Verständnis ist zudem zu beachten, dass kein Hof ohne seine Umgebung funktionierte und dass es keinen Hof ohne andere Höfe gegeben hat. Jeder Hof lässt sich als ein Knotenpunkt in einem sehr engmaschigen und weit verstreuten höfischen Netzwerk begreifen. Die anderen Höfe in nah und fern dienten – durchaus auch im Sinne einer agonalen Konkurrenz – als Referenzpunkte, an denen sich ein Hof ausrichtete und mit denen er sich immer wieder abstimmte.

Residenz wiederum meint den dauerhaften Aufenthaltsort eines Herrschers. Der Herrscher war bei seinen Aufenthalten stets umgeben von seinem Hof, »zusammengesetzt aus ständigem Haushalt und zeitweiliger Gegenwart von Mächtigen und solchen, die es werden woll[t]en«, um nochmals Paravicini zu zitieren. Hof und Residenz gehen also eine stets enge Verbindung ein. Unter Residenz ist dabei konkret ein Ort zu verstehen, für den eine große Herrscherfrequenz feststellbar ist, an dem sich die zentralen Rats- und Verwaltungseinrichtungen befanden und an dem die für beides notwendige Infrastruktur in einer entsprechenden architektonischen Ausgestaltung ständig vorhanden war. Die Verbindung von Hof und Residenz leuchtet dem heutigen Besucher etwa von Eutin, Plön oder Schleswig-Gottorf auf Anhieb ein. Bei ersterem Ort gibt sich noch besonders schön die ehemalige Residenzinfrastruktur zu erkennen: Vor dem Schloss mit eigener Schlosskapelle und ausgedehntem Schlossgarten samt Orangerie erstreckt sich der Schlossplatz, an dem sich das ehemalige Marstallsgebäude (heute Ostholsteinisches Museum), Kavaliershaus (heute Eutiner Landesbibliothek) und Remise (heute Kreisbibliothek), am nicht weit davon entfernten Markplatz das sog. Witwenpalais und in der heutigen Schlossstraße die sog. Hofapotheke befinden.

Schon beim Eintritt in das Eutiner Schloss wird man sich der Tatsache bewusst, dass der fürstbischöfliche Hof, der hier residierte, Teil eines weitgespannten dynastischen Netzwerkes war. Denn man kommt in das Schlossinnere durch ein über eine kleine Brücke zu erreichendes Turmportal. Oberhalb davon ist an der Wand des Torturmes eine Wappentafel von 1691/92 angebracht, die, im Prinzip wie heutzutage das Namensschild an der Wohnungsklingel, demonstrativ auf die Besitzer des Schlosses und ihre hohe Abkunft sowie ihre damit einhergehenden Erb- und Herrschaftsansprüche verweist. Sie präsentiert nämlich – wie auch die Wappen am Nordportal von 1616 und am Südportal von 1640/50 im Innenhof des Schlosses – an ranghöchster Position heraldisch, also vom Schildhalter aus betrachtet, rechts oben einen aufsteigenden Löwen. Er fungiert bis heute als Wappentier des Königreichs Norwegen. Als dessen rechtmäßige Erben verstanden sich die Gottorfer Herzöge, da mit dem dänisch-norwegischen Königshaus verwandtschaftlich verbunden, und ihre engeren Verwandten, die als Fürstbischöfe von Lübeck in Eutin residierten.

Mit Christian August (1673–1726) konstituierte sich dauerhaft eine eigene, nunmehr jüngere Linie der Gottorfer mit Hauptsitz in Eutin. Deren Angehörige verfügten wie ihre Verwandten der älteren Gottorfer Linie (Hauptlinie) infolge einer ambitionierten wie erfolgreichen Heiratspolitik über weitgespannte, ja »internationale« dynastische Beziehungen. Christian August selbst war mit Albertine Friederike von Baden-Durlach (1682–1755) vermählt. Seine historisch bedeutendsten Söhne Adolf Friedrich und Friedrich August (1711–1785) hatten Prinzessinnen von Preußen bzw. Hessen-Kassel zu Ehefrauen. Adolf Friedrichs Sohn Gustav (1746–1792), wie sein Vater König von Schweden, heiratete 1766 Sophie Magdalene von Dänemark (1746–1813). Peter Friedrich Ludwig (1755–1829), der ein weiterer Enkel Christian Augusts war und zum Großherzog von Oldenburg aufsteigen sollte, verheiratete sich 1781 mit Friederike Elisabeth Amalie Auguste von Württemberg (1765–1785). Diese Eheverbindung war Teil einer ambitionierten Heiratsstrategie Russlands zur Zeit der Zarin Katharina II., die darauf abzielte, die dynastisch-politischen Beziehungen zu den Mittelmächten im Reich bzw. zum sog. Dritten Deutschland als Gegenpol zu den deutschen Großmächten Preußen und Österreich aufzubauen.

Das Herzogtum Württemberg spielte in diesem russischen Plan eine zentrale Rolle, was 1776 die prestigeträchtige Eheschließung zwischen Paul I., Katharinas Sohn und Thronfolger, mit Sophie Dorothee von Württemberg (1759–1828) manifestiert hatte. Sie war eine Tochter Friedrich Eugens (1732–1797), der von 1795 bis 1797 das Herzogtum Württemberg regieren sollte. Als heirats-

Die Wappentafel am Eutiner Torturm

Porträt von Zarin Katharina II. (1729–1796) im Schloss Eutin, gemalt von Alexander Roslin (1718–1793) um 1775

politisches Pendant zu dieser Eheverbindung und durchaus auch zur Verstärkung der dynastischen Reserve gedacht, kam nun 1781 die von Zarin Katharina nachweislich gutgeheißene, für beide Parteien günstige und von ihnen nach Ausweis des ausgewogenen Verhältnisses von Heiratsgeld und Widerlegung in Höhe von je 20000 Gulden auch gleichermaßen gewünschte Eheschließung zwischen Peter Friedrich Ludwig und der Württembergerin zustande. Wenn man dabei noch bedenkt, dass Katharina II. über ihre Mutter Johanna Elisabeth (1712–1760) – eine Tochter des Eutiner Fürstbischofs Christian August – selbst Gottorfer Blut in ihren Adern fließen hatte und dass sie obendrein mit dem Gottorfer der älteren Linie namens Karl Peter Ulrich (als russischer Zar Peter III.) verheiratet gewesen war, wird die Komplexität und »internationale« Reichweite des Konnubiums der »jüngeren« Gottorfer besonders deutlich. Schon Karl August, der älteste Sohn Christian Augusts, hatte sich im Mai 1727 mit der Tochter Zar Peters des Großen, der russischen Großfürstin Elisabeth, verlobt, nachdem zuvor deren Schwester Anna im Juni 1725 mit seinem Vetter Carl Friedrich von Holstein-Gottorf vermählt worden war. Allerdings kam diese geplante Ehe dann doch nicht zustande, weil Karl August wenig später an den Blattern bzw. Pocken verstarb. Seine Verlobte indes blieb darauf zeitlebens unvermählt, pflegte aber weiterhin, wie bereits an anderer Stelle ausgeführt wurde, ein enges, emotionales Verhältnis zu den Gottorfern, was dazu führte, dass sie den Sohn aus der Ehe ihrer Schwester Anna, den genannten Karl Peter Ulrich, zu ihrem Thronfolger bestimmte. Auf die engen verwandtschaftlichen Beziehungen zum Zarenhaus sind denn auch so imposante Inventarstücke des Eutiner Schlosses wie die großdimensionierten Schiffsmodelle aus dem ersten Viertel des 18. Jahrhunderts zurückzuführen, die seinerzeit als Präsente der russischen Verwandten fungierten. Die ältere oder Hauptlinie stand ihrer jüngeren oder Eutiner Linie im Übrigen in nichts nach, was die internationalen Ehe- und Verwandtschaftsbeziehungen anbelangte.

Die Fürsten und ihre Familien repräsentierten ihre weitverzweigten dynastischen Verbindungen nun nicht nur selbst *in persona* und stellten sich derart, in ihrer Vernetzung wohlfeil und einprägsam platziert, auch auf einem Gottorfer Stammbaum wie dem jetzt an der Westwand des Eutiner Rittersaals hängenden zur Schau. Vielmehr führten und führen die seinerzeit in den Schlös-

Präsent des Zarenhauses: Schiffsmodell aus dem 18. Jahrhundert im Schloss Eutin

sern ganz allgemein existierenden und heute noch im Eutiner Schloss vorhandenen Sammlungen klein- und großformatiger fürstlicher Porträts die komplexen verwandtschaftlichen Beziehungen jedem Betrachter anschaulich vor Augen. Da es sich bei den Gemälden im Besitz der Eutiner Fürstbischöfe anscheinend im Regelfall um Auftragsarbeiten handelte und eigentlich alle Gottorfer Fürstbischöfe in dieser Hinsicht namhafte Sammler und Auftraggeber waren, kann die Visualisierung dynastischer Netzwerke als ihr bewusstes Ziel unterstellt werden. Die Eutiner Sammlung hat deswegen, und weil sie anders als so viele andere Sammlungen im Nachgang nicht zerstört oder zerstreut, sondern vollständig erhalten geblieben ist, heutzutage eine überregionale Bedeutung. Sie spiegelt höfische Mal- und Porträtkunst über eine Zeitspanne von gut 300 Jahren wider. Die Porträts verdeutlichen in ihrer Quantität und Qualität durchaus authentisch, wie die Fürsten es verstanden, die – mit ihnen verwandte – dynastische Welt ihrer Zeit über deren Porträts in ihr fürstliches Zuhause zu holen, an den Wänden ihres Schlosses aufzuhängen und derart repräsentativ als Ausdruck ihres beanspruchten Ranges und ihrer angestrebten Bedeutung einzusetzen.

Die genannte »dynastische Welt« kam durchaus persönlich nach Eutin zu Besuch. So ist bezeugt, dass Katharina II. als junges Mädchen, damals noch Sophie Auguste Friederike von Anhalt-Zerbst genannt, ab und an ihren Onkel Adolf Friedrich in Eutin besuchte. Ebenso weiß man z. B. von der Anwesenheit dänischer Könige auf Schloss Gottorf. Obendrein kannten die Fürsten und ihre Familien diese dynastische und überhaupt die »Welt« natürlich auch durch eigene Anschauung. Schon seit Ende der 1540er Jahre hatte sich der Gottorfer Herzog Adolf I. (1526–1586) aus finanziellen Interessen mit mehreren holsteinischen Adeligen für längere Zeit am Hof Kaiser Karls V. (1500–1558) in Brüssel aufgehalten und in diesem Zusammenhang den spanischen Thronfolger Philipp (1527–1598) bei dessen Huldigungsfahrt durch die niederländischen Provinzen begleitet. Während seines Aufenthalts genoss er die besondere Gunst der kaiserlichen Schwester und Statthalterin der Niederlande namens Maria von Ungarn (1505–1558). Anlässlich des Fürstenaufstands von 1552 warb Adolf dann erfolgreich Truppen für das kaiserliche Heer am Niederrhein an. Nach Karls V. Abdankung 1556 wurde Adolf durch Philipp II. zum Rat von Haus aus mit einem Jahrgeld in Höhe von 6000 Gulden bestallt. Das in habsburgischen Hof- und Kriegsdiensten in den Niederlanden insbesondere 1571/72 erworbene Geld – Heinrich Rantzau spricht in seinen ›Relationen‹ von einem für den Herzog »gute[n] Krieg«, was auf das damit verbundene hohe Einkommen abzielte – ermöglichte Adolf vor allem den Bau der Schlösser von Reinbek und Husum. Nicht von ungefähr wurden dieselben mit einer für die Herzogtümer »völlig neuartige[n] Bauidee«, wie Antje Wendt (*1964) schreibt, nach niederländischem Vorbild und mithilfe von Handwerkern aus den Niederlanden errichtet. Der Bau des Reinbeker Schlosses erfolgte noch unmittelbar während bzw. im direkten zeitlichen Anschluss an den Feldzug in den Niederlanden zu Anfang der 1570er Jahre; die Bauzeit des Schlosses vor Husum fällt auf die Jahre 1577 bis 1582.

Selten ist der Kulturtransfer aus den Niederlanden im Gefolge dynastischer Politik hierzulande so handfest greifbar wie bei diesen beiden Schlossbauten, die bekanntlich jeweils aus rot gekalktem Backsteinmauerwerk bestehen, das von breiten Sandsteinbänken durchzogen wird. Auch nach der Errichtung der Schlösser hielt Adolf im Übrigen Kontakte zu den Niederlanden aufrecht, wie allein schon die Anstellung eines niederländischen Kochs zu Husum im Jahr 1586 bezeugt. Der Gottorfer Friedrich III. reiste auf seiner für damalige Adelssprösslinge typischen *Grand Tour* 1615/16 durch Deutschland nach Holland und Frankreich. Als sein Vater Johann Adolf (1575–1616) im Jahr 1616 starb, musste er die Reise vorzeitig abbrechen und konnte nicht noch, wie zuerst geplant, die Schweiz und Italien besuchen. Aus dem Briefwechsel zwischen seinem Hofmeister Johann Berndt von Dalwigk und Herzog Johann Adolf erfährt man, mit welchem Fleiß und Ehrgeiz Friedrich die Eindrücke der Reise in sich aufsog. Und die Reise nach Westeuropa war nicht die einzige, die Friedrich aus Schleswig-Holstein fortführte. 1626 reiste er zur Brautwerbung an den Dresdener Hof, wo er auch 1630 seine Hochzeit mit der sächsischen Kurfürstentochter Maria Elisabeth (1610–1684) pompös feierte. 1633 zog er erneut nach Dresden, bevor er schließlich ein Jahr später nach Kopenhagen kam, um als Repräsentant des Kaisers an der Hochzeit des dänischen Thronfolgers Christian (1603–1647) mit Maria Elisabeths Schwester namens Magdalena Sibylle (1617–1668) teilzunehmen. Für den nun schon mehrfach erwähnten Christian August ist gleich eine Reihe von Touren bezeugt, die er in jungen Jahren zu auswärtigen Höfen und durch verschiedene europäische Länder unternahm. So reiste er 1689 an den Hof Herzog Anton Ulrichs von Braunschweig-Wolfenbüttel (1633–1714). Nochmals sollte er 1695 zur Hochzeit seiner

Das von der zeitgenössischen niederländischen Architektur geprägte Schloss vor Husum mit blühenden Krokussen

Schwester Sophie Amalie (1670–1710) mit Anton Ulrichs ältestem Sohn namens August Wilhelm (1662–1731) am Wolfenbütteler Hof in Salzdahlum verweilen. Von 1692 bis 1694 tourte er ausgiebig durch Frankreich und Italien – als Stationen sind Siena, Genua, Livorno, Venedig und Rom bezeugt. Ursprünglich war sogar Spanien als ein Reiseziel vorgesehen, was jedoch aus Kostengründen wieder gestrichen wurde. Zeitlich noch weitaus umfänglicher war der Gottorfer Prinz Peter Friedrich Ludwig (1755–1829) in Europa unterwegs: Auf Veranlassung Katharinas II. unternahm er gemeinsam mit seinem Bruder Wilhelm August (1753–1774) von 1765 bis 1773 eine insgesamt achtjährige Bildungsreise, die längerfristige Studienaufenthalte mit Elementen der klassischen *Grand Tour* als adeliger Kavalierstour verband. Von Mai 1765 bis September 1769 hielt er sich hauptsächlich in Bern und von September 1769 bis August 1773 vornehmlich in Bologna auf. Von Italien aus ging es nach Russland, wo das Brüderpaar seinen Militärdienst ableistete. Im Juli 1774 verlor Wilhelm August dabei sein Leben. Peter Friedrich Ludwig nahm in der letzten Phase des Russisch-Türkischen Krieges 1774 aktiv am Kriegsgeschehen im Donauraum teil. Daran schloss sich 1775/76 eine ausgiebige Englandreise an, die ihn von London bzw. Portsmouth im Süden bis nach Edinburgh und Glasgow im Norden führte.

Ein Hof fungierte, wie bereits gesagt, unter anderem als Wissenszentrum, was nicht zuletzt meint, dass hier das Expertenwissen der jeweiligen Zeit aus geradezu aller Welt zentriert war. Das Spektrum reicht dabei vom Knecht und Handwerker bis zum Staatsmann. Adolfs I. Koch im Schloss vor Husum, der ursprünglich aus den Niederlanden stammte, wurde schon erwähnt. Ebenfalls aus den Niederlanden kam Peter Mulier, der ab 1623 im Gottorfer Schlosspark als Gärtner fungierte. Fünf Blasmusiker, die der Gottorfer Herzog Christian Albrecht (1641–1694) zusätzlich zu seiner Hofkapelle engagierte, nannten Frankreich ihre Heimat. Erwähnen sollte man auch, dass unter den ersten Professoren der von Christian Albrecht 1665 gegründeten Kieler

Universität, die man im weiteren Sinne auch als Wissens- und Expertenzentrum des Gottorfer Hofes bezeichnen kann, mit Samuel Reyher (1635–1714) und Caeso Gramm (1640–1673) aus Leiden auch »internationale« Gelehrte waren. Zum Gefolge am Eutiner Hof zählte unter anderem ein Leutnant Drouard, wie man durch das erhaltene und jetzt im südlichen Treppenhaus des Schlosses hängende Porträt mit zugehöriger Porträtunterschrift erfährt. Er ist darauf in einem blauen Uniformrock abgebildet, worunter ein Brustharnisch zu erkennen ist. Sein französischsprachiger Name verweist auf einen zumindest außerhalb Holsteins liegenden familiären Hintergrund, ohne dass man Näheres über ihn zu berichten weiß. Als internationalen Handwerker am Eutiner Hof hat man wiederum vom italienischen Stukkateur Carlo Enrico Brenno (1688–1745) Kenntnis. Er ist in der Kammerrechnung von 1720/21 genannt. Unklar ist, ob er der Schöpfer der imposanten Deckenstukkatur im sog. Europasaal war. Der erste Eutiner Hofbaumeister Rudolph Matthias Dallin (um 1680–1743) war ebenfalls kein Landeskind, sondern stammte ursprünglich aus Schwedisch-Vorpommern. Zu den literarischen Köpfen im Umfeld des Hofes wie Friedrich Leopold zu Stolberg-Stolberg (1750–1819), zwischen 1777 und 1780 fürstbischöflicher Gesandter am dänischen Königshof in Kopenhagen, oder dem 1786 zum Hofrat ernannten Johann Heinrich Voß (1751–1826) gesellten sich eine Reihe französischer Emigranten. Zudem ist in Rechnung zu stellen, dass sich am Eutiner Hof immer wieder auch Gesandte auswärtiger Mächte, insbesondere Dänemarks, Schwedens oder Russlands, eingefunden haben werden, um über die dynastisch-politischen Themen und Probleme der Zeit zu verhandeln. Sie alle erweiterten das internationale Flair des Eutiner Hofes und brachten auf ihre Weise – über ihre Sprachen, Kenntnisse und Fertigkeiten, Präsente usw. – die Welt hierher mit.

Schon die Schlossanlage mit dem sie umgebenden Park verdeutlicht die Vernetzung Eutins mit der weiten Welt, indem sich daran italienische, französische, niederländische und englische

Einflüsse zu erkennen geben. Der Eutiner Hof steht bei dieser Rezeption natürlich wiederum keineswegs für sich. Die deutschen Fürstenhöfe rezipierten ganz grundsätzlich ab ca. 1500 im Sinne eines Kulturtransfers die höfisch-kulturellen Standards, die in den burgundischen Niederlanden, Italien und Frankreich gesetzt wurden, was sich auch als Ausdruck einer gesteigerten internationalen Vernetzung begreifen lässt. Erinnert sei nochmals an die Schlösser Adolfs I. zu Reinbek und vor Husum, die deutliche Anleihen aus der zeitgenössischen niederländischen Architektur und Baukunst aufweisen. Das Kieler Schloss erhielt zwischen 1695 und 1697 einen neuen Süd- und Westflügel, wozu der aus der Schweiz stammende Architekt Domenico Pelli (1657–1629) die Baupläne anfertigte. Der schwedische Baumeister Nicodemus Tessin der Jüngere (1654–1728) fertigte die Entwürfe zur barocken Erweiterung des Südflügels von Schloss Gottorf an und ließ sich dazu von zeitgenössischen Palastbauten in Schweden, insbesondere durch das Stockholmer Schloss und Schloss Vadstena, inspirieren. Der im Schloss befindliche berühmte Hirschsaal verweist auf französische Vorbilder. Von Dallin als verantwortlichem Baumeister der großen Eutiner Schlossmodernisierung zwischen 1716/17 und 1727 war bereits die Rede. Er stammte zwar aus Schwedisch-Vorpommern und stand auch eine Zeit lang in schwedischen militärischen Diensten, empfing seine Baumeisterausbildung aber im Wesentlichen in Schleswig-Holstein.

Im Eutiner Schloss kann man auf Anhieb einen Geist von Internationalität atmen, wenn man nur an die Gestaltung seines Innenhofs denkt. Seine Fassaden wurden nämlich in rötlichgelbem Farbton angestrichen, um so an italienische Verhältnisse zu erinnern. Der Springbrunnen im Innenhof orientierte sich gleichfalls an italienischen Vorbildern. Angeblich soll er im 15. Jahrhundert seines Wasserspiels wegen als »Wunder« bestaunt worden sein. Das Portal, das vom Hof aus einen direkten Zugang zur Schlosskirche bietet, weist darüber hinaus Stilanleihen aus der griechischen Antike auf. Erkennbar wird so auch, dass es sich bei der erstrebten Zusammenführung der Welt an einem Hof nie allein um einen synchronen Zugriff handelte, sondern immer auch um einen diachron-antiquarischen. Will sagen: Auch die Welt vergangener Zeiten geriet in den Blick des Hofes.

Das ist beim Schlossgarten noch stärker zu beobachten. Zeitgleich zum Schlossumbau wurde im Auftrag Fürstbischofs Christian August ein französischer Barockgarten angelegt. Für die Gestaltung zeichnete Johann Christian Löwen, genannt Lewon (um 1690–1760), in seiner Funktion als Garteninspektor ab 1718 verantwortlich. Er sollte noch bis zum Oberlandbaudirektor aufsteigen. Wie bereits die Betitelung des Gartens vermittelt, verdankte sich die Grundidee des Eutiner Schlossparks den großen, weithin prägenden Vorbildern französisch-barocker Gartenanlagen, wobei Gisela Thietje (1931–2020) feststellte, dass man sich in Eutin auf der französischen Basis doch eher an davon beeinflussten und inspirierten niederländischen Gärten und Parks orientierte.

Zu diesem Zweck holte man sich anscheinend eigens den Rat von dem niederländischen Hofgärtner des Prinzen Wilhelm II. von Oranien (1626–1650) namens Jan van der Groen. Der weitläufige Barockgarten nach französisch-niederländischem Vorbild wurde dann zwischen 1787 und 1803 unter Peter Friedrich Ludwig grundlegend zu einem englischen Landschaftspark umgestaltet, wobei man sich – wie diese Bezeichnung unschwer vermittelt – an englischen Vorläufern in ihrer bewussten Abgrenzung von den barock-französischen Landschaftsidealen orientierte. Ein markantes Charakteristikum dieses neuen Parks sind Statuen, Tempel und Grotten mit direkten oder indirekten Anleihen aus der klassischen Antike. Hier reichte der Gartenbau dem zeitgenössischen Architekturstil des Klassizismus die Hand. Im diachronen Zugriff kehrte somit die antike Weltgeschichte über die neue Gartenanlage nach Eutin ein. Immense Bedeutung für die Anlage des englischen Landschaftsparks in Eutin hatte indes die schon erwähnte Reise Peter Friedrich Ludwigs nach England, weil er auf selbiger

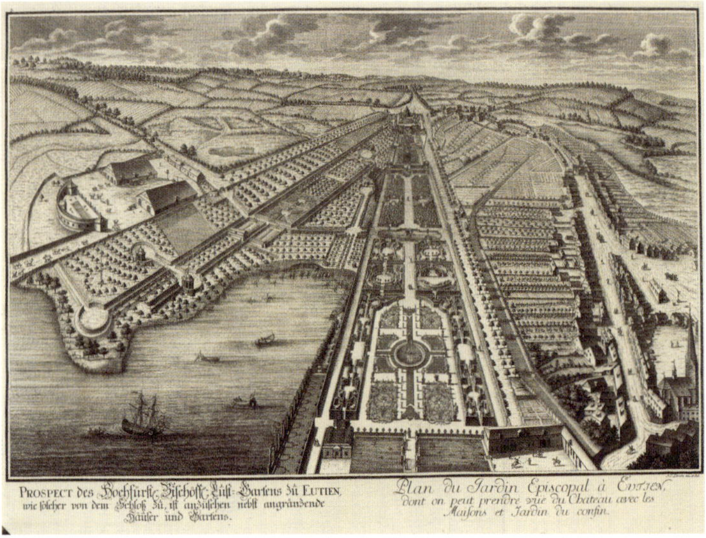

Kupferstiche des Eutiner barocken Schlossgartens und Schlosses aus der Mitte des 18. Jahrhunderts

in eigener Anschauung das Wissen erwarb, wie ein solcher Garten denn überhaupt aussehen sollte. Und die gewonnenen Kenntnisse gaben ihm die gedankliche Souveränität, sich nicht sklavisch an die englischen Vorbilder zu halten, sondern in Kombination damit auch eigene Vorstellungen zu verwirklichen. Interesse an der und Wissen um die Dinge draußen in der Welt verbanden sich bei Peter Friedrich Ludwigs Gartenplanung in einer synergetisch-produktiven Art und Weise.

Fürsten und ihre Höfe bildeten stets eine Konkurrenzgemeinschaft. Dem dieser »Gemeinschaft« inhärenten Prinzip höfischen Wettbewerbs, sich von den anderen Höfen als Repräsentativkonkurrenz möglichst abzuheben und etwas ganz Besonderes zu sein oder zu besitzen, waren der Fürst und die ihn umgebende höfische Gesellschaft ganz und gar verpflichtet. Sie waren so stets zu zeigen bestrebt, wer man war und was man alles vom Feinsten – aus aller Welt! – sein Eigen nennen konnte. Von der ausdrücklichen Sammelleidenschaft der Eutiner Fürsten war bereits die Rede. Dabei betraf dieselbe keineswegs nur die Porträtmalerei. Nikolaus Friedrich Peter (1827–1900), als Großherzog von Oldenburg Peter II. genannt, kaufte systematisch von weither Genrebilder, Landschafts- und Historiengemälde des 19. Jahrhunderts an, die noch heute zu besichtigen sind. Schon Fürstbischof Hans (1606–1655) hatte zahlreiche Kopien niederländischer Maler angeschafft. Die niederländische Malerei war bekanntlich die hervorragendste ihrer Zeit. Exzeptionell ist im Kontext der Eutiner Gemäldesammlung dabei ein Stillleben in Öl, das eigenhändig von Zarin Katharina II. zur Entspannung gemalt worden sein soll.

Zu den vielen »internationalen« Gemälden gesellt sich ein internationales Mobiliar wie etwa um 1800 angefertigte Kandelaber im Empirestil aus Frankreich oder ein prächtiger russischer Kronleuchter im sog. Strackzimmer. Der imposante Deckenschmuck aus Stuck, den der Europasaal des Schlosses Eutin ziert, könnte auf Entwürfe des Italieners Carlo Maria Pozzi (1676–nach 1736) zurückgehen. Vermutlich stammt er aus der Hand seines Lands-

Blick in die Eutiner Schlossküche mit Kacheln aus den Niederlanden

mannes Brenno, wie schon gesagt wurde. Zu nennen sind des Weiteren Steinböden aus Gotländer Platten in den langen Galerien, Seidentapeten aus Frankreich, wie sie z.B. im sog. Roten Salon ab 1787 oder eben im Europazimmer vorzufinden sind, ebenso die Blumenmotivtapeten im danach benannten Tapetenzimmer aus dem frühen 19. Jahrhundert, die wiederum nicht durch eine Herkunft aus dem Ausland glänzen, aber durch ihre im Grundsatz an pompeianische Wandverzierungen erinnernde Gestaltung einen diachronen Rückgriff auf die »Weltgeschichte« implizieren. Sodann kann an die kobalt-blauen und braunen Wandkacheln aus den Niederlanden, eventuell aus Harlingen, die die Wände der großzügigen sog. Kachelküche von etwa 1720 zieren, an die prächtigen Wandteppiche im danach benannten Gobelinzimmer, die um 1740 in einer Versailler Werkstatt angefertigt wurden, an das imposante Paradebett im gleichnamigen Paradezimmer aus rotgelber Lyoner Seide, das 1766 hergestellt worden ist, oder aber an die blauen Wedgwood-Vasen gedacht werden, die Peter Fried-

Paradebett aus Lyoner Seide im Schloss Eutin

rich Ludwig als kostbare Souvenirs von seiner bereits berührten Englandreise mitbrachte.

Der zentralen Frage, inwieweit die Ausstattung und Einrichtung des Eutiner Schlosses aus buchstäblich aller Welt auf bloße, im höfischen Allgemeinen zu verortende Sammelleidenschaft der Schlossherren zurückzuführen ist oder ob dahinter auch Nachahmung und Konkurrenz mit der Hauptlinie der Gottorfer stand, deren intensive Bemühungen, das Weltwissen ihrer Zeit in Buchform im Rahmen ihrer berühmten Bibliothek und Raritäten aus Natur und Kunst geradezu aller Herren Länder ganz real mittels der ebenso berühmten Kunstkammer an ihrem Hof zu vereinen, besonders markant sind, oder ob dabei gar der prekäre herrschaftliche Status der Fürstbischöfe eine wichtige Rolle spielte, da ihnen aufgrund des anerkannten und praktizierten Wahlrechts des Lübecker Domkapitels zumindest formal die erstrebte Erblichkeit ihrer Würde verwehrt blieb, müsste einmal nachgegangen werden. Die Tatsache, dass sich machtpolitische Defizite oder Rangfragen immer wieder in einer ganz besonders aufwändigen höfischen Repräsentation widerspiegelten, findet sich in der frühneuzeitlichen Hofgeschichte jedenfalls häufig. Die »älteren« Gottorfer in ihrer scharfen Konkurrenz mit den Verwandten auf dem dänischen Königsthron sind dafür das beste Beispiel. Für unser Globalthema ist es vielsagend, dass gerade der Ankauf der damals bekannten Raritätensammlung des Niederländers Bernhardus Paludanus (1550–1633) durch Friedrich III. im Jahr 1651 den Grundstock für die bald berühmte Gottorfer Naturaliensammlung schuf. Zu ihrer von Adam Olearius betreuten und auch 1666/74 im Druck festgehaltenen Kunstkammer gehörten seltene Porzellangefäße, Schmuckstücke und Pretiosen, kostbare Uhren und Automaten, Mineralien, Waffen, Kunsthandwerk und Volkskundliches aus den verschiedenen Erdteilen, ausgestopfte Tiere, Statuen, Mumien und vieles mehr.

Zahlreiche Sammlerstücke persischer Provenienz waren Mitbringsel der schon eingehender gewürdigten Gottorfer Gesandt-

Statuen und Mumien aus der Gottorfischen Kunstkammer, die Adam Olearius in seinem Werk zur Gottorfischen Kunstkammer, Schleswig 1674, festhielt

schaft nach Isfahan, an der Olearius teilgenommen hatte. Selbstverständlich wurden im prächtigen Gottorfer Schlosspark auch exotische Pflanzen kultiviert. Das Bestreben der Gottorfer, die Welt an einem Hof zusammenzuführen, bringt der schon seinerzeit als technisches Wunderwerk weithin gerühmte Gottorfer Globus geradezu punktgenau zum Ausdruck. Er wurde 1664 fertiggestellt. Adam Olearius hatte gemeinsam mit dem Büchsenmacher Andreas Bösch seit 1654 daran gebaut. Man stellte ihn in einem eigens dafür errichteten Lusthaus in der ›Neues Werk‹ genannten großzügigen Barockgartenanlage nördlich des Gottorfer Schlosses auf. Er besaß einen Durchmesser von über 3 Metern. Seiner Widmungsinschrift zufolge sollte der Globus die Natur und den weiten Kosmos abbilden. Außen konnte man folglich die Weltkugel betrachten; im Inneren befand sich ein Planetarium. Besonders beeindruckend war die Möglichkeit, in den Globus hineinzusteigen, darin Platz zu nehmen und den Himmel mit seinen Planeten und Gestirnen um sich herumkreisen zu lassen, ohne dabei selbst bewegt zu werden. Er führte also an seiner Außenwand nicht nur die Welt in ihren globalen Verhältnissen vor Augen, sondern simulierte in seinem Innern in Echtzeit auch die kosmischen Bezüge – allerdings in einer seinerzeit immer noch vorherrschenden geozentrischen Perspektive. Mehr Welt und sogar Universum an haargenau einen Ort zu bannen, geht eigentlich gar nicht. Der Globus und sein nun modern-heliozentrisches Pendant, die ›Sphaera Copernicana‹, wurden als Wunderwerke der Technik im damaligen Europa schnell berühmt und in Windeseile ein Besuchermagnet am Gottorfer Hof. 1713 nahm dann Peter der Große den Globus nach St. Petersburg mit, wo er ihn nach einer vierjährigen Reise in dessen Kunstkammer aufstellen ließ. Dort erlitt er schwerste Schäden, als die Kunstkammer 1747 ausbrannte. Der Globus selbst hat also eine internationale Geschichte.

Einen solchen imposanten Riesenglobus gab es im Eutiner Schloss nun nicht. Immerhin weist die wertvolle sog. Boulle-Uhr von 1744, die im Europasaal zu besichtigen ist, unterhalb ihres Chronometers gar nicht untypisch auch eine astronomische Funktion durch Angabe der Weltzeit auf. Noch eindrucksvoller holten sich die Eutiner Fürstbischöfe aber die ganze – damals bekannte – Welt durch das Stuckprogramm dieses Europazimmers an ihren Hof: Zu sehen ist einmal zentral an der Decke das mythische Motiv des Raubs der Europa, die dem Kontinent wie dem Eutiner Schlosszimmer den Namen gab. Die griechische Antike fungiert hier also erneut als diachrone Motivspenderin. Zu dem zentralen Deckengemälde treten am unteren Rand der Decke vier Frauengestalten aus Stuck, die die vier Kontinente Europa, Asien, Afrika und Amerika versinnbildlichen sollen: Europa mit Kaiserkrone, Turm, Pferd und Waffen als Accessoires präsentiert sich dabei am machtvollsten und fortschrittlichsten, gefolgt von Asien, das Europa gegenüber mit einem Kamel, einem Pflanzenbündel in der Hand und einem Räucherfass neben sich abgebildet ist. Afrika wird durch eine nackte »Eingeborene« neben einem Löwen und

Deckenstuckatur »Afrika« im Schloss Eutin. Die unbekleidete Afrika trägt einen Elefantenkopf mit Stoßzähnen und Rüssel als Mütze; neben ihrem Füllhorn ist der Kopf eines Löwen zu sehen

mit Skorpion in der Hand symbolisiert; ein Elefantenkopf mit Rüssel und Stoßzähnen dient ihr als Mütze. Ihr gegenüber ist Amerika zu sehen, ebenfalls unbekleidet und damit als rückständig markiert; sie ist mit Pfeil und Bogen bewaffnet und hat an ihrer Seite einen Kaiman platziert.

Das hier präsentierte Weltprogramm in Stuck wird noch durch vier ovale Stuckmedaillons links und rechts von Europa und Asien ergänzt. Diese zeigen die vier Tageszeiten und die damit verbundenen Tätigkeiten. Zu den vier Erdteilen als buchstäblichem Schauplatz des irdischen Weltgeschehens gesellt sich also – ähnlich wie beim Gottorfer Globus – auch hier zumindest mittelbar der Kosmos: Die ganze Welt ist in einen Raum gebannt.

Das Europazimmer steht mit seinem Bildprogramm sinnbildlich für das Bestreben der Fürstbischöfe, die ganze Welt in ihrem Zuhause, dem Eutiner Schloss, zu vereinen – sei es nun auf dem Wege des Schlossbaus selbst samt Park und reichhaltigem Inventar mit einer kostbaren Ausstattung aus aller Welt, sei es vermittelst des internationalen Personals oder der weitgespannten dynastischen Netzwerke, die mit dem Eutiner Hof in Verbindung standen. Es ist daher alles andere als übertrieben, wenn man sagt, dass die Eutiner Fürstbischöfe aus dem Hause Gottorf ihren Hof geradezu global ausrichteten und dass sie diese Ausrichtung durch die repräsentativen Möglichkeiten, die ihnen offenstanden, sehr gut zum Ausdruck brachten. Ein Gang durch die Schlossräumlichkeiten macht diese globalen Zusammenhänge bis zum heutigen Tag authentisch erlebbar. Insofern waren Hof und Residenz in Eutin im 18. und beginnenden 19. Jahrhundert – wie Hof und Residenz der Gottorfer Verwandtschaft bis 1721, als deren Hauptschloss nach verlorenem Krieg in den Besitz des dänischen Königs überging – alles andere als fernab gelegen oder provinziell. Sie befanden sich vielmehr mitten in der Welt, und die Welt war hier zu Hause.

Aus pragmatischen Gründen haben wir den Blick auf die Gottorfer in ihrer älteren oder Haupt- und mehr noch ihrer jüngeren, fürstbischöflichen Linie zu Eutin konzentriert. Nur ein Beispiel soll seiner Anschaulichkeit wegen genügen, um daran zu erinnern, dass das eben Dargelegte so auch *cum grano salis* für die anderen Höfe der sog. Abgeteilten Herren in Schleswig-Holstein gilt. Ein bekanntes Ölgemälde von Johann Heinrich Tischbein dem Älteren (1722–1789) aus dem Jahr 1759 zeigt nämlich Herzog Friedrich Carl von Schleswig-Holstein-Sonderburg-Plön (1706–1761) mit seiner Familie. Die einzelnen Mitglieder sind in Hoftracht vor einem Pavillon der Plöner Sommerresidenz zu Traventhal dargestellt. Hinter der Herzoginmutter Dorothea Christine (1674–1762) ist in Livree und mit orientalisch wirkender Kopfbedeckung ein sog. Kammermohr zu sehen. Er trägt als Zeichen, dass es sich um einen Sklaven handelt, einen stählernen Ring um seinen Hals und scheint die damaligen Modegetränke Kaffee oder Trinkschokolade zu servieren. Der Diener wurde ganz offensichtlich mit auf die Leinwand des Familienbildes gebannt, weil solche »Mohren«

im 18. Jahrhundert europaweit als besondere Statussymbole bei Fürsten und im Adel beliebt waren. Herzog Friedrich Carl wollte mit dieser Darstellung unterstreichen, dass auch er zu den illustren hohen Gesellschaftskreisen gehörte, die einen fremdländischen, exotischen Kammermohr ihr Eigen nennen konnten.

Fest in einen »internationalen« Ordensverband eingebunden: Das Zisterzienserkloster Lügum in der Nähe von Tondern

8. Ein »internationales« Netzwerk
Klöster und Klosterleben in Schleswig-Holstein

Klöster und Stifte sind aus der mittelalterlichen Kulturlandschaft zwischen Elbe und Königsau nicht wegzudenken. Seit der Landnahme und Christianisierung nahmen sie in diesem Bereich eine ganz zentrale Rolle ein. Die geistlichen Niederlassungen waren nicht nur Orte der Kontemplation und des religiösen Wirkens, sondern auch Stätten des wissenschaftlichen und gelehrten Lebens. Sie gestalteten die agrarische Erschließung, den wirtschaftlichen Ausbau sowie die Etablierung frühstaatlicher Verwaltung in der Stadt und auf dem Land grundlegend mit. Die Zahlen sprechen für sich: Um 1500 gab es im Bereich des heutigen Schleswig-Holsteins, in Nordschleswig sowie in den Städten Hamburg und Lübeck 37 Klöster und klosterähnliche Niederlassungen, in denen Mönche und Nonnen bzw. regulierte Kanoniker oder Kanonissen beteten und arbeiteten.

Des Weiteren existierten vier Domkapitel, in denen die Domherren der Bischofskirchen zu Hamburg, Lübeck, Ratzeburg und Schleswig zur gemeinsamen Feier der Liturgie versammelt waren, und zudem in Eutin und Hadersleben noch zwei Kollegiatstifte, die ebenfalls Geistliche, in diesem Fall Säkularkanoniker bzw. weltliche Chorherren, in einem Kapitel zu Gesang und Gebet vereinigten. Nachweisbar waren daneben noch sieben Beginenniederlassungen als Orte semireligiosen Lebens vorhanden. Doch dürfte deren Zahl womöglich noch höher gewesen sein. Es handelte sich also allein schon von dieser knappen Aufzählung her um eine sehr dicht strukturierte Sakrallandschaft. Innerhalb dieser engmaschigen Klosterwelt gab es aber weitere Verdichtungs- bzw. Ballungsräume: Während nämlich die beiden Kirchenprovinzen

Geistliche Niederlassungen in Schleswig-Holstein bis zur Reformation

Schleswig und Ripen, denen der Landesteil Schleswig samt Nordfriesland kirchenrechtlich zugehörig war, vergleichsweise dünn mit nur 13 klösterlichen oder klerikalen Einrichtungen bestückt war, von denen sich übrigens allein vier in der Stadt Schleswig selbst befanden, und auch der betreffende Teil des Bistums Ratzeburg, für den uns interessierenden Raum mehr oder minder mit dem Herzogtum Sachsen-Lauenburg identisch, über nur drei geistliche Institute verfügte, lag der Großteil der Klöster und Stifte um 1500 in den Bistümern Hamburg, zuständig für Holstein, Stormarn und Dithmarschen, sowie vor allem Lübeck, dem Ostholstein (Wagrien) zugewiesen war. Im Bistum Hamburg waren es 14, allein vier davon direkt in Hamburg ansässig, im fast nur halb so großen Bistum Lübeck dagegen 19, wovon wiederum elf, darunter fünf Beginenkonvente, in Lübeck selbst angesiedelt waren. Deutlich wird anhand der kurzen Auflistung das grundsätzliche Stadt-Land-Gefälle und das auch aus anderen historischen Zusammenhängen der Landesgeschichte, etwa der Urbanisierung, bekannte Gefälle von Süd nach Nord bzw. Ost nach West.

Allerdings war das Kloster- und Stiftswesen bekanntlich alles andere als lokal oder regional beschränkt. Vielmehr handelte es sich dabei, wie bei der mittelalterlichen Kirche mit ihrer Ausrichtung auf die *Cathedra Petri* in Rom insgesamt, um überregionale Institutionen *par excellence*, denen man gerade im Hinblick auf die universalkirchlichen Ansprüche des Papsttums und der von ihm geführten römisch-katholischen Kirche bei aller geschichtlich bedingten räumlichen Beschränkung auf den europäischen und allenfalls vorderorientalischen Raum globalhistorische Züge nicht absprechen sollte. 2020 erschien ein großartiger Ausstellungskatalog mit dem Titel ›Pilgerspuren‹, der für den Raum Norddeutschlands und damit auch Schleswig-Holsteins die internationalen Bezüge der mittelalterlichen und frühneuzeitlichen Pilger- und Wallfahrtsgeschichte reich illustriert aufzeigt. Aus den erhaltenen Lübecker Testamenten ist demnach ersichtlich, wie oft die Zeitgenossen im Vergleich zu lokalen und regionalen Wallfahrtsorten auch nach Jerusalem, Rom oder Santiago de Compostela pilgerten. Zahlreiche Denkmale vor Ort erinnern noch heute an die rege Pilgertradition des Mittelalters. Prominente Fernwallfahrer waren König Christian I. von Dänemark (1426–1481), der zugleich Landesherr von Schleswig und Holstein war und 1474 nach Rom reiste. Ihn begleitete Herzog Johann IV. von Sachsen-Lauenburg (1439–1507). Vier Jahre später pilgerten der Lübecker Krämer Hinrik Dungelgud und sein Kompagnon Hans Sledorn nach Santiago de Compostela. 1515 brach Johann Rantzau (1492–1565) gemeinsam mit seiner damals knapp 60-jährigen Mutter ebenfalls nach Santiago auf, um dann nur zwei Jahre später in einer Pilgergruppe von 60 Mitreisenden, unter denen die Holsteiner Adeligen Wolf und Benedikt Pogwisch zu finden sind, nach Jerusalem zu wallfahren. Insofern macht es mehr als Sinn, das im mittelalterlichen Schleswig-Holstein selbstverständlich fest verankerte Kloster- und Stiftswesen auch im Rahmen einer wie hier vorgenommenen globalhistorischen Durchleuchtung der spezifischen Regionalgeschichte näher zu betrachten.

Die Berechtigung dieser Behauptung ergibt sich bereits beim Blick auf die ordensgeschichtlichen Zusammenhänge. Denn die einzelnen Klöster in Schleswig-Holstein gehörten überregional agierenden und aufgebauten Orden an oder waren – dies ist der am weitesten gedachte gemeinsame Nenner, der letztlich für alle Mönche und Kleriker zutrifft – Angehörige einer nicht nur regional, sondern letztlich universal anzutreffenden Lebensform. So waren etwa die Benediktiner, die z.B. in Cismar saßen, im Mittelalter nicht in feste Ordensstrukturen eingebunden wie etwa Zisterzienser oder Franziskaner, sondern jede Niederlassung existierte für sich nach dem *ordo Sancti Benedicti*, also nach benediktinischer Lebensweise (*ora et labora* – bete und arbeite!). Die Mönche lebten gemeinschaftlich sowie fest an einem Ort (*stabilitas loci*). Bei alledem lagen die Anfänge dieses Mönchtums in Süd- und Westeuropa, was sich die Klosterkonvente allein schon bei der Memorierung ihres namengebenden Patrons Benedikt von Nursia (480–547), der im süditalienischen Kloster Montecassino gewirkt hatte, bewusst machten. Ähnliches galt *cum grano salis* für die sog. Weltkleriker oder Säkularkanoniker, deren gemeinschaftliche Lebenweise an Stiftskirchen von Bischof Chrodegang von Metz (um 715–766) im Jahr 755 erstmalig geregelt und von derjenigen der Mönche unterschieden worden war.

Noch deutlicher werden die Zusammenhänge aber, wie gesagt, bei den klassischen Mönchsorden wie den Zisterziensern. Sie können als der erste eigentliche Mönchsorden, der den Ordensnamen auch verdiente, begriffen werden. Die Anfänge der Zisterzienser gehen auf den zu 1098 datierten Auszug Roberts von Molesme (um 1028–1111) aus der von ihm 1075 gegründeten Abtei gleichen Namens zurück, um in Cîteaux etwas südlich von Dijon mit gleichgesinnten Mitgliedern seines Konvents ein eremitisches und asketisches Leben zu führen. Die Zisterzienser, deren Verfassung und Ordnung in der sog. *Charta caritatis* von 1119 klar geregelt wurde, waren ganz anders als die vorher berührten Benediktiner in einem hierarchisch aufgebauten Ordensverband mit einem jährlich tagenden Generalkapitel als Versammlung aller, auch der schleswig-holsteinischen Klosteräbte straff organisiert und bemühten sich, nach strikteren Regeln als die Benediktiner den Prinzipien eines einfachen Klosterlebens zu folgen. Ihre Niederlassungen befanden sich hierzulande in Lügum, Guldholm bzw. Rudekloster und Reinfeld. Zisterzienserinnen lebten in eigenen Klöstern in Harvestehude, Itzehoe, Lübeck und Uetersen.

Die im Zeitalter der hochmittelalterlichen Kirchenreform aufkommende Mahnung zur Rückkehr zu den ursprünglichen kanonikalen Idealen eines Lebens in Armut und Gemeinschaft (*vita canonica et apostolica*) war das Programm der sog. Regularkanoniker, die in scharfer Abgrenzung zu den Säkularkanonikern *secundum beati Augustini regulam*, d.h. nach der auf verschiedenen Textzeugnissen fußenden bzw. aus einer speziellen Geisteshaltung inspirierten Regel des Heiligen Augustinus leben wollten. Konkret bedeutete dies eine strikte Betonung von Armut, was sich z.B. im Tragen billiger Stoffe niederschlug, und von manueller Arbeit als asketischer Übung und zur Sicherung der eigenen Existenz. Für Schleswig-Holstein handelte es sich dabei neben den Augustiner-Chorherren, die in Segeberg und Neumünster/Bordesholm saßen, vor allem um die Prämonstratenser. In Westeuropa wurden sie nach ihrem Gründer Norbert von Xanten (1080/85–1134) auch als Norbertiner bezeichnet. Mit einigen Gefährten hatte dieser Norbert 1120 im unwegsamen Waldtal von Prémontré nahe Laon eine Klerikerniederlassung ins Leben gerufen, die dem Geist der Urkirche verpflichtet sein sollte. Unter der Leitung von Abt Hugo von Fosses (um 1093–1164) entwickelte sich dieselbe zu einem neuen Orden weiter, der bald zum größten Chorherren- und auch Chorfrauenorden mit Augustinusregel heranwuchs. Zum Ausgang des 12. Jahrhunderts erfolgte die regionale Einteilung der einzelnen Prämonstratenserniederlassungen in sog. Zirkarien; dieses Beispiel ahmten andere Orden bald nach. Die Zirkarien folgten nicht dem Verlauf der Bistumsgrenzen, sondern hatten einen eigenen Zuschnitt. Für unseren Raum war die Zirkarie *Saxonia* relevant. Seit 1126 war besagter Norbert Erzbischof von Magdeburg, wodurch die prämonstratensische Lebensweise nach Sachsen gelangte und sich von dort aus rasch nach Norden ausbreitete. Im Zuge dessen wurde den Prämonstratensern 1154 nach dem parallelen Muster der Bistümer Havelberg und Brandenburg von Herzog Heinrich dem Löwen zur Christianisierung Polabiens und zum nachhaltigen Landesausbau das wieder ins Leben gerufene Domkapitel zu Ratzeburg übertragen.

Zahlreich waren zwischen Elbe und Königsau die Niederlassungen der Prediger- und Bettelmönche. Die in einem braunen oder grauschwarzen Habit gekleideten Franziskaner – daher der Name ›graue Mönche‹ – gingen dabei auf ihren Gründungsvater, den bekehrten Kaufmannssohn Franziskus von Assisi (1182–1226), im italienischen Umbrien zurück, der seiner charismatischen Ausstrahlung wegen ab 1206 schnell zahlreiche Gefährten um sich versammelte. Sie sollten ein Leben in strenger Armut, Demut, Gehorsam und tätiger Nächstenliebe führen. 1209/10 mündlich seitens des Papsttums anerkannt, erfolgte im Zuge eines rasanten Wachstums bis zur Mitte des 13. Jahrhunderts die vollständige kirchenrechtliche Anerkennung als religiöser Orden, als *Ordo Fratrum Minorum*. Dazu gehörte wiederum eine feste Ordenshierarchie mit Generalkapitel, General- und Provinzialminister sowie Kustoden. Dominikus de Guzman (um 1170–1221) stand hingegen

Der Ratzeburger Dom

am Anfang der hierzulande etwas schwächer als die Franziskaner vertretenen Dominikaner, deren Ordenstracht aus einem weißen Habit mit weißer Kapuze und einem schwarzen Mantel bestand. Dominikus begann seine kirchliche Karriere 1196 als Domherr zu Osma im Baskenland. Das betreffende Domkapitel schloss sich zwei Jahre später der Regularkanonikerbewegung an. Gemeinsam mit dem Bischof Diego von Osma (um 1170–1207), den Dominikus Anfang des 13. Jahrhunderts auch nach Dänemark begleitet hatte, setzte er sich in Südfrankreich, wo das Papsttum gegen die Katharer zu Felde zog, für das Ideal apostolischer Armut ein und zog in diesem Sinne predigend durch das Land. 1215 bildete sich dann um Dominikus in Toulouse im Südwesten Frankreichs eine Gemeinschaft von anfangs sechs Klerikern, die nach dem Vorbild der Prämonstratenser die strengere Variante der Augustinusregel annahm. Daraus entwickelte sich rasch ein Orden mit den Zentren Paris und Bologna, in welchen Städten das europäische Universitätswesen seinen Anfang nahm. In Paris dominierte das Theologie- und in Bologna das Rechtsstudium. In ihrer Universitätsnähe und ihrer Tendenz zu dogmatisch-belehrenden Predigten unterschieden sich die Dominikaner spürbar von den Bußpredigten haltenden Franziskanern. Ihr besonderes Profil als Predigerorden schlug sich in ihrem Namen nieder: *Ordo Fratrum Praedicatorum*. Sie wurden zum Inbegriff der Inquisition zur Bekämpfung der Häresie, mit der sie 1231 päpstlich beauftragt worden sind. An ihrer Spitze standen ebenfalls die Generalkapitel, die in bestimmten zeitlichen Abständen – zuerst jährlich, dann ab 1370 alle zwei und ab 1455 alle drei Jahre – und als markantes Charakteristikum in unterschiedlicher personeller Zusammensetzung tagten. Anders als die Zisterzienser ordneten die Franziskaner ihre Niederlassungen eigenen Provinzen zu, wobei der Raum Schleswig-Holsteins bis zur Eider zur Provinz *Saxonia* zählte, der nördlich davon nach 1227 zur Provinz *Dacia*. Die Provinzen waren wiederum in Kustodien untergliedert, wobei die hiesigen Klöster zu den Kustodien Lübeck, Bremen oder Ripen zählten. 1516 wurde im Zuge einer Ordensreform die Kustodie Kiel geschaffen und dabei der größere Teil auch der nördlich der Eider gelegenen Franziskanerniederlassungen derselben zugeschlagen. Damit gehörten sie fortan auch zur Provinz *Saxonia*. Die Dominikaner verfügten seit 1303 über eine eigene Provinz *Saxonia*, die aus der 1221 eingerichteten Provinz *Teutonia* ausgegliedert wurde. Ihre Provinz *Dacia* war genauso wie bei den Franziskanern nach der Schlacht von Bornhöved schon 1228 von der *Teutonia* abgespalten worden, wozu dann auch die Niederlassungen im Schleswiger Bereich zählten. Die Niederlassungen der Franziskaner und Dominikaner wurden in der Mehrzahl im zweiten und dritten Viertel des 13. Jahrhunderts ins Leben gerufen. Die Städte Hamburg, Lübeck und Schleswig besaßen je eine Niederlassung der Franziskaner und der Dominikaner. In den Städten Flensburg, Tondern und Kiel ließen sich die Franziskaner und in Hadersleben die Dominikaner nieder. Erst um 1494 erfolgte die Gründung einer Franziskanerniederlassung in Husum; noch später, im Jahr 1516 und somit ganz knapp vor dem Beginn der Reformation, entstand ein Franziskanerkloster in Lunden.

Nur eine Niederlassung hatte seit 1397 der Orden der Kartäuser in den Landen, nämlich in Ahrensbök. Die Kartäuser waren aus der Einsiedelei der *Grande Chartreuse* in der Nähe von Grenoble hervorgegangen, die der Heilige Hugo von Köln (†1137) dort 1084 gegründet hatte. Die Kartäuser verbrachten ihre Zeit vorwiegend in ihren eremitischen, wie kleine Häuser gestalteten Zellen, in denen sie wohnten, beteten und arbeiteten, was wiederum hauptsächlich das Abschreiben von Manuskripten meinte. Nur zu bestimmten Gebetszeiten und zur Sonntagsmahlzeit sowie zur Regelung von Kapitelangelegenheiten versammelten sie sich gemeinschaftlich. Ihr grundsätzliches Bemühen, eine abgeschlossene Domäne einzurichten, wozu sie allen Grundbesitz innerhalb der betreffenden Sphäre aufkauften, ist auch in Ahrensbök erkennbar.

Anders als die bisher gestreiften Orden, die sämtlich aus dem Westen und Süden Europas ihre Ursprünge herleiteten und dort ihre Zentren hatten, kam der durch die Heilige Birgitta (1303–1373) im Jahr 1370 in Schweden gegründete Birgittenorden aus dem hohen Norden Europas nach Schleswig-Holstein. Jedem Kloster des Ordens sollte eine Äbtissin vorstehen, die einen männlichen Klosteroberen zur Seite hatte, den sog. Generalkonfessor. Dem Kloster sollten maximal 60 Nonnen angehören und bis zu 25 Priester. Diese Zahl entsprach der Vorstellung von der christlichen Urgemeinde, die aus 13 Aposteln inklusive Paulus sowie 72 Jüngern bestanden haben soll. Im Bistum Ratzeburg wurden ab 1412/13 die Birgitten zunächst in Bälau, wenig später aber dann in Marienwohlde bei Mölln heimisch. Wie überregional-europäisch die Geschichte allein dieser Niederlassung einzustufen ist, verdeutlicht die Beurteilung Heinrich Dormeiers (*1947), der zurzeit der beste Kenner der Marienwohlder Geschichte ist: »Auf das 15. und 16. Jahrhundert bezogen, dürfte die Geschichte keines anderen Klosters in Schleswig-Holstein und Hamburg im Übrigen so eng mit der europäischen Geschichte verknüpft gewesen sein wie die Marienwohldes.« Tatsächlich erfolgte seine Gründung vom Kloster Mariental bei Reval aus. Wie alle Niederlassungen des Ordens hielt auch Marienwohlde einen engen Kontakt zum Mutterkloster. Die aus Vadstena, dem Stammkloster des Ordens, delegierten Mitbrüder legten auf ihren zahlreichen Reisen etwa zu den großen Konzilien oder nach Rom stets eine Rast im Kloster ein. Während die Mehrzahl der dem Kloster zugehörigen Priesterbrüder und Nonnen mit Sicherheit dem Adel des Umlands oder den Kaufmannsfamilien in Lübeck, Hamburg oder Lüneburg entstammte, lässt sich mit dem schwedischen Priesterbruder Sueno-Kuso zumindest ein Angehöriger des Konvents um die Mitte des 15. Jahrhunderts festmachen, der den regionalen Charakter desselben aufbrach und einen »internationalen« Migrationshintergrund besaß. Allerdings berichtet die vatikanische und schwedische Überlieferung, dass dieser dringend das Kloster Marienwohlde zu verlassen und wieder nach Schweden zurückzukehren wünschte.

Eine klostergeschichtliche Besonderheit hierzulande war ebenso das Heilig-Geist-Hospital in Kuddewörde, das 1497 von Herzog Johann IV. von Sachsen-Lauenburg unter dem Eindruck der bereits erwähnten Pilgerfahrt nach Rom gestiftet worden war. Beim Spitalorden vom Heiligen Geist handelte es sich um eine um die Wende vom zwölften auf das 13. Jahrhundert in Montpellier in Südfrankreich entstandene Spitalgemeinschaft. Durch päpstliche Übertragung gelangte die Gemeinschaft in Besitz des bedeutenden römischen Hospitals *Santo Spirito* in Sassia.

Seit dem 13. Jahrhundert hielt die monastisch-kirchliche Entwicklung in den Landen, die zuvor deutlich hinterherhinkte, erkennbar mit den allgemeinen Trends im Reich und in Europa Schritt. Schleswig-Holstein war demzufolge ein immer festerer Bestandteil der christlich-monastischen Welt geworden. Was Hans-Joachim Schmidt (*1955) einmal für die mittelalterliche Klosterwelt Brandenburgs feststellte, das galt seither unbedingt auch für Schleswig-Holstein: »[b]eschleunigte Akkulturation und europäische Standardisierung.« Die Anstöße zu dieser Entwicklung kamen, wie deutlich geworden sein dürfte, dabei von außen, in der Masse aus dem Süden bzw. aus Westeuropa, im Ausnahmefall der Birgitten aus dem Norden. Der Raum Schleswig-Holsteins blieb dabei meist in einer Empfängerposition. Doch gaben die Klöster und Stifte in Schleswig-Holstein zumindest ein paar wenige Impulse nach draußen weiter: Im 13. Jahrhundert beteiligte sich z.B. der Segeberger Augustiner-Chorherrenkonvent bei der Livlandmission in der Person des Meinhard von Segeberg (um 1130–1196), der als wichtigster Missionar schließlich sogar Bischof von Üxküll-Riga wurde. Im September 1993 wurde er als »Glaubensbote von Lettland« heiliggesprochen. Wohl auf Initiative eines nach Pommern übersiedelnden holsteinischen Adeligen wurde sodann vom Zisterzienserinnenkloster in Itzehoe die Tochtergründung Köslin in Hinterpommern eingerichtet. Schließlich ging vom Birgittenkloster Marienwohlde ebenfalls eine Tochtergründung aus: Marienkron bei Stralsund.

1260 ließen sich auf Einladung Herzog Barnims I. von Pommern (1210/18–1278) Augustiner-Chorherren, die aus dem bekannten Konvent St. Victor bei Paris kamen, in Ueckermünde nieder. Dort blieben sie aber nicht auf Dauer, sondern nach mehrfachem Umzug errichteten sie schließlich ihr Stift im hinterpommerschen Jasenitz. 1298 schlossen sie dann einen Verbrüderungsvertrag mit dem Konvent im holsteinischen Neumünster, der 1328 nach Bordesholm verlegt wurde. In etwa zeitgleich (1302) schloss übrigens auch der Benediktinerkonvent von Kloster Stolpe, dem ältesten Kloster in Pommern überhaupt, eine Verbrüderung mit den Benediktinern von Cismar. Im Jasenitz-Bordesholmer Fall ging damit ein reger geistig-theologischer Austausch einher. Zudem wurde dem Propst von Bordesholm das dauerhafte Visitationsrecht über die Niederlassung in Jasenitz übertragen. Er setzte die Größe des Konvents fest, bestätigte die Propst- und Priorwahl und entschied über die Aufnahme neuer Kanoniker. In der zweiten Hälfte des 15. Jahrhunderts besann man sich in Bordesholm auf die Reformgedanken der streng ausgerichteten Regularkanoniker des zwölften Jahrhunderts. Schließlich schloss sich der Bordesholmer Konvent der Windesheimer Kongregation an. Das geistliche und geistige Leben konzentrierte sich nunmehr auf die christlichen Ursprünge. Zur Lektüre wurden die Schriften der großen Reformer des 13. und 14. Jahrhunderts angeschafft. Im Zuge der Erweiterung des Bibliotheksbestands reisten Stiftsherren aus Bordesholm nun ins verbrüderte Jasenitz, wo sie die hier verwahrten Schriften zum Leben Bernhards von Clairvaux abschrieben. Ebenso wurde das von Konrad von Eberbach (†1221) verfasste *Exordium magnum cisterciense* hier kopiert wie auch der von Caesarius von Heisterbach (um 1180–1240) niedergeschriebene *Dialogus miraculorum* nach Vorlagen aus der Kartause Gottesgnaden bei Grabow. Im Jahr 1476 hielt sich Johannes Reborch (um 1433–1513), Prior von Bordesholm, im Konvent in Jasenitz auf, um auf den reichen Bibliotheksbestand im geistigen Umfeld von St. Victor bei Paris zurückzugreifen. Hier beendete er seine Arbeiten an der berühmten Bordesholmer Marienklage. Es war wahrscheinlich gerade die Vielzahl an literarischen Werken, auf die er in Jasenitz traf, aus denen er bei der Niederschrift seiner aus niederdeutschen Texten und lateinischen Hymnen bestehenden Marienklage schöpfen konnte. Die Zugriffsmöglichkeiten auf die umfangreiche Büchersammlung und die vielfältigen Vorlagen zeigen sich auch in dem von Reborch verfassten Textabschnitt zum Heiligen Bernhard von Clairvaux, der mit der Marienklage und weiteren Texten in einer Handschrift zusammengefasst und gleichfalls im Stift von ihm niedergeschrieben wurde. Bordesholm in Schleswig-Holstein und Jasenitz in Pommern bildeten also, stiftsgeschichtlich betrachtet, zumindest phasenweise eine sehr enge Einheit.

In diesem Fall wie insgesamt erweist sich das in Schleswig-Holstein verankerte Stifts- und Klosterwesen als ein integraler Bestandteil eines transregional-internationalen Netzwerks, das buchstäblich die ganze Welt des europäischen Mittelalters umspannte. Das gilt nicht minder für das weitgehende Ende der mittelalterlichen Klosterwelt im Zeitalter der Reformation. Bereits die vorausgehenden spätmittelalterlichen Klosterreformen spiegeln einen überregionalen Diskurs wider. Die Windesheimer Reformkongregation wurde bereits kurz angerissen. Für die Franziskaner wiederum wurde die Reformbewegung der Observanz entscheidend, die 1368 im *Eremitorium Brogliano* bei Foligno in Italien ihren Anfang genommen hatte. Die Observanz wollte absolute eremitische Armut mit der unbedingten Treue gegenüber den ursprünglichen Idealen des Heiligen Franziskus verbinden und leben. Der heute in der Kieler St. Nikolai-Kirche befindliche Hauptaltar des Kieler Franziskanerklosters von 1460 ist Kunst gewordener Ausdruck dieser Botschaft bzw. dieses klösterlichen Auftrags. Sein Retabel zeigt die Hauptheiligen des Ordens und hebt dabei Bernhardin von Siena (1380–1444) als bedeutenden Exponenten der Observanz besonders hervor.

Die wesentlichen reformatorischen Denkanstöße kamen auch von außerhalb. Der im pommerschen Wollin geborene Johannes Bugenhagen (1485–1558) schuf als Weggefährte Martin Luthers (1483–1546) die reformatorische Kirchenordnung hierzulande. Der aus dem niederländischen Zütphen stammende ehemalige Augustinerprior und nunmehrige Reformationsprediger Heinrich von Zütphen (1488/89–1524) kam auf Einladung des Pfarrherrn Nicolaus Boie (um 1500–1542) im Spätherbst 1524 nach Meldorf. Den Dithmarscher Regenten des 48er-Kollegiums und den dort ansässigen Dominikanern war die Einladung ein Dorn im Auge. Sie warfen dem Prediger Anstiftung zum ketzerischen Aufruhr vor und ließen ihn schließlich nach seiner nächtlichen Verhaftung und einem Schauprozess widerrechtlich und auf äußerst grausame Weise öffentlich hinrichten. Das bittere Ende des Reformationspredigers erregte überregionales Aufsehen – nicht zuletzt weil Martin Luther 1525 einen ausführlichen Bericht darüber verfasste, der große Verbreitung fand und mehrfach nachgedruckt wurde.

In vier evangelischen Damenstiften hat das Klosterwesen die reformatorischen Zeitläufe hierzulande überdauert. Sie exis-

Retabel des Hochaltars von 1460 aus dem ehemaligen Franziskanerkloster in Kiel: Der Heilige Bernhardin von Siena (1380–1444, dritter von rechts), ist zu seiner dezenten Hervorhebung, anders als die übrigen Franziskanerheiligen, nicht frontal, sondern im Profil zu sehen

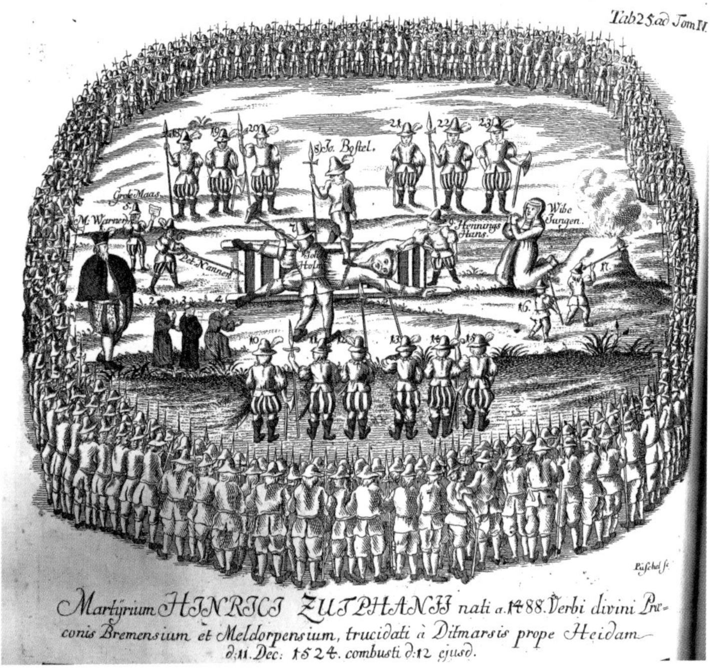

Darstellung der grausamen Hinrichtung Heinrichs von Zütphen (1488/89–1524) bei Ernst Joachim von Westphalen (1700–1759) von 1745

tieren bis heute in Itzehoe, Preetz, Uetersen und Schleswig. Die Schleswig-Holsteinische Ritterschaft bemühte sich gegenüber der Landesherrschaft, ein besonderes Klosterrecht auf diese Institute durchzusetzen, wonach nur einheimische Adelstöchter in deren Konvente aufgenommen werden sollten. Die Landesherrschaft hat das schließlich im 18. Jahrhundert weitgehend anerkannt, behielt sich aber das Recht der sog. Ersten Bitte vor. So gelangten immer noch Damen von auswärts in die Konvente, so etwa Augusta Louise Gräfin zu Stolberg-Stolberg (1753–1835), die wegen ihres Briefwechsels mit dem jungen Johann Wolfgang (von) Goethe (1749–1832) wohl prominenteste Klosterdame von Uetersen.

Jugendporträt von Augusta Louise Gräfin zu Stolberg-Stolberg (1753–1835) im Kleid von Werthers Lotte

Vor allem im Kloster bzw. Stift St. Johannis zu Schleswig war und blieb der Anteil nicht-ritterschaftlicher Konventsmitglieder hoch: 1711 gehörten nur die Priörin und eine Stiftsdame der Ritterschaft an; 1776 war der gesamte Konvent nicht-ritterschaftlicher Abkunft. Bis heute spielt das Schleswiger Damenstift eine gewisse

Sonderrolle, was die Zusammensetzung des Konvents betrifft. So gehören die letzten beiden Priörinnen deutschbaltischen Adelsgeschlechtern an. In gewisser Weise lebt hier der überregionale, »globale« Charakter des mittelalterlichen Klosterwesens fort.

Ansicht der Kirche und Klosterbauten von St. Johannis (Schleswig) von Südwesten

9. Schleswig-Holstein als Schauplatz globaler Pandemiegeschichte

Aktuell befinden sich Deutschland und Schleswig-Holstein auf dem bisherigen Höhepunkt der seit Ende Januar 2020 grassierenden Covid-19-Pandemie. Mitte Dezember 2020 verabschiedete sich das öffentliche Leben hierzulande in den zweiten harten Lockdown, nachdem sich Bund und Länder bereits im Frühjahr in einen ebensolchen begeben hatten, um die Pandemie durch eine weitgehende Unterbindung des Infektionsgeschehens »auszuhungern«. Nachdem der Anstieg der Inzidenzwerte eine Zeit lang gestoppt werden konnte, befindet sich Deutschland mittlerweile im Frühjahr 2021 im Würgegriff einer dritten Ansteckungswelle. Die neue Krankheit war zum ersten Mal Ende 2019 im chinesischen Wuhan aufgetaucht und hatte sich von da in ungemein raschem Tempo über die ganze Erde verbreitet – Zeichen und Konsequenz einer globalisierten Welt. Ihrer rasanten Ausbreitung und gefährlichen Folgen wegen wurde sie schon im März 2020 von der Weltgesundheitsorganisation (WHO) als Pandemie eingestuft. Die Infektion wird durch das neuartige Coronavirus SARS-CoV-2 verursacht. Das Robert Koch-Institut (RKI) verzeichnete bisher über 3,3 Millionen Erkrankte in ganz Deutschland, wovon mehr als 80 000 Patienten verstarben (Stand: Ende April 2021). Der vielen Verstorbenen wurde in einer eigenen zentralen Gedenkfeier am 18. April 2021 gedacht. Bei aller von Corona tatsächlich ausgehenden Bedrohung für Leib und Leben sind dies – auch dank des umsichtigen Vorgehens seitens der Behörden – freilich immer noch denkbar niedrige Zahlen im Vergleich zu den erschütternden Verhältnissen in anderen europäischen Ländern und auf der ganzen Welt. Besonders in den Vereinigten Staaten, Brasilien und Indien hat man viele Hunderttausende Todesopfer zu beklagen. Das erste deutsche Opfer der neuartigen Krankheit war ein 60-jähriger Schleswig-Holsteiner, der daran Anfang März 2020 während seines Ägyptenurlaubs verstarb. Um die Ausbreitung der Pandemie in Schleswig-Holstein zu bremsen, mussten Mitte März 2020 Vergnügungs-, Sport- und Freizeitstätten schließen, wohingegen Hotels und Gaststätten der Betrieb unter Auflagen weiterhin erlaubt blieb. Zeitgleich veranlasste die Landesregierung eine landesweite Schulschließung. Auch die schleswig-holsteinischen Inseln wurden für Touristen gesperrt, bevor dann ein generelles Tourismusverbot bis zum 19. April 2020 verhängt wurde. Für Zweitwohnungsbesitzer gab es nach Protesten Ausnahmeregelungen. Zum kurzfristigen Streit kam es auch mit dem benachbarten Hamburg, nachdem dessen Bürger zu Ostern der Zutritt auf schleswig-holsteinisches Territorium verwehrt worden war. In der Presse war die Rede von schleswig-holsteinischer »Kleinstaaterei« und »Separatismus«. In der zweiten Aprilhälfte beschloss die Landesregierung eine Maskenpflicht, die vom 29. April an gelten sollte. Bei Landespolitikern anderer Parteien stieß dies auf Kritik. Hieran wird beispielhaft deutlich, dass die ungewohnt starken Einschränkungen im öffentlichen Leben zwar stets von der großen Mehrheit der Bevölkerung im Land und deutschlandweit mitgetragen, nie aber einhellig begrüßt wurden, sondern immer auch Kritik hervorriefen. Seit April mehrten sich so Demonstrationen von Gegnern der Corona-Maßnahmen. Darunter waren viele Impfgegner und Anhänger von Verschwörungstheorien, die unter anderem Bill Gates (*1955) als Drahtzieher vermuteten, sowie rechtsgerichteter Gruppierungen wie etwa der Reichsbürgerbewegung. Im Mai 2020 kam obendrein ein Schlachthof in Bad Bramstedt ins Gerede, weil mehr als 100 seiner Mitarbeiter an Corona erkrankt waren. Hier wie anderenorts machte man die ungemein schlechten Arbeitsbedingungen in der modernen Fleischindustrie dafür verantwortlich, wogegen die Politik dann vergleichsweise rasch

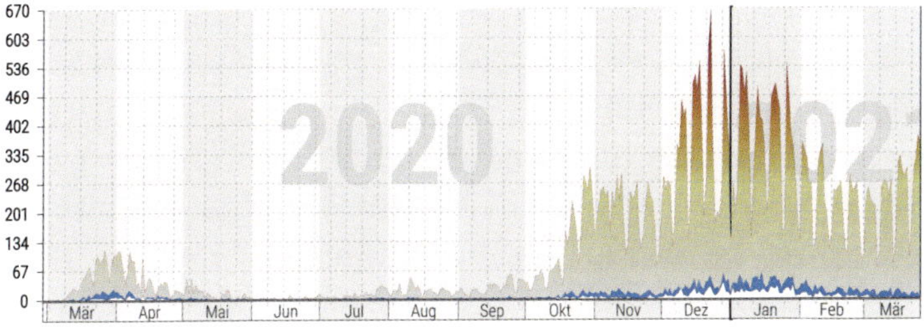

Entwicklungskurve der Corona-Fallzahlen in Schleswig-Holstein von März 2020 bis März 2021

vorzugehen versuchte. Gelang es dann den Sommer 2020 über das Infektionsgeschehen auf einem sehr niedrigen Niveau zu halten, stiegen die Neuerkrankungen seit Oktober auch in Schleswig-Holstein erst langsam und dann immer rasanter wieder an.

Um gegenzusteuern, galt ab Anfang November 2020 zunächst ein Teil-Lockdown. Dieser wurde dann, wie gesagt, Mitte Dezember zum harten Lockdown ausgeweitet, nachdem sich keine spürbare Verbesserung eingestellt hatte. Kurz vor Weihnachten 2020 ruhte daher vieler Hoffnung auf den baldigen Einsatz des in Aussicht gestellten Impfmittels. Ein Netz von Impfzentren war hierfür im Dezember landes- und bundesweit aufgebaut worden, um für den erwarteten Massenandrang gewappnet zu sein. Allerdings lief die Impfaktion sehr schleppend an, was neue Kritik hervorrief. Erst im März 2021 konnten größere Lockerungen des Lockdowns beschlossen werden, wobei Schleswig-Holstein wegen niedriger Inzidenzwerte voranging.

Die zur Eindämmung der Covid-19-Pandemie erlassenen Verordnungen sind der Bevölkerung rasch in Fleisch und Blut übergegangen: Sie reichen von der Einhaltung bestimmter Abstandsregeln über das Tragen von Mundschutz im öffentlichen Raum bis hin zu Versammlungsbeschränkungen. Auf den ersten Blick erscheint dies alles als eine nie dagewesene Einschränkung von Bürgerrechten und Lebensqualität, die üblichen Horrorszenarien des Hollywood-Kinos und der Science Fiction entlehnt ist. Doch weit gefehlt! Denn vor rund 100 Jahren grassierte mit der sog. Spanischen Grippe weltweit und auch hierzulande schon einmal eine Pandemie ungeahnten Ausmaßes, die, als sie endlich verschwand, weltweit bis zu 50 Millionen Menschen das Leben kostete. Manche Schätzungen gehen sogar von 100 Millionen Toten aus. Zum Vergleich: Der Erste Weltkrieg brachte unmittelbar 17 Millionen Menschen um ihr Leben. Wie heute ermahnten auch damals die Ärzte die Menschen zur Vorsicht; Schulen, Theater, Kinos blieben geschlossen; ebenso empfahlen die Mediziner, große Menschenansammlungen zu vermeiden. In Schleswig-Holstein wurde freilich, ganz anders als es 2020 bei Corona der Fall war, wenig bis gar nichts über die Grippetoten oder die Grippe als solche berichtet. Denn noch tobte der Erste Weltkrieg, und es herrschte die kaiserliche Zensur im Reich. Der Feind und die eigenen Soldaten an der Front sollten keinesfalls erfahren, dass man hierzulande nicht nur hungerte, sondern auch an einer Krankheit verstarb, die erst nur als einfache Erkältung begann, dann aber einen lebensbedrohlichen Verlauf annehmen konnte. Allerdings häuften sich auffallend Todesanzeigen in den Zeitungen, die darauf hinwiesen, dass jemand nach kurzer, schwerer Krankheit verstorben sei, ohne die konkrete Todesursache anzugeben. Wachen Blickes konnte man gewiss ahnen, dass irgendetwas Gefährliches im Gange war. So stiegen die Kranken- und Totenzahlen in Kiel, Eutin, Lübeck und in jeder anderen Stadt Schleswig-Holsteins wie in ganz Deutschland rasant an. Entstanden war die Spanische Grippe dabei nicht etwa in Spanien, sondern in den Vereinigten Staaten. Nach Spanien wurde die Grippe benannt, weil die Presse im neutralen Spanien freier über die neue, unbekannte Krankheit berichtete als in den direkt am Weltkrieg beteiligten Ländern. Erste Pressemeldungen über die Grippeepidemie stammten daher eben aus Spanien. Mit den US-Soldaten gelangte die Krankheit nach Europa an die Westfront, wo zuerst die eigenen Verbündeten angesteckt wurden, also Engländer, Franzosen, Italiener. Über Kriegsgefangene griff die Grippe dann rasch auch auf die deutschen Gegner über. In kurzer Zeit war beinahe jeder dritte deutsche Soldat nicht mehr einsatzfähig. Auffälligerweise starben dabei vor allem junge Menschen im Alter zwischen 20 und 40 Jahren an dem Virus. Man nimmt daher an, es muss einige Zeit davor schon einen ähnlichen Grippeerreger gegeben haben, gegen den die älteren Menschen 1918 genug Antikörper entwickelt hatten, um gegen das neue Virus gewappnet zu sein. Die Jüngeren aber waren gegen ihn nicht gefeit. Eine wirksame Medizin gab es nicht: Viren als Krankheitsauslöser waren noch gar nicht entdeckt, und auch gegen die Bakterien, die eine Lungenentzündung als Folgeerkrankung auslösten, existierte noch kein Antibiotikum. Folglich mussten sich die Mediziner darauf beschränken, die Menschen zu warnen: Sie sollten sich häufig die Hände waschen und vor allem Menschenansammlungen meiden. Aber in Schleswig-Holstein kam es genau damals in der nasskalten Jahreszeit zu einem Massenereignis, das welthistorische Bedeutung erlangte: Gemeint ist der Kieler Matrosenaufstand, der in die deutsche Novemberrevolution mündete. Die jetzt zahlreichen Demonstrationen, Aufmärsche und Versammlungen lieferten dem Virus in den revolutionären Hotspots einen geradezu idealen Nährboden. Nicht von ungefähr verbreitete es sich in Windeseile in ganz Deutschland. Allein 1918 verstarben in Deutschland 300 000 Menschen an der Spanischen Grippe.

Und dabei war die Spanische Grippe nicht einmal die erste Pandemie, mit der sich die Menschen in Schleswig-Holstein auseinandersetzen mussten. Im vorangehenden Jahrhundert hatte die Cholera die Menschen im Land mehrfach epidemisch bedroht, und die ergriffenen Gegenmaßnahmen ähneln wiederum sehr denjenigen im aktuellen Kampf gegen Corona. Aus Ostasien, speziell dem indischen Subkontinent stammend, verbreitete sich die bakterielle Infektionskrankheit ab 1817 als Pandemie über den ganzen Erdball. Bereits sechs Millionen Tote waren weltweit zu beklagen, als erste Krankheitsfälle 1831 in Deutschland auftauchten. Die Regierung des Dänischen Gesamtstaates eröffnete infolgedessen den sog. Cholera-Krieg, indem sie versuchte, den Eider-Kanal zwischen Schleswig und Holstein als natürliche Barriere gegen die weitere Ausbreitung der Pandemie nach Norden zu nutzen. Der Fährbetrieb zwischen den beiden Kanalufern wurde eingestellt, aus Gefährdungsgebieten Einreisende wurden in bestimmten Quarantäneanstalten sorgfältig überprüft. Spezielle Quarantänewächter kontrollierten den Schiffsverkehr. Das Resultat gab diesen rigiden Maßnahmen recht: Kein Cholera-Fall erreichte Schleswig. Robin Müller (*1984) beschreibt die Situation anhand Kronshagener Fallbeispiele aus dem Jahr 1892, als allein über 8600 Menschen in Hamburg an der Cholera starben, folgendermaßen:

> »Die Fälle der Choleraepidemie mussten [...] in Wochenberichten dem Kaiserlichen Gesundheitsamt übermittelt werden. Um einen neuerlichen Ausbruch [...] eindämmen zu können, wurden 1893 vom Regierungspräsidium der Provinz Schleswig-Holstein allgemeine Maßregeln erlassen. Die Ortspolizei hatte bei Verdacht auf Ausbruch der Cholera umgehend Ermittlungen einzuleiten. Der erste Cholerafall in einem Ort war direkt telegrafisch dem Kaiserlichen Gesundheitsamt in Berlin zu melden, danach hatten tägliche telegrafische Meldungen über weitere Erkrankungen und Todesfälle zu erfolgen. Daneben war der Verlauf wöchentlich über ein Formular dem Kaiserlichen Gesundheitsamt zur Kenntnis zu geben. Der Oberpräsident war ebenfalls zu unterrichten, und auch die Bekanntgabe des Ausbruchs, weiterer Erkrankungen und der Todesfälle an die Öffentlichkeit hatte durch die Ortspolizei zu erfolgen. In den Orten, wo Cholera herrschte, mussten alle Märkte, Messen und andere Veranstaltungen abgesagt werden. Die Schulkinder durften Schulen innerhalb wie außerhalb des Wohnortes nicht besuchen, solange im Wohnort Cholera grassierte. Personen, die in Verdacht standen, an Cholera erkrankt zu sein, waren bis zur Klarheit über

> eine Infektion wie Erkrankte zu behandeln und in häuslicher Umgebung unterzubringen. Sofern das nicht möglich war, sollten sie in Krankenhäusern unterkommen. Im Umgang mit Infizierten waren umfangreiche Hygiene- und Desinfektionsvorschriften zu beachten [...]. Nach einem Todesfall sollte der Leichnam so schnell wie möglich ins Leichenhaus gebracht werden [...]. Das Begräbnis von an Cholera Verstorbenen war so einfach wie möglich abzuhalten [...].«

Noch weitaus bekannter als die Gefahren durch die Spanische Grippe oder die Cholera ist der Schwarze Tod, also die große Pestwelle um die Mitte des 14. Jahrhunderts, im Bekanntheitsgrad gefolgt von der Lepra bzw. dem Aussatz. Noch heute ist Lepra in vielen Ländern endemisch, mit über 200 000 erfassten Neuerkrankungen pro Jahr. Lepra ist eine der ältesten aufgezeichneten und mit am stärksten stigmatisierten Krankheiten überhaupt. In Europa war sie bis ins 16. Jahrhundert weitverbreitet. Der Hauptverursacher der Lepra ist das Bakterium *Mycobacterium leprae*. Jüngere Studien haben ergeben, dass es sich in mehrere Bakterienstämme gruppiert, von denen nur zwei im mittelalterlichen Europa vorhanden waren. Eines der rekonstruierten Lepra-Genome kommt aus Great Chesterford in England und datiert auf den Zeitraum zwischen 415 und 545. Es ist das älteste bisher sequenzierte Lepra-Genom und stammt aus einem der ältesten bekannten Lepra-Fälle in Großbritannien und Europa. Interessanterweise ist dieser Bakterienstamm der gleiche, der auch in den heutigen roten Eichhörnchen zu finden ist, was die Hypothese untermauert, dass Eichhörnchen und der Eichhörnchenpelzhandel bei der Ausbreitung der Lepra unter den Menschen im mittelalterlichen Europa eine Rolle gespielt haben – so wie Fledermäuse mit dem aktuellen Covid-19-Virus in Verbindung gebracht werden. Wahrscheinlich ist der Ursprung der Krankheit überhaupt in Europa zu suchen, wie Kieler Forscher weiter vermuten. Sog. Leprosorien oder Siechenhäuser, in denen die am Aussatz Erkrankten isoliert

Das ehemalige Siechenhaus Klein Grönau bei Lübeck

untergebracht waren, um angesichts fehlender wirksamer Gegenmittel eine Weiterverbreitung der Krankheit möglichst zu vermeiden, gab es auch hierzulande, so etwa in Klein Grönau bei Lübeck. Dieses Siechenhaus ist erstmals gegen Ende des 13. Jahrhunderts urkundlich nachweisbar und wurde ab 1423 von Lübeck aus verwaltet. Der heute noch vorhandene Backsteinbau geht in seinen Grundzügen auf eine Stiftung des Lübecker Bürgermeisters Andreas Geverdes (†1477) von 1479/80 zurück. Es war in zwei Hälften getrennt, von denen die südliche für kranke Männer, die nördliche für erkrankte Frauen bestimmt war. Die gleichzeitig erlassene Hausordnung sah die Unterbringung von je sechs Männern und Frauen in den beiden Haushälften vor.

Ein weiteres als *Domus Leprosorum* (›Haus der Leprakranken‹) bezeichnetes Siechenhaus stand in (Bad) Schwartau. Es wurde 1258 erstmals urkundlich erwähnt und ging auf die Gründung des Lübecker Bischofs Johann von Diest (†1259) zurück. Hierin sollten bis zu zwölf Erkrankte nach klosterartig strengen Vorschriften leben. Das Haus gelangte durch Spenden, Stiftungen und Vermächtnisse von Geld und Landbesitz sogar zu einem gewissen Wohlstand, der es ermöglichte, 1289 eine Kapelle zu errichten. Nach dem Verschwinden der Lepra wurde das Siechenhaus 1443 in ein Heim für bis zu zwölf bedürftige Schwestern umgewidmet.

Während Lepra die Menschen in Schleswig-Holstein und Europa vornehmlich im hohen Mittelalter bedrohte, auch wenn noch Einzelfälle im 16. Jahrhundert berichtet werden, kam es um die Mitte des 14. Jahrhunderts zur Pest als der lange Zeit verheerendsten Epidemie der Menschheitsgeschichte mit schätzungsweise 20 bis 50 Millionen Toten. Bei der Pest handelt es sich um eine ansteckende Krankheit, deren bakterieller Erreger von Alexandre Yersin (1863–1943) im Jahr 1894 entdeckt wurde. Der Schweizer Arzt fand ihn bei Untersuchungen an Kranken in Hongkong, die bei der letzten weltweiten Pestwelle infiziert worden waren. Der Erreger kommt bis heute bei Nagetieren in Amerika, Afrika sowie Asien vor und löst immer wieder lokale Epidemien aus. Meist befällt er Ratten, aber auch Haustiere wie Katzen oder Hunde, deren Flöhe ihn dann auf Menschen übertragen. Als ursprüngliche Ausgangswirte für die Krankheitserreger gelten im Übrigen diesmal Murmeltiere. Die Höhepunkte der Seuche fielen auffallenderweise stets auf den Sommer, während sie im Winter nicht auftrat. Am häufigsten war und ist nach wie vor die Beulenpest, bei der zwei bis sieben Tage nach dem Flohstich Schwellungen der Lymphknoten und Husten, Hautverfärbungen sowie innere Blutungen auftreten – mit häufiger Todesfolge innerhalb von sieben Tagen. Die Lungenpest, die durch Einatmen des Auswurfs Infizierter als Tröpfcheninfektion übertragen wird, ist demgegenüber seltener, aber weitaus heftiger im Verlauf. Bei der Beulenpest blieben im Mittelalter 20 bis 40 Prozent der Erkrankten am Leben; die Lungenpest hingegen endete praktisch immer tödlich. Behandelt wird die Pest heutzutage mit Antibiotika. Vor deren Entdeckung gab es gegen die Pest kein wirksames Mittel.

Da das Mittelalter schon wesentlich globaler aufgestellt war, als man gemeinhin denkt, breitete sich die damals aus der Hochebene Zentralasiens kommende Seuche über die Seidenstraße, die Halbinsel Krim und dann westliche Handelsrouten zu Land und zur See und wohl auch die hansischen Handelswege im Osten in geradezu rasender Schnelligkeit in nahezu ganz Europa aus. Italien, Frankreich, England waren genauso betroffen wie Norwegen und Dänemark und eben Mitteleuropa. Schleswig-Holstein wurde 1350 vom Schwarzen Tod erreicht, wobei die Seuche die Region gleichzeitig über Jütland auf dem Seeweg und über die hansischen Handelsrouten von Westfalen und dem Rheinland zu Land erreichte. Womöglich wurde der Pest-Erreger zusätzlich über die von Russland kommenden hansischen Handelswege eingeschleust. In Lübeck soll die Pest an Pfingsten 1350 ausgebrochen sein, also am 16. Mai. Schon am 24. Juni desselben Jahres erlaubte der Bremer Erzbischof der Stadt Kiel aufgrund der vielen Pesttoten die Einrichtung eines neuen Friedhofs in der Brunswik vor dem Schuhmachertor. Auch für Landgemeinden lässt sich die Anlage neuer Friedhöfe wegen der ungewohnt zahlreichen Todesfälle belegen, so etwa in Lehmbek bei Rendsburg. In Krempe errichteten im September 1350 einige Bürger ein Vikariat zu Ehren eines Priesters namens Johann von Luttekense, weil er nicht wie seine Mitgeistlichen vor der Epidemie geflohen war, sondern den Bürgern weiterhin frommen Beistand geleistet hatte. Aus Lübeck berichtet die Chronik des Franziskaner-Lesemeisters Detmar von der Pest, die er als »de grote plaghe« bezeichnete. 2500 Menschen sind dort ihm zufolge allein am 10. August 1350 gestorben und in Massengräbern verscharrt worden. Diese Zahl ist gewiss übertrieben, wie es bei mittelalterlichen Chronisten gang und gäbe war. Doch nimmt es angesichts solcher Pestfolgen nicht wunder, dass auch die Zahl abgefasster Testamente damals drastisch anstieg. Und 1991 wurde tatsächlich ein Massengrab mit Pesttoten beim Lübecker Heiligen-Geist-Hospital entdeckt. In zwei vergleichsweise kleinen Gruben von

Skelette aus einem Massengrab für Pesttote in Lübeck

4,50 × 5,20 m lagen in vier bis fünf Schichten dicht an dicht mehr als 700 Skelette.

Offenbar sind sie in kürzester Zeit und ganz hastig in die Gruben geworfen worden, weil die regulären Friedhöfe nicht mehr ausreichten. Die Toten waren nicht nur Angehörige der Unterschichten, wie man zunächst vermuten könnte, sondern auch der Mittel- und Oberschichten, wofür zumindest für einzelne Individuen stichprobenartige Skelettuntersuchungen sprechen. Auch das Geschlecht spielte bei den Toten keine Rolle, wohl aber das Alter. Hervorstechend war unter den Skeletten der Anteil der 15- bis 25-Jährigen und die Altersgruppe der 50- bis 54-Jährigen. Schon aus zeitgenössischen mittelalterlichen Quellen kann man erfahren, dass die Pest insbesondere unter jungen Menschen und Kindern wütete. Fehlte es ihnen an einer wirksamen Immunität?

Im Übrigen blieb es nicht allein bei dem Pestausbruch von 1350, wie es auch zuvor schon zumindest in Kleinasien die Pest gegeben hatte. Weitere Pestwellen lassen sich nach 1350 örtlich nachweisen, so bereits 1358 wieder in Lübeck, Cismar und den Besitzungen des Domkapitels Ratzeburg. Von 1350 bis zur letzten Epidemie in Schleswig-Holstein im Jahr 1713 lässt sich durchschnittlich alle 15 Jahre eine Seuche belegen, die mit der Pest in Verbindung gebracht wird. Im Zeitraum von 1350 bis 1406 suchte die Pest durchschnittlich sogar alle acht Jahre die Lande wieder heim.

Auch wenn die Chronistik gerade für Lübeck drastische Berichte liefert und davon spricht, dass von ursprünglich 1000 Einwohnern bald keine zehn mehr am Leben waren, so lag die Todesrate in Schleswig-Holstein schätzungsweise bei zehn Prozent der Gesamtbevölkerung. Wiewohl auch dies für sich genommen natürlich eine erschreckend hohe Todesrate ist, war es im Vergleich zu anderen Regionen Europas sicher noch eine geringe Quote. Die Bevölkerung Italiens soll im gleichen Zeitraum um 70 bis 80, die Kataloniens um rund 55, die englische um 40 bis 50 und die französische um 25 bis ebenfalls 50 Prozent reduziert worden sein. Für Norwegen wird von einer Mortalitätsrate von bis zu 70 Prozent ausgegangen. Wenn sich die damalige Sterblichkeit überhaupt bestimmen lässt – es gab ja noch keine Bevölkerungsstatistik, sodass man auf Mutmaßungen angewiesen ist –, so liegt das Ergebnis für Schleswig-Holstein jeweils weit unter den 30 Prozent, die von vielen Historikern für den Schwarzen Tod insgesamt angenommen werden. Der Raum Schleswig-Holsteins wäre damit von der Pest weitaus weniger stark betroffen gewesen als andere Regionen in Europa. Angesichts dessen bleiben auch manche Konsequenzen, die die Historikerzunft den Pestwellen generell zuschreibt und die von Besitzkonzentration über Preisverfall bis zur Ausbreitung von Siedlungswüstungen reichen, für unseren Raum vielfach hypothetisch. Immerhin weiß man, dass in Lübeck der Rentenmarkt, in den Handelsgewinne flossen und längerfristig spekulativ angelegt wurden, in der zweiten Jahreshälfte 1350 zusammenbrach und der Geldumsatz nahezu ganz aufhörte. Der Lübecker Immobilienmarkt war im Zeitraum von 1350 bis 1367 auch durch einen beschleunigten Grundbesitzwechsel gekennzeichnet, was mit einer weitverbreiteten Zahlungsunfähigkeit in Verbindung gebracht wird. Offenbar lag in der Stadt der Handel zeitweilig völlig darnieder. Preetzer Klosterrechnungen belegen, dass auch auf dem Land die Preise für Agrarprodukte verfielen und sich erst im Lauf des 15. Jahrhunderts wieder erholten.

Mehr lässt sich über die kulturellen Folgen der Pest sagen, die im Zusammenhang mit der Furcht vor dem Tod stehen. Stiftungen für das Seelenheil nahmen spürbar zu, und Pestheilige machten hierzulande wie anderenorts Karriere. So wurde etwa der Heilige Rochus zum populärsten Heiligen überhaupt. Erst seit 1480 begegnet seine Verehrung nördlich der Alpen, doch bald war der Rochus-Kult in den großen Handels- und Gewerbezentren Nordeuropas etabliert. Lübeck entwickelte sich nach Nürnberg zum zweiten Zentrum der Rochus-Verehrung im Reich. Lübecker Kaufleute gründeten 1511 eine Rochus-Bruderschaft und stifteten dafür eine eigene Vikarie im Dom. Der im Zweiten Weltkrieg zerstörte Lettner der Lübecker Marienkirche wies geradezu selbstverständlich eine 1520/22 von Benedikt Dreyer (ca. 1480–nach 1555) geschaffene Rochus-Figur auf.

Zudem griff Angst als Massenphänomen seinerzeit um sich. So beteiligte sich der Lübecker Rat an einer von anderen Städten initiierten Judenverfolgung, da man die Juden für die Verbreitung der Pest verantwortlich machte. In Lübeck gab es aber gar keine Juden. Also ließ der Rat der Stadt kurzerhand andere Personen aufgreifen und hinrichten, die angeblich im jüdischen Auftrag die Pest verbreitet hatten. Ganz offensichtlich ging es dem Rat darum, durch die Verfolgung von Sündenböcken den Unmut der Einwohnerschaft zu dämpfen. Doch dauerte die Krankheit natürlich auch danach weiter an, sodass diese Wirkung schnell verpufft sein dürfte. Der schon genannte Chronist Detmar rechtfertigte jedenfalls im Nachhinein das Vorgehen gegen die Juden und ihre vermeintlichen Komplizen, da sie angeblich beschlossen hatten, die Christen zu verderben und Könige und Herren über die ganze

Rochustafel von Jacob van Utrecht (um 1479–nach 1525) aus dem Lübecker Dom um 1515

Christenheit zu werden. Sinnfälliger Ausdruck der umfassenden Todeserfahrung sind auch die Totentanzdarstellungen jener Zeit, die den Einfluss und die Macht des allwaltenden Todes auf bzw. über das Leben der Menschen aller Altersgruppen und Gesellschaftsschichten vom Papst und Kaiser bis hinunter zur Nonne bildlich vor Augen führten. Um 1460 wurde ein solcher Totentanz an die Wand der Lübecker Marienkirche gemalt. Es wird diskutiert, ob der bekannte Künstler Bernt Notke (um 1440–vor 1509) Schöpfer des im Zweiten Weltkrieg zerstörten Wandgemäldes gewesen ist.

Im humoralpathologischen Denken der Zeit, das einen Überschuss feuchtwarmen Blutes im Körper für die Pest verantwortlich machte, oder in der Vermutung, durch eine ungünstige Planetenkonstellation hervorgerufene giftige Gase zu Wasser und zu Land seien an der Seuche schuld, empfahlen die Ärzte, Anstrengungen zu meiden. Musik, Freude und Heiterkeit sollten die aus den Fugen geratenen inneren Temperamente wieder ins Gleichgewicht bringen. Allmählich, so scheint es, entwickelte sich ein Verhalten der Zeitgenossen, das die praktischen Erfahrungen mit der Seuche berücksichtigte. So galten nach einer Quelle von 1484 in Pestzeiten im Preetzer Kloster besondere Verhaltensregeln. Bei den damals erlassenen Pestordnungen handelt es sich meist um eine Mischung aus – nach heutiger Sicht – wirksamen und unwirksamen Maßnahmen. Zu den effektiven Mitteln zählten Marktverbote zur Vermeidung größerer Menschenansammlungen, die Isolation von Pestkranken und besondere Vorsichtsregeln bei Beerdigungen. Verhältnismäßig unwirksam waren dagegen manche medizinischen Mittel – mit übelriechenden Substanzen wie Theriak wollte man etwa das Einatmen des »Pesthauchs« vermeiden – und das Verbot des Zuzugs von Fremden, nicht jedoch von Einheimischen, die aus pestverseuchten Gebieten kamen.

Jüngeren Datums sind Gesundheitspässe und Impfatteste. Erstmalig in Italien Ende des 15. Jahrhunderts noch handschriftlich, Ende des 16. Jahrhunderts dann gedruckt bezeugt, kamen sie ab dem 17. Jahrhundert auch in Deutschland zum Schutz vor der Ausbreitung von Seuchen vor.

Im Herbst 1660 wurde z.B. im königlichen Anteil der Herzogtümer ein beglaubigter Gesundheitspass von Schiffen aus Danzig verlangt, weil dort die Pest grassierte. Wahrscheinlich

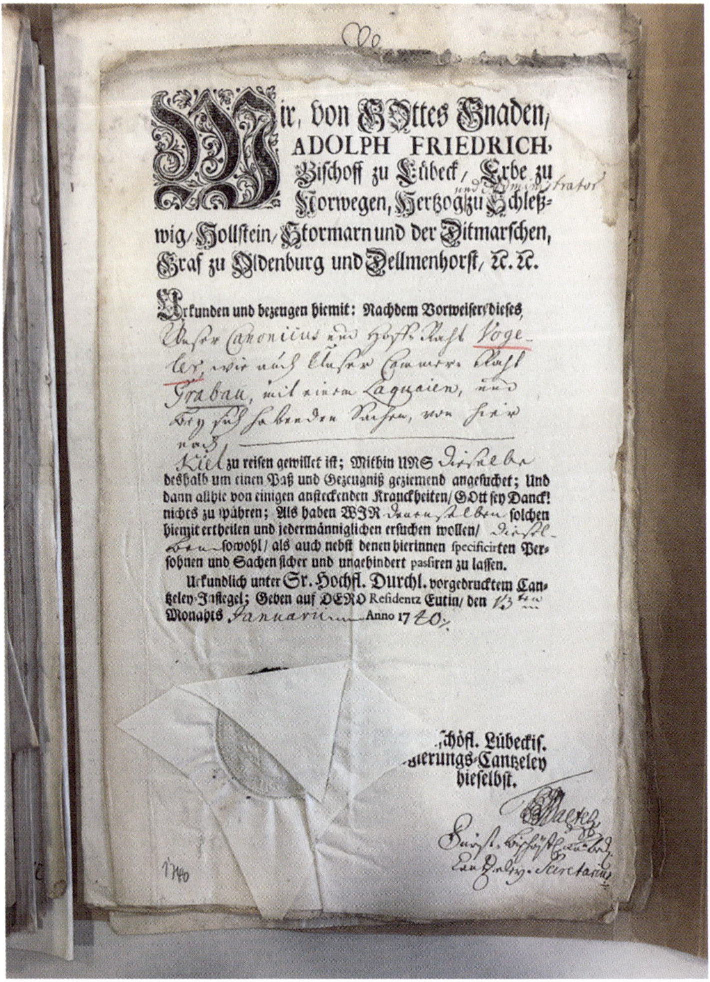

Wir, von GOttes Gnaden, ADOLPH FRIEDRICH, Bischoff zu Lübeck, Erbe zu Norwegen, Hertzog zu Schleswig, Hollstein, Stormarn und der Ditmarschen, Graf zu Oldenburg und Dellmenhorst, etc. etc.

Urkunden und bezeugen hiemit: Nachdem Vorweiser dieses, Unser Canonicus und Hochf. Rath Vogeler, wie auch Unser Cammer-Rath Grabau, mit einem Laquaien, und bey sich habenden Sachen, von hier nach Kiel zu reisen gewillet ist; Mithin UNS dieselbe deshalb um einen Paß und Gezeugniß geziemend angesuchet; Und dann allhie von einigen ansteckenden Kranckheiten, GOtt sey Danck! nichts zu spühren; Als haben WIR denenselben solchen hiemit ertheilen und jedermänniglichen ersuchen wollen, dieselben sowohl, als auch nebst denen hierinnen specificirten Persohnen und Sachen sicher und ungehindert passiren zu lassen.

Urkundlich unter Sr. Hochfl. Durchl. vorgedrucktem Cantzeley-Insiegel; Geben auf DERO Residentz Eutin, den 13ten Monahts Januarii Anno 1740.

...schöfl. Lübeckis.
...gierungs-Cantzeley
hieselbst.

Gesundheitspass aus Eutin aus dem Jahr 1740, ausgestellt von der bischöflichen Regierungskanzlei im Namen des Lübecker Fürstbischofs und späteren schwedischen Königs Adolf Friedrich (1710–1771) waren solche Gesundheitspässe aber wenig effizient, um die weitere Verbreitung einer Epidemie zu verhindern, da sie härtere Quarantäne-Regelungen aufweichten. Als 1811 in Schleswig-Holstein flächendeckend Impfungen gegen die Pocken erfolgten, herrschte offiziell zwar keine Impfpflicht außer für Rekruten und Nachbarn bei einem etwaigen Pockenausbruch. Aber faktisch galt eine solche, da spezielle Impfatteste bei der Einschulung, Konfirmation, Verlobung und Trauung sowie bei der Ausstellung von Dienstzeugnissen vorgelegt werden mussten. Ein solcher Impfpass, ob analog oder digital, wird auch in der gegenwärtigen Covid-19-Pandemie favorisiert, um etwa unbeschwertes Reisen wieder möglich zu machen.

Eröffnungsfeier der Segelolympiade 1972 in Schilksee. Neben den angetretenen Nationen hissen Matrosen die Olympische Fahne und die Flaggen der teilnehmenden Nationen

10. Die Welt schaut auf Schleswig-Holstein

Kieler Woche und Olympische Spiele

Schleswig-Holstein als, wie schon gesagt, unscheinbarer Punkt auf der Weltkarte wird von der Weltöffentlichkeit bestimmt selten oder gar nicht wahrgenommen. Allerdings gab es in der Vergangenheit verschiedene Ereignisse und gibt es nach wie vor Anlässe, die Schleswig-Holstein dem Rest der Welt ins Bewusstsein riefen und rufen. Das war zum Beispiel bei den Olympischen Spielen von 1936 und 1972 der Fall und begegnet bis heute bei der seit 1882 stattfindenden Kieler Woche.

Die Kieler Woche trägt zur überregionalen Bekanntheit Kiels und ganz Schleswig-Holsteins sicherlich am stärksten und nachhaltigsten bei, da sie jedes Jahr stattfindet. Selbst im Jahr 2020 wurde sie trotz der allseits bedrückenden Corona-Pandemie abgehalten, wenn auch im September statt wie sonst im Juni und insgesamt auch nur im erheblich verkleinerten Rahmen. Schon die erste »Kieler Woche«, die allerdings nur einen Tag lang war, fand am 23. Juli 1882 im Beisein von Tausenden von Schaulustigen aus allen Bevölkerungsteilen statt, die eine Segelregatta mit 20 Mannschaften aus Deutschland und dem Ausland mitansehen durften. Der Erfolg der Veranstaltung zog eine Wiederholung nach sich, wobei sich bald Segler aus weiter entfernten Ländern wie Frankreich, Österreich, Russland oder den Vereinigten Staaten als Wettkämpfer dazugesellten.

1888 gab es schon 50, vier Jahre später 100 Anmeldungen zu den Wettkämpfen. Ab 1895 nahmen regelmäßig 450 bis 500 Boote daran teil. Der große Zuspruch führte dazu, dass die Dauer auf mehrere Tage und die Wettkämpfe auf mehrere Segelklassen aus-

Internationale Schiffe bei der Windjammerparade zur Kieler Woche 1962, rechts das Segelschulschiff ›Falken‹ (schwed.) und links das Segelschulschiff ›Danmark‹ (dän.)

gedehnt wurden. Seit 1894 lautete der offizielle Name der Veranstaltung in Analogie zur britischen ›Week of Cowes‹ nun ›Kieler Woche‹.

Die Kieler Woche war dabei von Anfang an nicht nur ein großes Segelsportereignis. Vielmehr stellte sie wegen der Präsenz und regen Anteilnahme des Kaiserhauses sowie anderer hochgestellter Persönlichkeiten aus Adel und Bürgertum ein wichtiges Gesellschaftsereignis mit internationaler Ausstrahlung dar. So fanden sich auch Staatsoberhäupter oder andere wichtige Staatsmänner zur Kieler Woche ein, z.B. 1892 Zar Alexander III., 1897 König Leopold II. von Belgien (1835–1909) oder 1904 König Eduard VII. von Großbritannien, die hier mit Kaiser Wilhelm II. zusammentrafen. Zur Kieler Woche wurde immer auch ein Stück Diplomatie betrieben, und die Kaiserliche Marine nutzte die Aufmerksamkeit der Weltöffentlichkeit, um unter rauchenden Schornsteinen ihre Größe und Schlagfertigkeit zu demonstrieren. Als der österreichungarische Thronfolger Franz Ferdinand (1863–1914) am 28. Juni 1914 in Sarajewo einem Mordanschlag zum Opfer fiel, wurden die laufenden Segelwettkämpfe abgebrochen. Der Abschiedsgruß des rasch abreisenden britischen Flottenverbands lautete: »Friends for now and friends forever«. Kaum einen Monat später waren Deutsche und Briten erbitterte Kriegsgegner.

Nach der kriegsbedingten Pause war für 1919 schon wieder an eine Kieler Woche gedacht. Der Kaiserliche Yacht-Club zog sich aber aus Protest wegen der zugleich bekannt gewordenen harten Versailler Friedensbedingungen von der Austragung der Wettkämpfe zurück, sodass die geplante Festwoche doch ausfiel. In den beiden folgenden Jahren fand dann die Kieler Woche nahezu ohne ausländische Beteiligung in nur kleinem Rahmen statt – Zeichen der damaligen internationalen Isolation Deutschlands. Durch eine sportliche Neuausrichtung der Wettkämpfe weg von größeren Schonern hin zu kleineren Segelbooten sowie durch eine Ausweitung des Begleitprogramms gelang der Kieler Woche allerdings nach der Inflationszeit ein schneller Wiederaufstieg. 1930 waren wieder über 100 Segler, darunter etliche aus Skandinavien, England und den Niederlanden, zur Teilnahme angemeldet, und auch das 50-jährige Jubiläum der Kieler Woche 1932 strahlte ein festliches, internationales Flair aus. Immer stärker entwickelte sich die Kieler Woche dabei zu einem Ereignis mit Volksfestcharakter.

Die Nationalsozialisten betonten demgegenüber wieder die ältere Tradition, indem sie den militärisch durchorganisierten Segelwettkampf ganz und gar in den Vordergrund rückten. Welche Rolle die Parteiführung der Veranstaltung mit ihrer bekannten weiten Ausstrahlung beimaß, wird daran ersichtlich, dass die Organisation der Kieler Woche ab 1934 mit großem propagandistischen Aufwand direkt in Berlin verortet war. Kiel sollte zum seglerischen Nürnberg Deutschlands werden, wie der damalige Kieler Oberbürgermeister Walther Behrens (1889–1977) verkündete. Zunächst fand die Kieler Woche weiterhin einen großen Zuspruch: 540 Teilnehmer aus 14 Nationen meldeten sich im Jahr

1934 dazu an, sodass sich das nationalsozialistische Deutschland als Gastgeber eines international renommierten Segelsportereignisses präsentieren konnte. In den Folgejahren nahm die Zahl der ausländischen Wettkämpfer indes kontinuierlich ab, und im Zweiten Weltkrieg gab es gar keine Kieler Woche.

Trotz der tiefgreifenden Kriegszerstörungen und der allseits drängenden großen Not fand bereits vom 31. August bis zum 4. September 1945 wieder eine Kieler Woche statt. Allerdings wurde sie von der britischen Besatzungsmacht organisiert und durchgeführt, während die deutsche Bevölkerung von dieser ›Kiel Week‹ und auch der im folgenden Jahr ausgeschlossen blieb. In Anlehnung an die Kieler Herbstwochen der 1920er Jahre organisierte demgegenüber die Stadt auf Anregung ihres Oberbürgermeisters Andreas Gayk (1893–1954) im Jahr 1947 eine Septemberwoche unter dem Motto »Kiel im Aufbau«. Deren Schwerpunkte bildeten die Bereiche Kultur, Wissenschaft, Politik und Volkfestivität. Die dahinterstehende Idee war, die Kieler Bevölkerung mit einem breiten Programm aus der geistigen Isolation der NS-Zeit herauszuführen. Auch Kirchen, Gewerkschaften, Sportvereine und die Universität engagierten sich. Gleich zwei Kieler Wochen gab es 1948. Die erste veranstaltete der Kieler Yachtclub im Juni mit den üblichen Segelregatten und 90 gemeldeten Booten; die zweite wurde unter erneut politisch-kulturellem Vorzeichen von der Stadt im Herbst mit Gästen aus England und Skandinavien organisiert. »Kiel stellt sich um«, lautete ihr programmatisches Motto. Die Kieler Woche, die bisher immer mit der »Kriegshafenstadt« Kiel in Verbindung gebracht worden war, sollte nach Gayks Vorstellung künftig »die Tür zu anderen Nationen aufstoßen, damit ein neuer frischer Wind weht«.

Der Erfolg beider Veranstaltungen veranlasste Stadt wie Segelvereine dazu, 1949 eine gemeinsame Kieler Woche als Zeichen der Friedensbemühungen und Schauplatz gemeinsamen, fairen Sports zu organisieren, sodass dieses Jahr als der eigentliche Neuanfang der Kieler Woche nach dem Krieg gelten kann. Seinerzeit waren schon wieder Repräsentanten aus Argentinien, England, Frankreich, den Niederlanden, Norwegen und Spanien dabei. 50000 Zuschauer kamen zum Motorradrennen, sogar 80000 zum Feuerwerk. Gegenüber solchen Dimensionen nahm sich der Anteil des Segelsports an der Kieler Woche recht bescheiden aus. 1954 gab es mit dem US-Zerstörer ›Glennon‹ wieder den ersten ausländischen Flottenbesuch. Drei Jahre darauf wurde das 75-jährige Jubiläum der Kieler Woche mit US-amerikanischen, britischen und französischen Flotteneinheiten gefeiert. Auch die Bundesmarine war nun dabei sowie rund 300 Segelyachten aus 13 Nationen. Politische Prominenz aus Bonn wie Bundespräsident Theodor Heuß (1884–1963) und aus dem Ausland war von nun an immer wieder zu Gast. Die Bonner Bundesregierung förderte die Kieler Woche dabei auch finanziell, um vor dem Hintergrund des Kalten Krieges das Alleinstellungsmerkmal der westdeutschen Segelmetropole zu unterstreichen. Denn die DDR versuchte, in den 1960er Jahren bis 1975 in Rostock eine eigene ›Ostsee-Woche‹ als Gegenstück zur Kieler Woche einzurichten. Seit 1973 nahmen aber auch Teams aus dem Ostblock, aus der DDR, Polen und der UdSSR, an der Kieler Woche teil. Die Kieler Woche wurde so und durch das umfängliche kulturelle Begleitprogramm der 1960er und 1970er Jahre, das tschechoslowakische, ungarische, jugoslawische, sowjetische und rumänische Künstlerarbeiten präsentierte, zu einem wertvollen Baustein der Verständigung über den Eisernen Vorhang hinweg. Damit löste sie den 1947 von Gayk formulierten Auftrag ein, einen Beitrag zum Frieden zwischen den Völkern zu leisten. Auch heute noch ist die Kieler Woche diesem Gedanken verschrieben. In diesem Sinne wird es aufmerksam beobachtet, wenn etwa russischen Militärschiffen die Teilnahme an der Kieler Woche verwehrt wird, wie es seit der völkerrechtswidrigen Annexion der Krim durch Russland im Jahr 2014 der Fall ist.

Nicht nur in Bezug auf die Kieler Woche, die zum international bekannten Markenzeichen Kiels und Schleswig-Holsteins geworden ist und völkerverbindend wirkt, richtete die Welt ihre Blicke auf den Norden Deutschlands: Kiel war auch Austragungsort der Segelwettkämpfe während der Olympischen Sommerspiele der Jahre 1936 und 1972. Das Olympische Komitee hatte 1931 die Austragung der Olympischen Sommerspiele fünf Jahre später an Deutschland vergeben, worauf sich die Verantwortlichen 1934 für Kiel entschieden, um dort die Segelregatten auszutragen. Die NS-Führung wollte das sportliche Großereignis zur Selbstdarstellung nutzen und für das Weltpublikum als ein vollendetes Friedensfest inszenieren, weswegen alles, was auf die sonst im damaligen Deutschland üblich gewordene antisemitische Hetze hinweisen konnte, feinsäuberlich aus dem Stadtbild entfernt wurde. Ausländische Gäste sollten möglichst nicht verschreckt werden. Auf einer nachgebauten Hansekogge fand am 3. August 1936 die Eröffnungsfeier mit Olympischem Feuer statt. Adolf Hitler (1889–1945) besuchte die Wettkämpfe am 10. August und konnte gleich zwei deutsche Segelsiege miterleben. Die nationale Presse berichtete darüber wie bei allen deutschen Sporterfolgen ausführlich, während die Medaillengewinne anderer Nationen nur Randnotizen wert waren. In sportlicher Hinsicht konnten sich die seinerzeitigen Olympischen Wettkämpfe freilich dennoch sehen lassen. Allein 15 Weltrekorde wurden damals aufgestellt, und auch rund 50 olympische Bestleistungen sind eine stolze Erfolgsbilanz. 61 Boote mit Seglern aus 26 Ländern wetteiferten in vier Klassen um den Sieg. 50 000 Menschen waren bei der Schlussfeier auf dem Festplatz vor Bellevue dabei. Während die Medaillensieger nach Berlin zur Siegerehrung fuhren, ging in Kiel das Feiern gleich mit der Kieler Woche weiter. Jetzt wurden die »Juden unerwünscht«-Schilder wieder aufgestellt.

Auch für die Segelwettbewerbe der 20. Olympischen Sommerspiele von 1972 konnte sich Kiel trotz eines gewissen Negativ-Images wegen der 1936 ausgetragenen NS-Spiele gegen die starke Konkurrenz von Lübeck-Travemünde durchsetzen. Kiel überzeugte wegen seiner langjährigen Erfahrung als Veranstaltungsort hochkarätiger Wettkämpfe, nicht zuletzt im Rahmen der Kieler

Woche. Für Kiel sprach außerdem die größere Windzuverlässigkeit der Förde gegenüber der Travemünder Bucht. Da damals der Eiserne Vorhang vor den Toren Lübecks verlief, hatte zumal die Bundesmarine Bedenken geäußert, eine stärkere militärische Präsenz zur Unterstützung der Spiele in Travemünde könne zu politischen Irritationen seitens des Warschauer Paktes führen. So erhielt also Kiel den Zuschlag. Für das Stadtbild hatte diese Entscheidung große Konsequenzen, denn der damalige Oberbürgermeister Günther Bantzer (1921–2019) wollte die olympischen Segelwettkämpfe nun nicht allein sportlich für Kiel nutzbar machen, sondern mit Olympia-Fördermitteln der etwas abseits gelegenen Landeshauptstadt zum nachhaltigen Aufbau einer großstädtischen Infrastruktur verhelfen und sie insgesamt für Touristen und Besucher attraktiver gestalten. In der ambitionierten Errichtung eines Olympiazentrums in Kiel-Schilksee wie in der zeitgleichen Herstellung eines Autobahnanschlusses (A 215), im ebenso vollzogenen Ausbau der innerstädtischen Verkehrswege mit Zentralem Omnibusbahnhof sowie dem Neubau von Holtenauer Hochbrücke und Fördestraße, zudem in der Neugestaltung des Rathausplatzes, des jetzt mit Pavillons versehenen Alten Markts, im Kubusanbau an das Stadttheater und zu guter Letzt in der Neuanlage der Kiellinie treten diese Bestrebungen bis heute vor Augen. Auf lange Sicht profitierte die Stadt tatsächlich ungemein von diesen Maßnahmen. Doch sorgten die Investitionen, die sich ohne Straßenbaukosten auf stolze 82 Millionen DM beliefen, in der überregionalen Presse für Spott und Kritik. Kiel hatte seinen Konkurrenten Lübeck-Travemünde nämlich auch deswegen ausgestochen, weil es auf seine vorhandene Infrastruktur und einen folglich nur geringen Investitionsbedarf verwiesen hatte. Von der »großen Kieler Selbstdarstellung« war die Rede. Der ›Spiegel‹ warf Bantzer vor, sich unlauter aus dem Olympia-Geldtopf bedient und damit den Umbau des Stadttheaters und des Rathausplatzes finanziert zu haben. Immerhin waren die eigentlichen Sportwettkämpfe dann tatsächlich ein Erfolg. Obschon das Olympische Komitee ausdrücklich keine zweite Kieler Woche am Rande der Spiele gewünscht hatte, gab es ein beachtliches Begleitprogramm wie eine große Windjammerparade mit 70 Großseglern und eine Ausstellung zum Thema »Mensch und Meer«, deren Werbeplakat kein Geringerer als der spanische Künstler Salvadore Dalí (1904–1989) entwarf. Bei alledem blieb indes der Eindruck, dass die Sportereignisse in Kiel etwas ab vom Schuss der Münchener Hauptwettkämpfe stattfanden. »Der Oslo-Kai ist nur Tor zum Norden, wo die Welt dem Ende zugeht«, raunzte wiederum der ›Spiegel‹, traf damit aber einen wunden Punkt. Obwohl 40000 Zuschauer zur Entzündung des Olympischen Feuers in Kiel erschienen, wurde dieselbe nicht im Fernsehen übertragen. Am 8. September erlosch die Flamme wieder.

Wäre es nach dem Wunsch der Stadtoberen und der Mehrheit der Kieler Bevölkerung gegangen, hätte das Olympische Feuer 2024 hier erneut aufflammen können. Gemeinsam mit Hamburg wollte man sich diesmal um die Austragung der Olympischen Sommerspiele bewerben. Nachdem sich Befürworter und Gegner einen heftigen Wahlkampf geliefert hatten, stimmte aber Ende November 2015 in Hamburg, anders als in Kiel, eine Mehrheit gegen die Bewerbung, sodass die Kieler Hoffnungen schnell zerstoben. Dafür fanden vom 14. bis 18. Mai 2018 die ›Special Olympics‹ in Kiel statt.

An den nationalen Sommerspielen für Menschen mit geistiger Behinderung nahmen 4600 Sportler in 19 Sportarten teil. 27000 Zuschauer verfolgten die Wettkämpfe. Oberbürgermeister Ulf Kämpfer (*1972) drückte in der Presse seinen Stolz über den Erfolg der Spiele aus, konnte sich Kiel doch auf diese Weise als offene, inklusive Stadt präsentieren. Dieser Erfolg mag die Verantwortlichen mit dazu ermuntert haben, nun auf die Olympischen Sommerspiele 2032 zu schauen, für die man sich gemeinsam mit der Rhein-Ruhr-Region bewerben möchte.

Offizielles Plakat der Special Olympics 2018 in Kiel

Epilog und Dank

Im Vorangegangenen konnte viel über Schleswig-Holstein und die Welt erfahren werden. Thematisch, zeitlich und geographisch führten die behandelten Aspekte weit herum auf dem Globus. Allein des zur Verfügung stehenden Raumes wegen konnte diese facettenreiche Globalgeschichte Schleswig-Holsteins aber natürlich nicht vollumfänglich ausgebreitet werden. Nicht von ungefähr lautet der Untertitel zu diesem Buch daher auch »Globale Bezüge einer Regionalgeschichte«. Dahinter stand die Idee, die globalen Aspekte der schleswig-holsteinischen Geschichte in wesentlichen Themenschneisen, die jeweils chronologisch im Längsschnitt angelegt sind, vorzustellen. Das Urteil, was als wesentlich betrachtet und damit für darstellungswürdig erachtet wird, unterliegt dabei stets einer nicht zu verleugnenden Subjektivität. Das heißt, ein Autor A schlägt ganz andere Themenschneisen ins Dickicht der Regionalgeschichte, als es Autorin B oder Autor C machen würden. Diese mögliche Vielfalt macht erst den wissenschaftlichen Diskurs möglich und bringt die Wissenschaft und unser Wissen als solches voran. Sie ist systemimmanent und gewollt! Allerdings darf man doch behaupten, dass mit dem hier vorgestellten Spektrum naheliegende Themen abgehandelt sind, wenn es um die globalen Bezüge der schleswig-holsteinischen Regionalgeschichte geht. Vollständigkeit jedoch sollte und konnte in diesem Buch, wie gesagt, nicht angestrebt werden. Das muss auch gar nicht sein, denn die aus exemplarischer Empirie gewonnene Anschaulichkeit genügt vollauf, um zu zeigen, wie nahe sich die Welt und Schleswig-Holstein historisch betrachtet standen und immer noch stehen. Ein zweites Buch mit anderen relevanten Aspekten kann dieses gewonnene Bild gewiss weiter verdichten helfen, wird es aber nicht grundlegend revidieren.

Was in jedem Fall jetzt mehr als deutlich geworden ist, ist die Berechtigung der eingangs zitierten Aussage von Alexander

Scharff. Unsere Landes- und Regionalgeschichte ist weitaus mehr als bloße Landes- und Regionalgeschichte, verstanden als historisches Geschehen in einem eng umrissenen, »kleinen« Raum. Sie war nahezu stets eng verflochten mit der Geschichte des näheren oder ferneren Umfelds, war immanenter Teil einer Globalgeschichte. Und sie kann in ihrem Verlauf und ihrer Charakteristik nur erfasst und verstanden werden, wenn man sich dieser Bezüge bewusst wird. Insofern macht ein Brückenschlag zwischen der Regionalgeschichte Schleswig-Holsteins und der Globalgeschichte, wie er hier unternommen wurde, mehr als Sinn!

Am Ende eines Buches ist es stets eine Freude, würdigende Dankesworte zu verlieren. Zuerst möchte ich den Teilnehmerinnen und Teilnehmern meiner Einführungsvorlesung in die Regionalgeschichte vom Wintersemester 2019/20 und meines Hauptseminars ein Jahr später vielmals danken. Beide Veranstaltungen waren dem gleichen thematischen Zusammenhang wie dieses Buch gewidmet. Das stete Interesse der Studierenden an der Thematik hat mich bei der eigenen Schreibarbeit sehr motiviert, und die anregenden Diskussionen und Gespräche in den Veranstaltungen brachten mich auf weitere gute Ideen. Sodann gilt mein Dank Tomke Jordan und Jan Ocker aus meinem Lehrstuhlteam, die mir, wie gewohnt, akkurat und verlässlich bei der Korrekturarbeit am Text und bei den Bildrecherchen geholfen haben. Die bewährte, vertrauensvolle Zusammenarbeit mit dem Wachholtz-Verlag ein weiteres Mal erfahren zu dürfen, hat mich wieder sehr gefreut: Da dies im Verlagsgeschäft mittlerweile gar nicht mehr selbstverständlich ist, drücke ich auch dafür meinen herzlichsten Dank aus. Und natürlich bin ich zu guter Letzt Sina und Lotti dankbar, dass sie wieder einmal geduldig das eine oder andere Auge zugedrückt haben, wenn ich mich an etlichen Nachmittagen oder Abenden aus dem Familienleben verabschiedete und ins Arbeitszimmer zurückzog, um die Schreibarbeit an diesem Buch fortzuführen.

Literaturverzeichnis

Kapitel 1

Auge, Oliver Was meint und macht Regionalgeschichte an der CAU zu Kiel?, in: Mitteilungen der Gesellschaft für Schleswig-Holsteinische Geschichte 90 (2016), S. 7–18.

Ders./Lappenküper, Ulrich/Morgenstern, Ulf (Hrsg.): Der Wiener Frieden 1864. Ein deutsches, europäisches und globales Ereignis (Wissenschaftliche Reihe der Otto-von-Bismarck-Stiftung, 22), Paderborn 2016.

Bosl, Karl Der deutsche, europäische und globale Sinn einer modernen Regionalgeschichte, in: Zeitschrift für Württembergische Landesgeschichte (1977), S. 1–18.

Conrad, Sebastian Globalgeschichte. Eine Einführung (Beck'sche Reihe, 6079), München 2013.

Duppel, Dietrich/Krieger, Martin Nord-Ostsee-Kanal. Biografie einer Wasserstraße, Kiel/Hamburg 2020.

Freitag, Werner Landesgeschichte als Synthese. Regionalgeschichte als Methode, in: Westfälische Forschungen 54 (2004), S. 291–305.

Hammel-Kiesow, Rolf »Herren der Hanse«, ökonomische Netzwerke und Proto-Globalisierung. Das Bild von der Hanse im frühen 21. Jahrhundert, in: Schilp, Thomas/Welzel, Barbara (Hrsg.): Dortmund und die Hanse. Fernhandel und Kulturtransfer (Dortmunder Mittelalter-Forschungen, 15), Bielefeld 2012, S. 17–31.

Ders. Europäische Union, Globalisierung und Hanse. Überlegungen zur aktuellen Vereinnahmung eines historischen Phänomens, in: Hansische Geschichtsblätter 125 (2007), S. 1–44.

Hartmann, Peter Claus Landes- und Regionalgeschichte in Europa in Vergangenheit, Gegenwart und Zukunft, in: Blätter für deutsche Landesgeschichte 148 (2012), S. 277–286.

Lamprecht, Karl Europäische Expansion in Vergangenheit und Gegenwart, in: Pflugk-Harttung, Julius von (Hrsg.): Weltgeschichte. Die Entwicklung der Menschheit in Staat und Gesellschaft, in Kultur und Geistesleben, Bd. 6: Geschichte der Neuzeit. Das nationale und soziale Zeitalter seit 1815, Berlin 1909, S. 599–625.

Lohmeier, Dieter Kleiner Staat ganz groß. Schleswig-Holstein-Gottorf (Kleine Schleswig-Holstein-Bücher, 47), Heide 1997.

Meier, Dirk Menschen in Bewegung. Schleswig-Holstein als Ein- und Auswanderungsland von der Prähistorie bis zur Gegenwart, Heide 2017.

Osterhammel, Jürgen Die Verwandlung der Welt. Eine Geschichte des 19. Jahrhunderts (Historische Bibliothek der Gerda-Henkel-Stiftung), 6. Aufl., München 2020.

Ders. Geschichte der Globalisierung. Dimensionen, Prozesse, Epochen (Beck'sche Reihe, 2320), 6. Aufl., München 2019.

Pauls, Volquart Schleswig-Holstein zwischen Nord und Süd (Akademische Schriften, 4), Neumünster 1950.

Pauseback, Paul-Heinz Aufbruch in eine Neue Welt. Die Auswanderung aus den schleswig-holsteinischen Kreisen Husum, Eiderstedt und Tondern in die Vereinigten Staaten in königlich-preußischer Zeit (1867–1914) (Schriftenreihe des Nordfriisk Instituut, 131), Bredstedt 1995.

Robertson, Roland Glokalisierung. Homogenität und Heterogenität in Raum und Zeit, in: Beck, Ulrich (Hrsg.): Perspektiven der Weltgesellschaft (Edition zweite Moderne), Frankfurt a.M. 1998, S. 192–220.

Rutz, Andreas Deutsche Landesgeschichte europäisch. Grenzen, Herausforderung, Chancen, in: Rheinische Vierteljahrsblätter 79 (2015), S. 1–19.

Scharff, Alexander Schleswig-Holstein in der deutschen und nordeuropäischen Geschichte. Gesammelte Aufsätze, hrsg. von Manfred Jessen-Klingenberg (Kieler Historische Studien, 6), Stuttgart 1969.

Ders. Schleswig-Holstein in der europäischen und nordischen Geschichte (Veröffentlichungen der Schleswig-Holsteinischen Universitätsgesellschaft zu Kiel, 16), Kiel 1955.

Ders. Schleswig-Holstein und Dänemark im Zeitalter des Ständestaates, in: Zeitschrift der Gesellschaft für Schleswig-Holsteinische Geschichte 79 (1955), S. 153–184.

Scheel, Otto Allgemeine Geschichte und Landesgeschichte, in: Deutsche Hefte für Volks- und Kulturbodenforschung 3 (1933), H. 3, S. 113–125.

Ders. Schleswig-Holstein in der europäischen und deutschen Geschichte, in: Pauls, Volquart/Scheel, Otto (Hrsg.): Geschichte Schleswig-Holsteins, Neumünster 1933, S. 1–87.

Senat der Hansestadt Hamburg u.a. (Hrsg.): Geschichtliche Landeskunde und Universalgeschichte. Festgabe für Hermann Aubin zum 23. Dezember 1950, Hamburg 1950.

Tillmann, Doris/Erlenbusch, Timo Auf Walfang. Schleswig-Holsteiner im Eismeer, Heide 2010.

Werner, Michael/Zimmermann, Bénédicte Vergleich, Transfer, Verflechtung. Der Ansatz der Histoire croisée und die Herausforderung des Transnationalen, in: Geschichte und Gesellschaft 28 (2002), H. 4, S. 607–636.

Kapitel 2

Auge, Oliver Heinrich Rantzau (1526–1598) und sein Mythos von der Abstammung der Holsteiner und Dithmarscher von den Kimbern, in: Donecker, Stefan (Hrsg.): Abstammungsmythen und Völkergenealogien im frühneuzeitlichen Ostseeraum (Studien zur Geschichte der Ostseeregion, 2), Greifswald 2020, S. 95–115.

Degn, Christian Schleswig-Holstein. Eine Landesgeschichte. Historischer Atlas, 2. Aufl., Neumünster 1995.

Freund, Stefan/Schütte, Bernd (Hrsg.): Die Chronik Arnolds von Lübeck. Neue Wege zu ihrem Verständnis (Jenaer Beiträge zur Geschichte, 10), Frankfurt a.M. 2008.

Götz, Norbert/Holmén, Janne Introduction to the theme issue »Mental maps: geographical and historical perspectives«, in: Journal of Cultural Geography 25 (2018), H. 2, S. 157–161.

Kaljundi, Linda Waiting for the Barbarians. The imagery, dynamics and functions of the Other in Northern German missionary chronicles, 11th–early 13th centuries. The Gestae hammaburgensis ecclesiae pontificum of Adam of Bremen, Chronica Slavorum of Helmold of Bosau, Chronica Slavorum of Arnold of Lübeck, and Chronicon Livoniae of Henry of Livonia, Masterthesis, Tartu 2005.

Kraack, Detlev (Hrsg.): Karten und Atlanten in der Landeszentralbibliothek Schleswig-Holstein, Bd. 1: Der Flensburger »Atlas Major«. Ein Sammelatlas zum Großen Nordischen Krieg und zu den Türkenkriegen (Schriften der Landeszentralbibliothek Schleswig-Holstein, 3), Flensburg 1997.

Kraack, Gerhard (Hrsg.): Karten und Atlanten in der Landeszentralbibliothek Schleswig-Holstein, Bd. 2: Die Jordtsche Kartensammlung aus Flensburg: Ein Beitrag zur Sicht der Welt im 18. Jahrhundert (Schriften der Landeszentralbibliothek Schleswig-Holstein, 4), Husum 2000.

Lohmeier Kleiner Staat ganz groß.

Niebuhr, Carsten Entdeckungen im Orient. Reise nach Arabien und anderen Ländern. 1761–1767, hrsg. von Robert und Evamaria Grün (Alte abenteuerliche Reiseberichte), Stuttgart 1983.

Olearius, Adam Moskowitische und Persische Reise. Die Holsteinische Gesandtschaft beim Schah. 1633–1639, hrsg. von Detlef Haberland (Alte abenteuerliche Reiseberichte), Stuttgart 1986.

Rasmussen, Stig Carsten Niebuhr und die Arabische Reise 1761–1767, hrsg. von Dieter Lohmeier (Schriften der Schleswig-Holsteinischen Landesbibliothek, 1), Heide 1986.

Schenk, Frithjof Benjamin Mental Maps. Die kognitive Kartierung des Kontinents als Forschungsgegenstand der europäischen Geschichte, in: Leibniz-Institut für Europäische Geschichte in Mainz (Hrsg.): Europäische Geschichte Online, 5. 6. 2013 (URL: https://d-nb.info/1043734155/34 [letzter Zugriff: 26. 4. 2020]).

Schlee, Ernst Der Gottorfer Globus Herzog Friedrichs III. (Kleine Schleswig-Holstein-Bücher, 41), Heide 1991.

Scior, Volker Das Eigene und das Fremde. Identität und Fremdheit in den Chroniken Adams von Bremen, Helmolds von Bosau und Arnolds von Lübeck (Orbis mediaevalis. Vorstellungswelten des Mittelalters, 4), Berlin 2002.

Witt, Reimer Die Anfänge von Kartographie und Topographie Schleswig-Holsteins. 1475–1652, Heide 1982.

Kapitel 3

Aubin, Hermann Gemeinsam Erstrebtes. Umrisse eines Rechenschaftsberichtes, in: Rheinische Vierteljahrsblätter 17 (1952), S. 305–331.

Auge, Oliver Eine Stadt in Bewegung. Zur Migrationsgeschichte Kiels vom Mittelalter bis zur Gegenwart, in: Siedlungsforschung. Archäologie, Geschichte, Geographie 37 (2020), S. 269–290.

Ders. Heinrich Rantzau.

Ders./Volquartz, Jens Boye (Hrsg.): Der Limes Saxoniae. Fiktion oder Realität? (Kieler Werkstücke, Reihe A: Beiträge zur schleswig-holsteinischen und skandinavischen Geschichte, 53), Berlin u.a. 2019.

Clausen, Otto Chronik der Heide- und Moorkolonisation im Herzogtum Schleswig (1760–1765), Husum 1981.

Danker, Uwe/Schwabe, Astrid Anschlag von Mölln/Rechtsextremismus, in: Danker, Uwe/Schliesky, Utz (Hrsg.): Schleswig-Holstein 1800 bis heute. Eine historische Landeskunde, Husum 2014, S. 350–360.

Danker, Uwe/Kellmann, Klaus/Schwabe, Astrid Flucht und Vertreibung/Zusammenleben, in: Danker, Uwe/Schliesky, Utz (Hrsg.): Schleswig-Holstein 1800 bis heute. Eine historische Landeskunde, Husum 2014, S. 298–307.

Dörfler, Walter Neue Untersuchungen zur Frage der Siedlungskontinuität im 6., 7. und 8. Jahrhundert in Angeln und Schwansen. Ein Vorbericht, in: Meier, Dietrich (Hrsg.): Beretning fra niende tværfaglige vikingesymposium, Højbjerg 1990, S. 39–42.

Krieger, Martin Die Heide- und Moorkolonisation auf der Kimbrischen Halbinsel in der Mitte des 18. Jahrhunderts, in: Siedlungsforschung. Archäologie, Geschichte, Geographie 37 (2020), S. 119–128.

Kuhl, Uta Migration und Kulturtransfer. Landesherrliche Siedlungs- und Kulturpolitik in Schleswig-Holstein, in: Baumann, Kirsten/Köster, Constanze/Kuhl, Uta (Hrsg.): Wissenstransfer und Kulturimport in der Frühen Neuzeit. Die Niederlande und Schleswig-Holstein, Petersberg 2020, S. 105–119.

Meier Menschen in Bewegung.

Momsen, Ingwer Ernst Mobilität in Schleswig-Holstein um 1750 unter besonderer Berücksichtigung der Auswanderung, in: Zeitschrift der Gesellschaft für Schleswig-Holsteinische Geschichte 102/103 (1977/78), S. 111–138.

Müller, Ulrich Die Slawen im östlichen Holstein, in: Auge, Oliver/Scharrenberg, Anke (Hrsg.): Besonderes (aus) Ostholstein. Beiträge zur Geschichte der Region. Anlässlich des 50-jährigen Jubiläums des Kreises Ostholstein (Sonderband der Eutiner Forschungen), Husum 2020, S. 13–41.

North, Michael Migration und kulturelle Kontakte zwischen den Niederlanden, Schleswig, Holstein und dem Ostseeraum, in: Baumann, Kirsten/Köster, Constanze/Kuhl, Uta (Hrsg.): Wissenstransfer und Kulturimport in der Frühen Neuzeit. Die Niederlande und Schleswig-Holstein, Petersberg 2020, S. 46–55.

Pauseback, Paul-Heinz »... als hätten sie nie eine Heimat, nie eine Mutter gehabt!« Übersee-Auswanderer aus Schleswig-Holstein (Schriften des Nordfriesischen Museums Ludwig-Nissen-Haus, 49; Schriftenreihe des Nordfriisk Instituut, 160), Bredstedt/Husum 2000.

Schlürmann, Jan/Schwabe, Astrid Auswanderung/Perspektiv-Suche, in: Danker, Uwe/Schliesky, Utz (Hrsg.): Schleswig-Holstein 1800 bis heute. Eine historische Landeskunde, Husum 2014, S. 108–117.

Schmidt, Herbert Kolonistenatlas. Heide- und Moorkolonisation im Herzogtum Schleswig 1760–1765. Alle 47 Koloniedarstellungen zur Koloniegründungszeit in alten und neuen Karten, Neumünster 2011.

Sievers, Kai Detlev Schleswig-Holstein im Rahmen der deutschen Überseewanderung des 19. Jahrhunderts, in: Zeitschrift der Gesellschaft für Schleswig-Holsteinische Geschichte 101 (1976), S. 285–307.

Stolz, Gerd Neues Land, neue Hoffnungen. Norddeutsche Amerika-Auswanderer im 19. und 20. Jahrhundert (Kleine Schleswig-Holstein-Bücher, 60), Heide 2009.

Voigt, Christian Die Kolonisirung der schleswigschen Heiden. 1760–65, in: Zeitschrift der Gesellschaft für Schleswig-Holstein-Lauenburgische Geschichte 26 (1896), S. 209–256.

Kapitel 4

Achelis, Thomas Otto Aus der Geschichte des jütischen Ochsenhandels, in: Zeitschrift der Gesellschaft für Schleswig-Holsteinische Geschichte 60 (1931), S. 173–212.

Asbach, Wolfgang Bemerkungen zu den Walfängern, in: Lengsfeld, Klaus (Hrsg.): Der historische Walfang der Nordfriesen, Bd. 1 (Schriftenreihe des Nordfriesischen Schiffahrtsmuseums, 2), 2. Aufl., Husum 1995, S. 80–92.

Asmus, Walter Verkehr, in: Momsen, Ingwer Ernst/Dege, Eckart/Lange, Ulrich (Hrsg.): Historischer Atlas Schleswig-Holstein. 1867 bis 1945 (Sonderveröffentlichung der Gesellschaft für Schleswig-Holsteinische Geschichte), Neumünster 2001, S. 107–110.

Auge, Oliver 200 Jahre Seebad Wyk auf Föhr. Eine Erfolgsgeschichte, in: Wolff-Thomsen, Ulrike (Hrsg.): 200 x Badesaison. Seebad Wyk auf Föhr 1819 bis 2019, Köln 2019, S. 9–20.

Berndt, Helge Wie »Flensburger Austern« ins Zarenreich kamen. Ein Beitrag zur Austernfischerei in Schleswig-Holstein, in: Zeitschrift der Gesellschaft für Schleswig-Holsteinische Geschichte 142 (2017), S. 63–74.

Brockstedt, Jürgen Die Schiffahrt Schleswig-Holsteins 1800–1850. Quellen, Literatur, Forschungsstand, in: Zeitschrift der Gesellschaft für Schleswig-Holsteinische Geschichte 102/103 (1977/78), S. 139–154.

Degn, Christian Die Schimmelmanns im atlantischen Dreieckshandel. Gewinn und Gewissen, Neumünster 1974.

Duppel/Krieger Nord-Ostsee-Kanal.

Feddersen, Berend Harke Das Jahr der Wal- und Robbenjäger, in: Lengsfeld, Klaus (Hrsg.): Der historische Walfang der Nordfriesen, Bd. 1 (Schriftenreihe des Nordfriesischen Schiffahrtsmuseums, 2), 2. Aufl., Husum 1995, S. 10–78.

Hammel-Kiesow »Herren der Hanse«.

Ders. Der Januskopf der dudeschen hense. Zwischen Globalisierung und Abschottung, in: Walter, Rolf (Hrsg.): Globalisierung in der Geschichte (Beihefte der Vierteljahrschrift für Sozial- und Wirtschaftsgeschichte, 214), Stuttgart 2011, S. 53–70.

Ders./Puhle, Matthias/Wittenburg, Siegfried Die Hanse, 2. Aufl., Darmstadt 2015.

Hill, Thomas Im Schatten der Hanse und des Welthandels. Schleswig-Holstein als Transitland in Mittelalter und früher Neuzeit, in: Krüger, Klaus/Ranft, Andreas/Selzer, Stephan (Hrsg.): Am Rande der Hanse (Hansische Studien, 22), Trier 2012, S. 71–87.

Ibs, Jürgen Hartwig Alt Lübeck und Lübeck, in: Ders./Dege, Eckart/Unverhau, Henning (Hrsg.): Historischer Atlas Schleswig-Holstein. Vom Mittelalter bis 1867 (Sonderveröffentlichung der Gesellschaft für Schleswig-Holsteinische Geschichte), Neumünster 2004, S. 91–93.

Ders. Haithabu und Schleswig, in: Ders./Dege, Eckart/Unverhau, Henning (Hrsg.): Historischer Atlas Schleswig-Holstein. Vom Mittelalter bis 1867 (Sonderveröffentlichung der Gesellschaft für Schleswig-Holsteinische Geschichte), Neumünster 2004, S. 83–85.

Kölnisches Stadtmuseum (Hrsg.): Hanse in Europa. Brücke zwischen den Märkten 12. bis 17. Jahrhundert, Köln 1973.

Link, Theodor Flensburgs Überseehandel von 1755 bis 1807. Seine wirtschaftliche und politische Bedeutung im Rahmen des dänisch-norwegischen Seehandels (Quellen und Forschungen zur Geschichte Schleswig-Holsteins, 38), Neumünster 1959.

Lohmeier, Dieter (Hrsg.): Sklaven, Zucker, Rum. Dänemark und Schleswig-Holstein im Atlantischen Dreieckshandel (Schriften der Schleswig-Holsteinischen Landesbibliothek, 18), Heide 1994.

Maixner, Birgit Haithabu. Fernhandelszentrum zwischen den Welten, 2. Aufl., Schleswig 2012.

Momsen, Ingwer Ernst Die Handelsflotte 1840, in: Ibs, Jürgen Hartwig/Dege, Eckart/Unverhau, Henning (Hrsg.): Historischer Atlas Schleswig-Holstein. Vom Mittelalter bis 1867 (Sonderveröffentlichung der Gesellschaft für Schleswig-Holsteinische Geschichte), Neumünster 2004, S. 104.

Münzing, Joachim Die Jagd auf den Wal. Schleswig-Holsteins und Hamburgs Grönlandfahrt (Kleine Schleswig-Holstein-Bücher, 28), Heide 1978.

Paulsen, Friedrich Aus den Lebenserinnerungen des Grönlandfahrers und Schiffers Paul Frercksen, in: Zeitschrift der Gesellschaft für Schleswig-Holsteinische Geschichte 35 (1905), S. 76–116.

Rheinheimer, Martin Die Insel und das Meer. Seefahrt und Gesellschaft auf Amrum 1700–1860 (Studien zur Wirtschafts- und Sozialgeschichte Schleswig-Holsteins, 53), Stuttgart 2016.

Ders. Die schleswig-holsteinische Handelsflotte im Jahre 1677, in: Rundbrief des Arbeitskreises für Wirtschafts- und Sozialgeschichte Schleswig-Holsteins 113 (2014), S. 33–40.

Ders. Eine maritime Gesellschaft im Wandel. Amrum im 19. Jahrhundert, in: Zeitschrift der Gesellschaft für Schleswig-Holsteinische Geschichte 132 (2007), S. 77–106.

Riis, Thomas Wirtschafts- und Sozialgeschichte Schleswig-Holsteins. Leben und Arbeiten in Schleswig-Holstein vor 1800 (Geist & Wissen, 2), Kiel 2009.

Stolz, Gerd Kleine Kanalgeschichte. Vom Stecknitzkanal zum Nord-Ostsee-Kanal (Kleine Schleswig-Holstein-Bücher, 45), Heide 1995.

Tillmann/Erlenbusch Auf Walfang.

Wendt, Stefan Sprotten, in: Tillmann, Doris/Rosenplänter, Johannes (Hrsg.): Kiel-Lexikon 2. Aufl., Neumünster 2011, S. 344f.

Kapitel 5

Auge, Oliver Die Haltung Deutschlands zur Nordschleswig-Frage (1918–1920), in: Grenzfriedenshefte 67 (2020), H. 1, S. 17–30.

Ders. (Hrsg.): Glücksburg in der Geschichte. Beiträge eines Symposiums auf Schloss Glücksburg, Husum 2019.

Ders. Die Schlacht von Bornhöved am 22. Juli 1227, in: Schleswig-Holstein. Die Kulturzeitschrift für den Norden, Thema 3 (2018), S. 16–23.

Ders./Lappenküper/Morgenstern (Hrsg.): Wiener Frieden.

Bezold, Andreas von Die schleswig-holsteinische Erhebung 1848–1851. Im Spannungsfeld zwischen Deutschland und Dänemark, Hamburg 2014.

Birken, Andreas Der Helgoland-Sansibar-Vertrag von 1890, in: Internationales Jahrbuch für Geschichts- und Geographie-Unterricht 15 (1974), S. 194–204.

Fuhrmann, Kai Die Auseinandersetzung zwischen königlicher und gottorfischer Linie in den Herzogtümern Schleswig und Holstein in der zweiten Hälfte des 17. Jahrhunderts (Kieler Werkstücke, Reihe A: Beiträge zur schleswig-holsteinischen und skandinavischen Geschichte, 1), Frankfurt a.M. u.a. 1990.

Ganschow, Jan/Haselhorst, Olaf/Ohnezeit, Maik Der Deutsch-Dänische Krieg 1864. Vorgeschichte, Verlauf, Folgen, Graz 2013.

Golecki, Anton Der Vertrag von Versailles und die Entstehung der deutsch-dänischen Grenze 1918–1920, in: Zeitschrift der Gesellschaft für Schleswig-Holsteinische Geschichte 115 (1990), S. 255–285.

Hasse, Paul Die Schlacht von Bornhöved, in: Zeitschrift der Gesellschaft für Schleswig-Holstein-Lauenburgische Geschichte 7 (1877), S. 1–19.

Hoffmann, Erich Die Bedeutung der Schlacht von Bornhöved für die deutsche und skandinavische Geschichte, in: Zeitschrift des Vereins für Lübeckische Geschichte und Altertumskunde 57 (1977), S. 9–37.

Hübner, Eckhard Staatspolitik und Familieninteresse. Die gottorfische Frage in der russischen Außenpolitik 1741–1773 (Quellen und Forschungen zur Geschichte Schleswig-Holsteins, 83), Neumünster 1984.

Kremser, Holger Nord-Schleswig bei den Versailler Friedensverhandlungen, in: Gornig, Gilbert H./Michel, Adrianna A. (Hrsg.): Der Erste Weltkrieg und seine Folgen für das Zusammenleben der Völker in Mittel- und Osteuropa (Staats- und völkerrechtliche Abhandlungen der Studiengruppe für Politik und Völkerrecht, 32), Berlin 2017, S. 87–98.

Lange, Ulrich Stände, Landesherr und große Politik. Vom Konsens des 16. zu den Konflikten des 17. Jahrhunderts, in: Ders. (Hrsg.): Geschichte Schleswig-Holsteins. Von den Anfängen bis zur Gegenwart, 2. Aufl., Neumünster 2003, S. 153–265.

Lohmeier Kleiner Staat ganz groß.

Ders. (Hrsg.): Kiel, Eutin, St. Petersburg. Die Verbindung zwischen dem Haus Holstein-Gottorf und dem russischen Zarenhaus im 18. Jahrhundert. Politik und Kultur (Schriften der Schleswig-Holsteinischen Landesbibliothek, 2), 2. Aufl., Heide 1987.

Rasmussen, Carsten Porskrog Die Herzöge von Beck und die jüngeren Glücksburger Herzöge, in: Ders. u. a. (Hrsg.): Die Fürsten des Landes. Herzöge und Grafen von Schleswig, Holstein und Lauenburg, Neumünster 2008, S. 342–371.

Rörig, Fritz Die Schlacht bei Bornhöved, in: Zeitschrift des Vereins für Lübeckische Geschichte und Altertumskunde 24 (1928), S. 281–299.

Rosenplänter, Johannes Kiel als Bühne des Kaiserreichs. Reichsinstitutionen und nationale Inszenierung in preußischer Zeit, in: Auge, Oliver/Weber, Caroline Elisabeth (Hrsg.): Pflichthochzeit mit Pickelhaube. Die Inkorporation Schleswig-Holsteins in Preußen 1866/67 (Kieler Werkstücke, Reihe A: Beiträge zur schleswig-holsteinischen und skandinavischen Geschichte, 57), Berlin u. a. 2020, S. 153–171.

Sandiford, Keith A. P. Great Britain and the Schleswig-Holstein Question 1848–64. A study in diplomacy, politics, and public opinion, Toronto 1975.

Schlürmann, Jan 1920. Eine Grenze für den Frieden. Die Volksabstimmungen zwischen Deutschland und Dänemark, Kiel/Hamburg 2019.

Stolz, Gerd Die schleswig-holsteinische Erhebung. Die nationale Auseinandersetzung in und um Schleswig-Holstein von 1848/51, Husum 1996.

Kapitel 6

Auge, Oliver/Göllnitz, Martin (Hrsg.): Mit Forscherdrang und Abenteuerlust. Expeditionen und Forschungsreisen Kieler Wissenschaftlerinnen und Wissenschaftler (Kieler Werkstücke, Reihe A: Beiträge zur schleswig-holsteinischen und skandinavischen Geschichte, 49), Frankfurt a.M. u.a. 2017.

Baggesen, Jens Das Labyrinth oder Reise durch Deutschland in die Schweiz 1789, hrsg. von Gisela Perlet (Bibliothek des 18. Jahrhunderts), Leipzig/Weimar 1985.

Baudach, Frank Die Anfänge des Tourismus in Ostholstein, in: Auge, Oliver/Scharrenberg, Anke (Hrsg.): Besonderes (aus) Ostholstein. Beiträge zur Geschichte der Region. Anlässlich des 50-jährigen Jubiläums des Kreises Ostholstein (Sonderband der Eutiner Forschungen), Husum 2020, S. 135–152.

Göllnitz, Martin Expeditions- und Forschungsreisen als Karrieresprungbrett? Norddeutsche Wissenschaftler als Teilnehmer der Galathea-, Challenger- und Plankton-Expedition, in: Zeitschrift der Gesellschaft für Schleswig-Holsteinische Geschichte 141 (2016), S. 235–265.

Kollex, Knut-Hinrik Karriere und Karriereknick. Der Arktisforscher Karl Gripp (1891–1985) zwischen Weimar, Weltkrieg und Wiederaufbau (Kieler Werkstücke, Reihe A: Beiträge zur schleswig-holsteinischen und skandinavischen Geschichte, 56), Berlin u.a. 2021.

Koustrup, Søren Galatheas forunderlige rejse. Jorden Rundt. 1845–47, Kopenhagen 2006.

Kragh, Lisa »In's Wasser geworfenes Geld«? Eine Kontextualisierung der öffentlichen Kontroverse um die Plankton-Expedition von 1889, in: Auge, Oliver/Göllnitz, Martin (Hrsg.): Mit Forscherdrang und Abenteuerlust. Expeditionen und Forschungsreisen Kieler Wissenschaftlerinnen und Wissenschaftler (Kieler Werkstücke, Reihe A: Beiträge zur schleswig-holsteinischen und skandinavischen Geschichte, 49), Frankfurt a.M. u.a. 2017, S. 67–106.

Dies. Kieler Meeresforschung im Kaiserreich. Die Planktonexpedition von 1889 zwischen Wissenschaft, Wirtschaft, Politik und Öffentlichkeit (Kieler Werkstücke, Reihe A: Beiträge zur schleswig-holsteinischen und skandinavischen Geschichte, 48), Frankfurt a.M. u.a. 2017.

Krieger, Martin Die »Galathea« in Kalkutta. Naturforschung und koloniale Macht, in: Auge, Oliver/Göllnitz, Martin (Hrsg.): Mit Forscherdrang und Abenteuerlust. Expeditionen und Forschungsreisen Kieler Wissenschaftlerinnen und Wissenschaftler (Kieler Werkstücke, Reihe A: Beiträge zur schleswig-holsteinischen und skandinavischen Geschichte, 49), Frankfurt a.M. u.a. 2017, S. 23–36.

Lohmeier Kleiner Staat ganz groß.

Rasmussen Carsten Niebuhr und die Arabische Reise.

Kapitel 7

Asmussen-Stratmann, Karen Relationen zu den Niederlanden in der Gottorfer Gartenkunst, in: Baumann, Kirsten/Köster, Constanze/Kuhl, Uta (Hrsg.): Wissenstransfer und Kulturimport in der Frühen Neuzeit. Die Niederlande und Schleswig-Holstein, Petersberg 2020, S. 287–297.

Auge, Oliver Kulturtransfer im Schlepptau dynastischer Politik? Schleswig-Holsteins Fürsten und die Niederlande, in: Baumann, Kirsten/Köster, Constanze/Kuhl, Uta (Hrsg.): Wissenstransfer und Kulturimport in der Frühen Neuzeit. Die Niederlande und Schleswig-Holstein, Petersberg 2020, S. 97–103.

Ders. Die Welt im Zuhause. Der Eutiner fürstbischöfliche Hof und seine globalen Verflechtungen im 18. und beginnenden 19. Jahrhundert, in: Ders./Scharrenberg, Anke (Hrsg.): Auf dem Weg zum »Weimar des Nordens«? Die Eutiner Fürstbischöfe und ihr Hof im 18. Jahrhundert (Eutiner Forschungen, 15), Eutin 2019, S. 63–82.

Ders. Der Herzog des Hofgelehrten Adam Olearius. Friedrich III. von Schleswig-Holstein-Gottorf (1597–1659), in: Baumann, Kirsten/Köster, Constanze/Kuhl, Uta (Hrsg.): Adam Olearius. Neugier als Methode, Petersberg 2017, S. 26–31.

Ders. Christian Albrecht. Herzog, Stifter, Mensch (Wissen im Norden), Kiel/Hamburg 2016.

Ders. Das Konnubium der fürstbischöflichen oder jüngeren Gottorfer Linie bis zur Eheschließung Peter Friedrich Ludwigs (1781), in: Ders/Scharrenberg, Anke (Hrsg.): Die Fürsten des Bistums. Die fürstbischöfliche oder jüngere Linie des Hauses Gottorf in Eutin bis zum Ende des Alten Reiches. Beiträge zum Eutiner Arbeitsgespräch im April 2014 (Eutiner Forschungen, 13), Eutin 2015, S. 15–37.

Ders. Unfaßliche Erscheinungen? Mittelalterliche und frühneuzeitliche Höfe als Forschungsthema, in: Kremer, Joachim/Lorenz, Sönke/Rückert, Peter (Hrsg.): Hofkultur um 1600. Die Hofmusik Herzog Friedrichs I. von Württemberg und ihr kulturelles Umfeld (Tübinger Bausteine zur Landesgeschichte, 15), Ostfildern 2010, S. 25–59.

Baudach, Frank (Hrsg.): Friedrich Leopold Graf zu Stolberg (1750–1819). Standesherr wider den Zeitgeist (Veröffentlichungen der Eutiner Landesbibliothek, Bd. 7), Eutin 2010.

Baumann, Kirsten/Köster, Constanze/Kuhl, Uta (Hrsg.): Adam Olearius. Neugier als Methode, Petersberg 2017.

Bihrer, Andreas Curia non sufficit. Vergangene, aktuelle und künftige Wege der Erforschung von Höfen im Mittelalter und in der frühen Neuzeit, in: Zeitschrift für Historische Forschung 35 (2008), H. 2, S. 237–272.

Bischoff, Malte/Hill, Thomas Gottorf, in: Adam, Wolfgang/Westphal, Siegrid (Hrsg.): Handbuch kultureller Zentren der frühen Neuzeit. Städte und Residenzen im alten deutschen Sprachraum, Bd. 1: Augsburg–Gottorf, Berlin/Boston 2012, S. 669–712.

Füssel, Marian/Kuhle, Antje/Stolz, Michael (Hrsg.): Höfe und Experten. Relationen von Macht und Wissen in Mittelalter und Früher Neuzeit, Göttingen 2018.

Henningsen, Lars N. Die Herzöge von Gottorf, in: Rasmussen, Carsten Porskrog u.a. (Hrsg.): Die Fürsten des Landes. Herzöge und Grafen von Schleswig, Holstein und Lauenburg, Neumünster 2008, S. 142–185.

Hill, Thomas Unterwegs mit dem Hof. Zur Praxis und Herrscherrepräsentation fürstlicher Reisen in Norddeutschland und Dänemark um 1600, in: Zeitschrift der Gesellschaft für Schleswig-Holsteinische Geschichte 142 (2017), S. 39–62.

Hübner, Eckhard Zwischen Stettin und Petersburg. Der Faktor Norddeutschland in Leben und Politik Katharinas II., in: Scharf, Claus (Hrsg.): Katharina II., Rußland und Europa. Beiträge zur internationalen Forschung (Veröffentlichungen der Abteilung für Universalgeschichte am Institut für Europäische Geschichte in Mainz, 45), Mainz 2001, S. 535–550.

Ders. Kiel, Eutin, St. Petersburg. Das Fürstentum Lübeck, Schleswig-Holstein und die nordeuropäische Politik im 18. Jahrhundert, in: Lohmeier, Dieter (Hrsg.): Kiel, Eutin, St. Petersburg. Die Verbindung zwischen dem Haus Holstein-Gottorf und dem russischen Zarenhaus im 18. Jahrhundert. Politik und Kultur (Schriften der Schleswig-Holsteinischen Landesbibliothek, 2), 2. Aufl., Heide 1987, S. 10–26.

Ders. Staatspolitik und Familieninteresse.

Keblusek, Marika Four Parts of the World. The Gottorf Kunstkammer and the Paludanus Collection, in: Baumann, Kirsten/Köster, Constanze/Kuhl, Uta (Hrsg.): Wissenstransfer und Kulturimport in der Frühen Neuzeit. Die Niederlande und Schleswig-Holstein, Petersberg 2020, S. 299–307.

Köster, Constanze Jürgen Ovens (1623–1678). Maler in Schleswig-Holstein und Amsterdam (Studien zur internationalen Architektur- und Kunstgeschichte, 147), Petersberg 2017.

Lohmeier, Dieter Die Fürstbischöfe von Lübeck aus dem Hause Gottorf, in: Rasmussen, Carsten Porskrog u.a. (Hrsg.): Die Fürsten des Landes. Herzöge und Grafen von Schleswig, Holstein und Lauenburg, Neumünster 2008, S. 187–207.

Ders. Kleiner Staat ganz groß.

Lohmeier (Hrsg.): Sklaven, Zucker, Rum.

Lorenz, Sönke Herzog Friedrich I. von Württemberg (1557–1608). Ein Fürst zwischen Ambition und Wirklichkeit. Zur Einführung, in: Kremer, Joachim/Lorenz, Sönke/Rückert, Peter (Hrsg.): Hofkultur um 1600. Die Hofmusik Herzog Friedrichs I. von Württemberg und ihr kulturelles Umfeld (Tübinger Bausteine zur Landesgeschichte, 15), Ostfildern 2010, S. 1–23.

Neitmann, Klaus Was ist eine Residenz? Methodische Überlegungen zur Erforschung der spätmittelalterlichen Residenzbildung, in: Johanek, Peter (Hrsg.): Vorträge und Forschungen zur Residenzenfrage (Residenzenforschung, 1), Sigmaringen 1990, S. 11–43.

Neumann, Jens Martin »Das Schloss aus Ruinen wieder zu erwecken«. Friederike Amalie von Gottorf und ihr Witwensitz zu Kiel, in: Mitteilungen der Gesellschaft für Kieler Stadtgeschichte 87 (2013), H. 1, S. 1–30.

Paravicini, Werner. Ritterlich-höfische Kultur des Mittelalters (Enzyklopädie deutscher Geschichte, 32), 3. Aufl., München 2011.

Ders. Vorwort, in: Ders. (Hrsg.): Höfe und Residenzen im spätmittelalterlichen Reich. Ein dynastisch-topographisches Handbuch, Bd. 1: Dynastien und Höfe (Residenzenforschung, 15.1.1), Ostfildern 2003, S. IX–XV.

Rasmussen, Carsten Porskrog u.a. (Hrsg.): Die Fürsten des Landes. Herzöge und Grafen von Schleswig, Holstein und Lauenburg, Neumünster 2008.

Schlee Gottorfer Globus.

Schulze, Heiko K. L. Schloß Eutin, Eutin 1991.

Seelig, Gero »So ist aniezo occasion«. Wie ein norddeutscher Fürst seine Gemäldesammlung aufbaut, in: Baumann, Kirsten/Köster, Constanze/Kuhl, Uta (Hrsg.): Wissenstransfer und Kulturimport in der Frühen Neuzeit. Die Niederlande und Schleswig-Holstein, Petersberg 2020, S. 263–275.

Stiasny, Tomke Schloss Eutin, Berlin/München 2016.

Thietje, Gisela Der Eutiner Schloßgarten. Gestalt, Geschichte und Bedeutung im Wandel der Jahrhunderte (Studien zur schleswig-holsteinischen Kunstgeschichte, 17), 3. Aufl., Kiel/Hamburg 2016.

Dies. Der Gottorfer Prinz Peter Friedrich Ludwig, seine Englandreise (1775/1776) und ihre Bedeutung für den Eutiner Schlossgarten, Eutin 2012.

Wendt, Antje Die Schlossbauten Herzog Adolfs von Schleswig-Holstein-Gottorf, in: Spielmann, Heinz/Drees, Jan (Hrsg.): Gottorf im Glanz des Barock. Kunst und Kultur am Schleswiger Hof 1544–1713, Bd. 1: Die Herzöge und ihre Sammlungen, Schleswig 1997, S. 132–137.

Dies. Das Schloß zu Reinbek. Untersuchungen und Ausstattung, Anlage und Architektur eines landesherrlichen Schlosses, Neumünster 1994.

Wiesinger, Anja Silke Schloss Gottorf in Schleswig. Der Südflügel. Studien zur barocken Neugestaltung einer norddeutschen Residenz um 1700 (Bau + Kunst, 23), Kiel 2015.

Kapitel 8

Alvermann, Dirk Pommern als Bildungslandschaft vor der Reformation. Elemente, Strukturen, Funktionen, in: Przegląd Zachodniopomorski 33 (2018), H. 4, S. 161–180.

Auge, Oliver Vier adelige Damenstifte in Schleswig-Holstein. Oder: Klöster und Klosterleben im 18. und 19. Jahrhundert sind kein hannoversches Alleinstellungsmerkmal!, in: Heuvel, Christine van den/Vogtherr, Thomas (Hrsg.): »Für wohlthätige Anstalten aller Art«. Zur Geschichte der Hannoverschen Klosterkammer vom 18. bis zum frühen 20. Jahrhundert (Veröffentlichungen der Historischen Kommission für Niedersachsen und Bremen, 298), Göttingen 2018, S. 407–430.

Ders./Hillebrand, Katja Die Klöster, Stifte, Konvente und Kommenden in der historischen Landschaft Pommern. Perspektiven und Herausforderungen eines interdisziplinären Projekts von europäischer Relevanz, in: Jahrbuch für die Geschichte Mittel- und Ostdeutschlands 66 (2021) (im Druck).

Dies. (Hrsg.): Klosterbuch Schleswig-Holstein und Hamburg. Klöster, Stifte und Konvente von den Anfängen bis zur Reformation, 2 Bde., Regensburg 2019.

Dies. Klöster in Schleswig-Holstein. Von den Anfängen bis zur Reformation, Kiel/ Hamburg 2017.

Dies. (Hrsg.): Klöster, Stifte und Konvente nördlich der Elbe. Zum gegenwärtigen Stand der Klosterforschung in Schleswig-Holstein, Nordschleswig und den Hansestädten Lübeck und Hamburg (Quellen und Forschungen zur Geschichte Schleswig-Holsteins, 120), Neumünster 2013.

Bünz, Enno Zwischen Kanonikerreform und Reformation. Anfänge, Blütezeit und Untergang der Augustiner-Chorherrenstifte Neumünster-Bordesholm und Segeberg (12. bis 16. Jahrhundert) (Schriftenreihe der Akademie der Augustiner-Chorherren von Windesheim, 7), Paring 2002.

Dormeier, Heinrich Die Wallfahrtsbegeisterung der Lübecker im späten Mittelalter und die Spuren der Pilgerreisen im heutigen Stadtbild, in: Museen Stade/Museum Lüneburg (Hrsg.): Pilgerspuren. Wege in den Himmel. Von Lüneburg an das Ende der Welt (Pilgerspuren. Orte, Wege, Zeichen), Petersberg 2020, S. 28–48.

Ders. Neue Ordensniederlassungen im Hanseraum. Lübecker Stiftungen zugunsten des Birgittenklosters Marienwohlde bei Mölln (1413–1534), in: Auge, Oliver/ Hillebrand, Katja (Hrsg.), Klöster, Stifte und Konvente nördlich der Elbe. Zum gegenwärtigen Stand der Klosterforschung in Schleswig-Holstein, Nordschleswig und den Hansestädten Lübeck und Hamburg (Quellen und Forschungen zur Geschichte Schleswig-Holsteins, 120), Neumünster 2013, S. 261–366.

Hansen, Reimer Die geschichtliche Bedeutung Heinrichs von Zütphen, des Märtyrers der Reformation im Dithmarschen, in: Dithmarschen. Zeitschrift für Landeskunde und Landschaftspflege (1990), H. 1, S. 1–16.

Jahnke, Carsten Die Romreisen Christians I. von Dänemark 1474 und seiner Gemahlin Dorothea von Brandenburg 1475, in: Museen Stade/Museum Lüneburg (Hrsg.): Pilgerspuren. Wege in den Himmel. Von Lüneburg an das Ende der Welt (Pilgerspuren. Orte, Wege, Zeichen), Petersberg 2020, S. 206–213.

Kraack, Detlev/Martin J. Schröter (Hrsg.): Wendezeiten 1500–1600. Glauben und Leben zwischen Norm und Abweichung (Quellen und Forschungen zur Geschichte Schleswig-Holsteins, 128), Husum 2020.

Kühne, Hartmut Norddeutsche Adlige auf Pilgerfahrt nach Santiago de Compostela, in: Museen Stade/Museum Lüneburg (Hrsg.): Pilgerspuren. Wege in den Himmel. Von Lüneburg an das Ende der Welt (Pilgerspuren. Orte, Wege, Zeichen), Petersberg 2020, S. 136–143.

Ders./Mai, Nadine Herzog Johann von Sachsen-Lauenburg reist 1474 mit dem dänischen König Christian nach Rom und erwirbt Privilegien für sich und sein Territorium, in: Museen Stade/Museum Lüneburg (Hrsg.): Pilgerspuren. Wege in den Himmel. Von Lüneburg an das Ende der Welt (Pilgerspuren. Orte, Wege, Zeichen), Petersberg 2020, S. 178–184.

Rehberg, Andreas Der Rombesuch König Christians, das Hospital S. Spirito in Sassia und der Heilig-Geist-Orden, in: Museen Stade/Museum Lüneburg (Hrsg.): Pilgerspuren. Wege in den Himmel. Von Lüneburg an das Ende der Welt (Pilgerspuren. Orte, Wege, Zeichen), Petersberg 2020, S. 214–218.

Museen Stade/Museum Lüneburg (Hrsg.): Pilgerspuren. Wege in den Himmel. Von Lüneburg an das Ende der Welt (Pilgerspuren. Orte, Wege, Zeichen), Petersberg 2020.

Schmidt, Hans-Joachim Klöster, Stifte und Orden in der Mark Brandenburg, in: Heimann, Heinz-Dieter/Neitmann, Klaus/Schich, Winfried (Hrsg.): Brandenburgisches Klosterbuch. Handbuch der Klöster, Stifte und Kommenden bis zur Mitte des 16. Jahrhunderts, Bd. 1 (Brandenburgische Historische Studien, 14), Berlin 2010, S. 18–46.

Zühlke, Raoul Bischof Meinhard von Üxbüll. Ein friedlicher Missionar? Ansätze zu einer Neubewertung. Ein quellenkundlicher Werkstattbericht, in: Hansische Geschichtsblätter 127 (2009), S. 101–121.

Kapitel 9

Beyer, Jürgen Gesundheitspässe und Impfatteste, in: Mitteilungen der Gesellschaft für Schleswig-Holsteinische Geschichte 100 (2021), S. 21–29.

Dahmen, Karl Der unsichtbare Feind. »Spanische Grippe« in SH, in: Schleswig-Holstein Magazin, 13. 4. 2020 (URL: https://www.ndr.de/fernsehen/sendungen/schleswig-holstein_magazin/zeitreise/Zeitreise-Die-Spanische-Grippe-in-SH,zeitreise2618.html [letzter Zugriff: 18. 11. 2020]).

Fouquet, Gerhard/Zeilinger, Gabriel Katastrophen im Spätmittelalter, Darmstadt/Mainz 2011.

Ibs, Jürgen Hartwig Judenverfolgungen in Hansestädten des südwestlichen Ostseeraums zur Zeit des Schwarzen Todes, in: Hansische Geschichtsblätter 113 (1995), S. 27–47.

Ders. Die Pest in Schleswig-Holstein 1350 bis 1547/48. Eine sozialgeschichtliche Studie über die wiederkehrende Katastrophe (Kieler Werkstücke, Reihe A: Beiträge zur schleswig-holsteinischen und skandinavischen Geschichte, 12), Frankfurt a.M. u.a. 1994.

Müller, Robin Zwischen Eigenständigkeit und Abhängigkeit. Kronshagen 1864 bis 1918, in: Auge, Oliver (Hrsg.): Kronshagen. Von der agrarischen Siedlung im Mittelalter zur Gartenstadt der Gegenwart (Nordelbische Ortsgeschichten, 6), Husum 2021 (im Druck).

Noodt, Birgit Lübecker Material zur Wirkung der Pest im 14. Jahrhundert, in: Hammel-Kiesow, Rolf/Hundt, Michael (Hrsg.): Das Gedächtnis der Hansestadt Lübeck. Festschrift für Antjekathrin Graßmann zum 65. Geburtstag, Lübeck 2005, S. 55–65.

O.N. Liegt der Ursprung der Lepra in Europa?, in: Christian-Albrechts-Universität zu Kiel, 11. 5. 2018 (URL: https://www.uni-kiel.de/de/universitaet/detail

ansicht/news/liegt-der-ursprung-der-lepra-in-europa [letzter Zugriff: 16. 12. 2020]).

O.N. Siechenhaus (Klein Grönau), in: Wikipedia. Die freie Enzyklopädie, 11. 12. 2020 (URL: https://de.wikipedia.org/wiki/Siechenhaus_(Klein_Grönau) [letzter Zugriff: 16. 12. 2020]).

Prechel, Monika Anthropologische Untersuchungen der Skelettreste aus einem Pestmassengrab am Heilig-Geist-Hospital in Lübeck, in: Lübecker Schriften zur Archäologie und Kulturgeschichte 24 (1996), S. 323–339.

Schausberger, Franz Ähnlich und doch ganz anders. Spanische Grippe vor 100 Jahren und Corona heute (Historisch-politische Kurzstudien, 2), Salzburg 2020.

Steen, Max Die Georgskapelle und das Siechenhaus in Schwartau, in: Jahrbuch für Heimatkunde Eutin 13 (1979), S. 114–120.

Wulf, Christian Der Pestkirchhof in Lehmbek, in: Jahrbuch der Heimatgemeinschaft des Kreises Eckernförde 15 (1957), S. 254–256.

Kapitel 10

Auge, Oliver Kiel in der Geschichte. Facetten einer Stadtbiografie (Sonderveröffentlichung der Gesellschaft für Kieler Stadtgeschichte, 86), Kiel/Hamburg 2017.

Fischer, Rolf Kiel & die 70er. Günther Bantzer und der Beginn unserer Gegenwart (Sonderveröffentlichung der Gesellschaft für Kieler Stadtgeschichte, 95), Kiel/Hamburg 2020.

Jensen, Jürgen Die Kieler Woche, Deutschland und die Welt, in: Ders./Wulf, Peter (Hrsg.): Geschichte der Stadt Kiel, Neumünster 1991, S. 457–475.

Paravicini, Werner (Hrsg.): Begegnungen mit Kiel. Gabe der Christian-Albrechts-Universität zur 750-Jahr-Feier der Stadt, Neumünster 1992.

Abbildungsverzeichnis

S. 165 Bildarchiv Abteilung für Regionalgeschichte, Kiel: Katja Hillebrand

S. 168 Rechte bei Katja Hillebrand

S. 170 Jens Ahlers/Oliver Auge/Katja Hillebrand (Hrsg.): Glauben, Wissen, Leben, Kiel 2011, S. 14

S. 175 Bildarchiv Abteilung für Regionalgeschichte, Kiel: Katja Hillebrand

S. 182 Landesamt für Denkmalpflege Schleswig-Holstein, Kiel

S. 183 Ernst Joachim von Westphalen: Monumenta inedita rerum Germanicarum Praecipue et Megapolensium [...], Bd. 4, Leipzig 1745

S. 184 Andreas Graf von Bernstorff

S. 185 Rechte bei Katja Hillebrand

S. 189 Landesmeldestelle Kiel

S. 194 MrsMyer, CC BY-SA 3.0 <http://creativecommons.org/licenses/by-sa/3.0/>, via Wikimedia Commons: https://commons.wikimedia.org/wiki/File:SiechenhausKleinGr%C3%B6nau.jpg, letzter Zugriff: 6. 3. 2021, keine Änderungen vorgenommen

S. 197 Bereich Archäologie und Denkmalpflege der Hansestadt Lübeck

S. 200 Museen Stade, Fotograf: Fridtjof Stechmann

S. 202 Landesarchiv Schleswig-Holstein, Schleswig, Abt. 260, Nr. 935: Regierung Eutin: Reise- und Gesundheitspässe, 1658–1743, Fotograf: Jürgen Beyer

S. 204 Stadtarchiv Kiel, 2.3 Magnussen 4296, Fotograf: Friedrich Magnussen (1914–1987), Nutzungsrechte: Gesellschaft für Kieler Stadtgeschichte

S. 206 Stadtarchiv Kiel, 2.3 Magnussen 28472, Fotograf: Friedrich Magnussen (1914–1987), Nutzungsrechte: Gesellschaft für Kieler Stadtgeschichte

S. 213 Grafik von SOD/Brombacher

Register